我国特色农产品市场与产业分析报告（2021）

农业农村部市场与信息化司　编

中国农业出版社

北　京

图书在版编目（CIP）数据

我国特色农产品市场与产业分析报告. 2021 ／ 农业农村部市场与信息化司编. —北京：中国农业出版社，2022.8

ISBN 978-7-109-29989-4

Ⅰ.①我⋯ Ⅱ.①农⋯ Ⅲ.①农产品市场—研究报告—中国—2021②农产品—农业产业—研究报告—中国—2021 Ⅳ.①F323.7②F326.5

中国版本图书馆 CIP 数据核字（2022）第 166678 号

我国特色农产品市场与产业分析报告（2021）
WOGUO TESE NONGCHANPIN SHICHANG YU CHANYE FENXI BAOGAO（2021）

中国农业出版社出版

地址：北京市朝阳区麦子店街 18 号楼

邮编：100125

责任编辑：郑　君

版式设计：杜　然　责任校对：刘丽香

印刷：北京中兴印刷有限公司

版次：2022 年 8 月第 1 版

印次：2022 年 8 月北京第 1 次印刷

发行：新华书店北京发行所

开本：787mm×1092mm　1/16

印张：22

字数：450 千字

定价：128.00 元

编 委 会

作者

（按品种先后排序）

第一篇　特色粮油作物

李顺国　刘　斐　刘　猛　赵文庆　张雯丽　乔海明　张丽丽　陈海军　刘海礁
郑国清　李小红　邱雅洁　王来刚　杨春英　卫双玲　裴新涌　关浩杰　张学昆
许本波　谢伶俐　赵永国

第二篇　特色经济作物

温淑萍　张　静　周　涵　李莉婕　赵泽英　韦权高　童倩倩　彭志良　胡明文
包维嘉　孙长青　朱文超　周雨萱　冯　杰　高茂林　刘　伟　金东艳　张劲松
张蔚娜　孔　鹏　王　洋　陈诗高

第三篇　特色水果

王桂荣　张新仕　李　敏　马辉杰　王晓夕　尹翠霞　郑佩佩　高　策　李小红
刘海礁　王　瑛　李运景　吴亚蓓　郑国清　邓春梅　刘燕群　戴俊生　包艳丽
郭耀辉　涂美艳　何　鹏　刘宗敏　汪　鑫　叶　露　李玉萍　梁伟红　王丹阳
金　琰　丁　莉　卢　琨　郑　倩　徐磊磊　尹　峰　代昆豪　孟　猛　王克晓
欧　毅　周　蕊　虞　豹　黄　祥　熊　露　赵俊晔　李亚东　陈　丽　孙海悦

第四篇　特色蔬菜

郑　健　黄德林　胡春莉　江丽华　王宗洪　郭华春　张　峰　曹　斌　高茂林
金东艳　孔　鹏　黄峰华　李　森　武　江　侯非凡　邢国明　张　艳　柳平增
张　超　孟宪勇　刘　彭　喻　杰　宋成宝

第五篇　特色畜产品

朱增勇　张越杰　王　芳　参木友　赵索南　马进寿　乔元胜　罗晓林　石红梅
张继才　韩一军　赵　霞　余其琪　韩文彤

第六篇　特色水产品

陆学文　任　妮　戴红君

第七篇　特色饮品

李文超　韩一军　赵　霞　余其琪　韩文彤　赵龙华　侯媛媛

编写说明

习近平总书记指出"乡村振兴，关键是产业要振兴"，强调"产业是发展的根基，产业兴旺，乡亲们收入才能稳定增长"，"产业兴旺，是解决农村一切问题的前提"，要"紧紧围绕发展现代农业，围绕农村一二三产业融合发展，构建乡村产业体系，实现产业兴旺"，要"坚持因地制宜、因村施策，宜种则种、宜养则养、宜林则林，把产业发展落到促进农民增收上来"。近年来各地持续培育发展农业特色优势产业，不仅夯实了乡村产业基础，增加了农民收入，成为持续巩固脱贫攻坚成果的重要抓手，而且更好地满足了市场需要，保障了大食物安全，成为农业供给侧结构性改革的重要组成部分。

2021年是中国现代化建设进程中具有特殊重要性的一年，是实施"十四五"规划、开启全面建设社会主义现代化国家新征程的第一年，也是"三农"工作重心历史性转移到全面推进乡村振兴的一年。为加强信息引导和服务，防范市场风险，巩固拓展脱贫攻坚成果和助力乡村振兴，我们组织中国农学会监测预警分会、中国农科院信息所等有关专家，在此前工作基础上，通过实地调研、数据资料搜集整理、综合分析等，形成《我国特色农产品市场与产业分析报告（2021）》，供关注中国特色农产品市场运行和产业发展的各方参考。

本年度报告与上年相比，主要作了三个方面的调整完善：一是补充了部分重要特色农产品品种。围绕近年来习近平总书记在全国各地考察调研过的乡村产业，选择白茶、艾草、草莓、黄花菜、蓝莓、灵芝、葡萄酒、油茶、月季等特色农产品品种，对公开资料搜集整理形成了相关市场与产业分析报告。二是更新完善了基础数据资料。针对特色农产品品种产业发展现状的生产、消费、流通、市场、产业等数据资料进行了更新和补充完善，绝大多数品种数据更新至 2020 年，少数部分品种更新至 2021 年。三是根据国内外条件环境的新变化形成了市场与产业发展形势的最新研判。基于特色品种的最新供需形势、产业发展态势、国内外社会经济环境以及典型调研，对特色品种市场与产业发展前景做出新的分析判断，提出了相关政策建议。

本书编写过程中，中国农学会、中国农科院、中国热科院、中国农业大学、中国食用菌协会等相关科研机构、大学和协会专家给予了大力支持，在此表示衷心感谢！需要说明的是，与粮棉油糖等大宗农产品不同，多数特色农产品相对缺乏系统全面的历史数据，也缺乏丰富的研究文献，部分报告中的不少数据都是专家基于实地调研估计出来的，一些观点也有待实践检验，因此难免出现疏漏或不准确之处。敬请广大读者谅解，也欢迎业内同仁不吝指出错误，加强交流探讨，共同推动我国特色农业产业健康发展，助力乡村振兴。本书各品种有关数据和观点由署名专家负责。此外，我国特色农产品品种繁多、地域性明显，本次汇集出版的只是部分品种，后期将视情况扩大品种范围，不断更新完善。

本书编写组

2022 年 6 月

目　录

编写说明

第一篇

特色粮油作物

我国谷子市场与产业分析报告

谷子具有抗旱耐瘠、营养丰富均衡、粮饲兼用、农耕文化深厚等突出特点。近年来，我国谷子生产面积基本稳定、单产和总产增长较快；产区集中度较高，规模生产优势逐渐显现；轻简化生产水平进一步提高，人工成本降低、机械成本上升，总成本下降；消费以食用为主，深加工产品稳步增长；产业规模逐步扩大，品牌价值有所提升。预计 2022 年，谷子种植面积总体稳定，优质抗除草剂品种进一步扩大，品牌小米占比稳步提升，价格趋于平稳运行。

一、谷子产业发展现状

（一）生产

1. 种植面积稳中有升，单产和总产提升较快。 2009—2018 年全国谷子种植面积先增后减，从 2009 年的 1 194 万亩增长到 2017 年的 1 292 万亩，2018 年降至 1 167 万亩[①]，10 年总体面积下降 2.3%；总产量从 126 万吨提高到 234 万吨，增加 85.7%；单产从 105 千克/亩提高到 201 千克/亩，增加 91.4%，单产提高对总产增加的贡献率达到 103.7%。据国家谷子高粱产业技术体系监测，受市场拉动影响，2019 年谷子面积增加 5%，2020 年增加 15%，2021 年受玉米价格大幅提升影响，种植面积减少 10%（图 1）。

2. 新育优质品种加快替代。 2020 年，冀谷 39、张杂谷 13、金苗 K1 等新育优质抗除草剂新品种替代传统优质品种速度加快，冀谷 39、张杂谷 13 推广面积均达到 87 万亩，金苗 K1 达到 111 万亩。新育的优质、抗除草剂品种金苗 K1 和传统农家种黄金苗品质相当，但是该品种聚合了抗除草剂、矮秆基因，适合全程轻简化生产，新品种推出之后快速替代黄金苗，金苗 K1 2020 年种植面积达到 111 万亩，黄金苗种植面积由 2019 年 81 万亩降至 2020 年的 27 万亩。

---

① 亩为非法定计量单位，1 亩＝1/15 公顷。——编者注

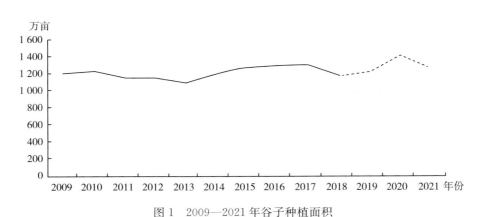

图 1　2009—2021 年谷子种植面积

数据来源：2009—2018 年为中国国家统计局，2019—2021 年为国家谷子高粱产业技术体系。

3. 产区分布逐步集中。 目前我国谷子主要分布在内蒙古自治区、山西省、河北省、陕西省、辽宁省、吉林省、甘肃省、宁夏回族自治区、山东省、河南省、黑龙江省、北京市、天津市北方 13 个省（自治区、直辖市），其中，内蒙古自治区、山西省和河北省种植面积占总面积的 67.1%。由于谷子小规模种植鸟害严重，轻简化规模化生产水平提升以及土地流转速度加快，内蒙古自治区赤峰市、辽宁省朝阳市、河北省邯郸市、河北省张家口市等优势产区生产集中程度逐渐提高，以抗除草剂品种为核心的谷子全程轻简化生产技术模式提高生产效率 20 倍以上，涌现出百亩、千亩规模种植户，全国超过 20 万亩县达到 11 个，其中内蒙古自治区赤峰市敖汉旗谷子种植面积 2021 年达到 100 万亩。

（二）消费以初级加工为主

目前，我国谷子消费类型仍以初级加工为主，小米食用消费约占总消费量的 80%，其中粥用约占 85%、米饭食用约占 15%；深加工约占 15%，其余 5% 用作种子和饲用。随着人们生活水平的提高，城乡居民消费结构加快升级，消费者对药食同源、健康保健的小米消费需求逐步增加。同时，消费者对小米方便粥、小米煎饼、小米醋等深加工产品消费增多，例如，冀谷煎饼、健饼煎饼等品牌小米煎饼连锁店近两年在全国已快速发展到上百家。

（三）加工流通

1. 加工用途多样。 谷子加工用量约占产量的 15%，主要加工产品：一是酿造产品，如小米醋、小米黄酒、小米白酒、小米饮料等；二是主食化产品，如小米馒头、小米挂面、小米煎饼、小米糕等；三是膨化食品和方便食品，如小米锅巴、小米饼干、小米营养粉、小米方便粥、小米方便面等；四是高附加值产品，如小米化妆品、小米膳食纤维、小米胚芽油等。

2. 流通区域广泛、模式多元。谷子产区主要在北方、销售遍布全国，流通以"主产区＋集散地＋批发市场＋零售店"模式为主，约占总流通量的 60%。其他流通模式还包括"农户＋粮食收购商＋加工企业"（约占 15%）、"农户＋种植基地＋加工企业"（约占 10%）、"农户＋合作社＋加工企业"（约占 10%）、"种植大户（合作社）＋自主销售"（约占 5%）等。

（四）价格螺旋式上升

据监测数据，2009—2021 年，谷子价格由 3.5 元/千克增长到 5.3 元/千克，增幅 51%，2021 年价格波动后逐步趋于稳定。2021 年 1—3 月，散地小米价格保持在 10.00 元/千克以上，谷子价格维持在 6.00 元/千克以上。3 月中旬至 6 月初，谷价与米价分别跌至 5.40 元/千克和 9.00 元/千克，此后有所回弹，谷价涨至 6.00 元/千克，米价涨至 9.70 元/千克。9 月中旬，随着新谷陆续上市，谷价与米价均小幅下滑，目前，谷价回落至 5.30 元/千克，米价为 8.90 元/千克。

（五）生产收益保持上升趋势

近 10 年，我国谷子生产收益总体呈上升趋势。2009—2021 年全国谷子生产收益由 346 元/亩增长至 681.04 元/亩。我国谷子耕种收综合机械化水平由 2009 年的 9% 提升至 2021 年的 51.1%，农机成本由 58 元/亩增长至 105.02 元/亩，增长 81.03%；人工成本呈先增后降的趋势，2014 年前，人工单价增长较快导致人工成本增加，之后，由于机械化水平提高，劳动投入减少，2014—2021 年，人工成本由 233 元/亩减少至 211 元/亩，减少 9.44%。

（六）品牌优势逐步显现

近 10 年，我国谷子产业规模不断扩大，据调研和测算，全国小米产业规模由 2009 年 50 亿元发展到 2020 年 400 亿元左右，全国地理标志保护产品从零基础发展到 49 个，形成了一批区域公用品牌。"山西小米""延安小米""敖汉小米"省级、地区级、县级不同级别区域品牌建设卓有成效，品牌建设优势逐步显现。

二、谷子产业发展存在的问题

（一）新冠肺炎疫情对谷子产业的影响

1. 对种植影响较小。新冠肺炎疫情对农户的种植意愿影响较小，但是交通管控、居家隔离、企业延迟开工等措施对农户购买农资方式影响较大，疫情前，74%的农户选择自己购买，而疫情间降低到35.43%，通过服务组织购买由17.32%增加至37.2%，网上预定购买由7.09%增加至23.62%。受疫情影响，线上技术培训、科技服务所占比例逐步增多。

2. 对加工运输环节影响较大。 经调查，疫情期间暂停生产的加工企业占77.78%，正常生产的仅占8.89%。由于疫情期间人工数量减少，人工价格上涨20%。受疫情防控影响，道路运输受到限制，90%的企业反映运输受到影响，48.89%的企业反映货源短缺，运输成本受疫情影响增加约20%。产品销售方式也发生转变，由原来农贸市场、超市线下为主转变为线下、线上并重，线上电商比例逐步增多。

3. 疫情促进谷子消费。 疫情引发大众对健康的关注度日益提升，促进了消费者对小米等杂粮营养保健食品的需求，全国小米消费需求逐步提升。受疫情居家的影响，小米的食用方式呈多元化发展，由原来单一的米粥消费到小米杂豆饭、小米干饭、小米煎饼等多样扩展。

（二）生态环境脆弱、干旱频发，影响生产

谷子主要分布在我国北方的干旱、半干旱区域，生态环境脆弱，加之丘陵小地块不利于现代农机装备应用，生产效率提高较为困难；黄土高原生态系统极易遭受破坏，水土流失较为严重，直接制约生产发展；干旱、半干旱区旱灾频发，严重影响谷子产量和品质，不利于产业可持续发展。

（三）价格波动频繁，影响农户种植决策

价格异常波动造成种植主体及下游企业看不清后市，影响其生产经营决策，不利于谷子产业健康发展。从价格变化看，2009—2013年谷子价格震荡上升，2014年1—9月价格快速上涨，创近10年新高，之后价格断崖式下跌至2016年初，2016年全年价格震荡变动，2017年后价格开始缓慢下行，2018年5月，价格开始止跌回升，2020年谷子价格涨幅较大，2021年下半年价格趋于稳定。

三、谷子产业发展前景展望

（一）种植面积和产量稳中有增

在健康中国战略、乡村振兴战略背景下，谷子的消费需求、农户种植意愿均呈增长趋势，预计2022年全国谷子播种面积、总产稳中有增。华北地下水超采区、西北

干旱半旱区，抗旱节水的谷子种植比较优势明显，新疆、安徽等新兴产区，在需求拉动下面积将进一步扩大。

（二）谷子价格趋于稳定

2020 年一季度在消费拉动、新冠肺炎疫情影响下，谷子价格持续高位运行，全国谷子陈粮库存首次见底，玉米价格持续攀升也拉升小米价格，2021 年谷子价格逐步回落，预计 2022 年谷子价格小幅震荡后趋于稳定。

（三）谷子加工品逐步增多，消费比例将有所提升

谷子等具有保健作用的杂粮越来越受到消费者青睐，小米煎饼、小米醋、小米面条等加工制品需求旺盛，原粮消费比例将逐年降低。

报告撰写人：

李顺国	河北省农林科学院谷子研究所	研究员
刘　斐	河北地质大学	副教授
刘　猛	河北省农林科学院谷子研究所	副研究员
赵文庆	河北省农林科学院谷子研究所	助理研究员

我国高粱市场与产业分析报告

近年来，高粱种植面积和产量增长较快，轻简栽培技术推广加快，产区集中度提升；消费以酿造为主，消费量和多样化增加；加工用量占比较高，北种南消趋势明显；国产高粱价格上涨，进口量波动较大；种植效益总体呈上升趋势。

一、高粱产业发展现状

（一）生产

1. 种植面积、单产和总产逐渐恢复。据国家谷子高粱产业技术体系监测数据，2019—2021 年，高粱种植面积保持在 1 000 万亩以上，2019 年 1 150 万亩，2020 年 1 050万亩，2021 年 1 035 万亩，单产逐年提升，从 2019 年的 321.2 千克/亩增至 2021 年的 331.4 千克/亩（图1）。

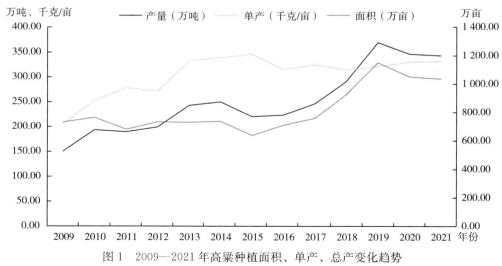

图 1　2009—2021 年高粱种植面积、单产、总产变化趋势

数据来源：2009—2018 年为中国国家统计局数据，2019—2021 年为国家谷子高粱产业技术体系产业经济岗位监测数据。

2. 品种多样化发展、更新速度加快。近两年，除酿造高粱以外，饲用、食用、帚用等类型种植面积逐渐增多。据国家谷子高粱产业技术体系监测，内蒙古赤峰帚用高粱面积增长 10％；山西、内蒙古的饲用高粱种植面积增长 20％；河北衡水、秦皇岛等食用高粱种植面积增长 10％。矮秆、淀粉含量高、高产、适合机械化收获酿造高粱品种更新速度加快，2020 年东北、华北种植面积增长 10％左右。

3. 产区分布集中。高粱主产区主要分布在我国东北、华北、西南地区。其中，东北（辽宁省、吉林省和黑龙江省）主要是粳高粱，用于东北和南方酒厂的原粮，随着价格的上涨，2020—2021 年，东北地区高粱种植面积增长到 250 万亩左右；华北（山西省、山东省、内蒙古自治区和河南省）主要是粳、糯高粱交叉生产区，且糯高粱种植面积不断增长，2020—2021 年该区种植面积 380 万亩左右；西南主产区（四川省、贵州省和重庆市）主要是糯高粱产区，在茅台、五粮液、泸州老窖、郎酒等知名酒企的拉动下，高粱产业迅猛发展，种植面积接近 320 万亩。

4. 规模化生产发展较快。国家谷子高粱产业技术体系以矮秆适合机械化收获品种培育突破为核心，与农机具、生物防治等技术相结合，集成创新了高粱轻简高效绿色机械化生产技术，华北及东北地区技术推广率达到 70％，该技术较普通种植每亩节约人工 2～4 个，每亩节本增效 200 元以上，促进了高粱生产从传统向现代的转变。东北、华北地势平坦，高粱种植是以种植大户、合作社、家庭农场、企业等新型经营主体开展的高粱轻简化、规模化种植，一般种植规模百亩以上，少数达到千亩以上规模。

（二）消费

1. 消费需求稳步增加。随着白酒和饲料行业发展，国产高粱酿造需求和进口高粱饲用需求均在增长。以白酒酿造为例，近年来，我国白酒行业经历了产业转型升级，品牌酒企对高粱需求旺盛，近 10 年国产高粱消费增加 90％以上。相关数据显示，我国白酒年消费需求约 1 000 万吨，按照 2 千克高粱酿 1 千克白酒计算，需消费高粱 2 000 万吨，而我国自产的高粱约 300 万吨，酒用高粱缺口差距较大。

2. 以酿造为主，用途多样化。国产高粱的单宁含量高，主要用于酿酒，消费量占总产量的 80％。但是随着畜牧业发展、经济水平提高、文化认知提升，高粱用途趋于多样化，饲料占比逐渐提升，约占 8％，帚用、工艺品等其他用途约 7％；高粱因富含多酚、粗纤维、烟酸、生物素等营养成分，食用高粱占比有提高趋势；进口高粱单宁含量低，80％用于饲料用粮。

（三）加工流通

四川、贵州等优质白酒产区对酿造高粱需求旺盛，西南地区种植高粱不能满足当地需求，呈现北方种植、南方消费的格局。北方气候冷凉，地势平坦，适合全程机械化生产，高粱品质优、成本低，越来越多的南方酒厂开始在北方建立原料基地。流通模式多样，东北及内蒙古东部地区主要以"农户＋贸易商＋酒企"经营模式为主，约占 50%；"新型经营主体＋贸易商＋酒企"模式主要在地势平坦的东北、华北等地区，约占 30%；"品种＋基地＋酒企"模式主要存在于茅台、五粮液、泸州老窖等知名酒企，约占 15%。进口高粱流通模式主要是"港口＋贸易商＋企业"。

（四）价格呈上涨趋势

2013—2021 年，东北红高粱价格由 1.6 元/千克增长到 2.8 元/千克，增长 75%；贵州有机红缨子高粱由 10 元/千克增长到 15 元/千克，增长 50%。

（五）种植效益总体呈增加趋势

据国家谷子高粱体系生产监测，2009—2021 年，全国高粱种植效益由 506 元/亩增长至 756 元/亩，增幅 49.4%。我国高粱耕种收综合机械化水平由 2013 年的 51%提升到 2019 年的 66.5%，农机成本由 144 元/亩降至 113.2 元/亩，降低 21.4%；人工成本由 128 元/亩降至 88 元/亩，降低 31.3%；肥料投入由 136 元/亩降至 124.8 元/亩，降低 8.2%。2021 年北方高粱产区雨季开始早、结束晚、雨期长，影响秋粮生产，但高粱耐涝性强优势突出，亩产 500 千克以上，纯收益达每亩 1 000 元。

（六）进口波动较大

我国是高粱进口大国，2012 年以前，我国高粱进口并未形成规模，进口量不足 9 万吨。2013 年高粱进口量骤增到 63.1 万吨，2015 年我国高粱进口量达 1 070 万吨，之后逐年降低，2019 年我国高粱的进口量为 79.47 万吨，之后增长。进口增加主要受进口配额政策、国内外粮价倒挂、国内饲料行业快速发展及市场需求增加等因素影响。

二、高粱产业发展存在的问题

（一）新冠肺炎疫情对高粱生产影响较小

高粱春耕播种时疫情已有缓和，未影响农户春耕备播，且有一些种植户通过微信、网络已经了解相关农资信息，做好了充分准备，因此，疫情对高粱的生产影响较小，但对流通环节具有一定影响。由于各地实行严格的疫情防控措施，道路管控加强，限制了高粱的流通，但大部分酒厂备有存货，短期内影响不大。

（二）资源不足、环境恶劣影响生产发展

高粱种植区多分布在我国干旱、半干旱区域，资源短缺且环境恶劣，制约了高粱产业发展。西南丘陵小地块不利于规模化、集约化生产，现代农机装备受到限制，生产效率提高较为困难；华北主要分布在地下水压采、季节性休耕、沿海盐碱等资源短缺地区；东北地区主要为雨养旱作模式，高粱生产受生育期内降水影响。

（三）科技水平与发达国家差距较大

我国在高粱种质表型精准鉴定、功能基因调控途径解析、遗传转化、基因编辑育种等基础研究方面与发达国家有较大差距，限制了突破性品种培育。籽粒饲用和青贮饲用品种还没有充分利用，行业与科技没有充分融合，限制了我国高粱产业发展。

（四）缺乏针对性除草剂、栽培技术和农机具

抗除草剂高粱新品种培育还未取得突破，生产上高粱除草剂药害时有发生；干旱、半干旱区域缺乏绿色集雨高效生产技术，部分地区地膜回收利用率较低；缺乏适应特殊环境的农机具，如缺乏适合小地块配套的农机具。

（五）进口高粱冲击国内高粱市场

我国是高粱进口最多的国家，2020年进口484.35万吨，2021年进口941.65万吨，冲击国内高粱市场价格。进口高粱主要是替代饲用玉米，但由于进口高粱价格低，部分酒厂为追求效益，采用进口高粱进行酿酒，影响了白酒的品质。

三、高粱产业发展前景展望

（一）种植面积、产量逐渐增长

随着国内白酒、食醋产业的转型升级和消费需求增加，青贮、帚用、食用、饲用高粱在产业带动下将持续发展，目前高粱价格高位运行，必将拉动国内高粱生产，2022年全国高粱种植面积和产量稳中有升，预计将达到1 100万亩和360万吨。河北省衡水市在地下水压采、季节性休耕政策支持下，加上订单化生产模式逐渐完善，高粱种植面积有望突破20万亩。

（二）糯高粱生产占比逐渐增加

据调查，国内对浓香型和酱香型白酒的消费高于其他类型白酒，随着南方酒厂浓

香型和酱香型白酒产能提升，糯高粱需求将持续增加。华北地区大面积种植冀酿系列糯高粱品种，受到贵州、四川等酒厂的青睐；辽宁朝阳地区种植辽粘系列品种面积逐渐增加，也逐渐成为南方酒企的原料。

（三）消费向多样化发展

随着乡村振兴战略、健康中国战略深入推进，高粱消费将由以酿造为主向籽粒饲料、青贮饲料、能源、食用、帚用以及造纸业、板材业和色素业等多元化消费方式转变。

（四）市场价格高位运行

随着人们消费水平提高，高端白酒和高端食醋将向品种、产地、年份、品牌方向发展，订单农业比重有望提高。随着食物多元化的发展，畜牧业需求增加，食用、帚用、饲用等特色高粱产业将发展，预计2022年高粱市场价格高位运行。

（五）高端白酒加快向"品牌＋专用品种＋基地"转变

随着市场竞争日趋激烈，中国酒业向原产地、高端市场和名牌集中，质量要求也正朝着酿酒生态环境保护、白酒生产过程和原料、原料生产过程质量控制三者结合的方向发展，知名酒企业开始重视酿造品种选择和生产基地建设，以专用品种为核心的订单生产、标准化、规模化生产成为高粱产业发展的显著特征。

报告撰写人：

刘　猛　河北省农林科学院谷子研究所　副研究员
李顺国　河北省农林科学院谷子研究所　研究员
刘　斐　河北地质大学　副教授
赵文庆　河北省农林科学院谷子研究所　助理研究员

我国胡麻市场与产业分析报告

近年来，受比较效益总体偏低、种植结构调整等因素影响，我国胡麻种植面积持续缩减，但在技术进步带动下，胡麻产量下降速度放缓，总体在34万吨左右。在种植面积缩减的背景下，胡麻生产、消费需求、进口规模呈现增长态势，深加工潜力较大，市场前景广阔。2021/2022年度，预计全球胡麻产量降、消费增，供给总体延续偏紧格局，预计价格保持高位。

一、胡麻产业发展现状

（一）生产

1. 种植面积持续缩减，单产水平稳步提高。 近年来，胡麻受比较效益低下、种植结构调整等因素影响，播种面积持续下滑；单产受益于品种改良和技术进步总体稳步提升；总产先增后减，总体小幅缩减。2000—2019年，胡麻种植面积从49.8万公顷减少至22.5万公顷，减幅54.8%；单产从每亩46.0千克增加到98.5千克，增幅114.1%；总产从34.38万吨减少至33.3万吨，减幅3.1%。

2. 主产区分布集中，区域间单产差异较大。 胡麻耐旱耐贫瘠，主要分布在我国西北和华北干旱半干旱地区。甘肃、内蒙古、山西、河北、宁夏是我国前五大胡麻主产区。2019年，该五大产区胡麻种植面积占比分别为35.5%、20.0%、18.5%、12.0%、11.0%，产量占比分别为45.4%、18.8%、10.2%、10.5%和10.8%，单产分别为125.8千克/亩、92.6千克/亩、54.3千克/亩、86.1千克/亩、96.8千克/亩。

（二）消费

2001—2019年，胡麻籽消费量从25.3万吨增至76.4万吨，增幅202.0%。胡麻产品的消费具有明显的区域特征和群体特征，主要集中在甘肃、宁夏、山西等产区；消费群体多为农村居民，消费方式主要为当地居民自留榨油或干炒食用。随着人民生活水平的提高，胡麻的消费群体不断增加。

（三）加工流通

胡麻用途广泛，胡麻籽主要用于榨油、食用和种用，胡麻饼粕可用于养殖业；种皮及茎秆可用于加工业。目前我国胡麻加工利用总体水平较低，加工制品结构比较单一，国内99％的胡麻用于榨油，仅有1％用于干炒食用。近年来，除食用油和饲料外，我国也涌现了一批胡麻深加工企业，致力于开发利用胡麻功能性成分。总体看，受加工技术、加工设备、产品开发以及市场拓展不足等因素影响，胡麻精深加工发展较为缓慢，产能和产值规模相对较小。

（四）进出口

2001—2020年，胡麻籽进出口贸易总量增加了38万吨。其中进口从0.02万吨增至37.3万吨，增长了1 864倍；出口从20吨增至960吨，增幅47倍。由于产需缺口持续扩大，进口增速显著大于出口，2006年开始我国成为胡麻净进口国，贸易逆差持续扩大。胡麻籽进口来源国主要是加拿大、哈萨克斯坦、俄罗斯。2020年，我国自加拿大、哈萨克斯坦、俄罗斯分别进口14.8万吨、12.5万吨、9.92万吨胡麻籽。我国胡麻出口量较少，2020年，我国向荷兰、德国、新西兰分别出口240吨、130吨、110吨胡麻籽。

（五）市场价格

甘肃是我国第一大胡麻产区，其收购价具有较强的代表性。2017—2019年，甘肃胡麻入厂价从4 800元/吨上涨至4 900元/吨，最高达4 965元/吨。2020年胡麻价格涨势明显，1—12月价格从每吨4 905元涨至6 703元，达到近年来的历史新高。主要原因：一是全球胡麻籽供给总体偏紧；二是进口胡麻价格大幅上涨。2020年，进口胡麻籽到天津港到岸完税价格从每吨4 800元涨至6 685元。

二、胡麻产业发展存在的问题

（一）生产效率总体偏低

目前我国胡麻平均单产水平总体偏低，主要制约因素体现在：一是胡麻产区多在西北省份，种植地块相对贫瘠，水土条件较差。二是主产区胡麻生产方式粗放。受经济、地理条件等因素制约，目前胡麻生产仍以分散小规模种植为主，种植方式粗放。三是多数胡麻产区生产仍靠天吃饭，田间基础设施较差。四是胡麻易受自然灾害影响，生产风险较大。

（二）市场竞争力总体偏低

从价格来看，2020 年国产胡麻的平均价格 5 605 元/吨，进口胡麻籽到岸税后价 5 399 元/吨，前者较后者高 3.8%。二是从品质来看，与进口胡麻籽相比，国产胡麻籽在出油率及产品一致性上均处于相对劣势。目前，我国胡麻籽含油率在 35%～38%，进口胡麻籽含油率在 38%～43%，加之由于胡麻种植相对分散，标准化、规模化生产水平偏低，产品一致性相对较差。目前，国内主要的胡麻籽加工企业使用进口原料比例均超过 50%，部分企业使用比例超过 90%。

（三）加工链条相对较短，产品附加值偏低

目前，胡麻加工企业主要集中在油脂类产品加工，食用类产品以及保健品开发极少。由于加工产业链条均较短，附加值总体偏低，产业规模难以扩大。胡麻富含功能性成分如 α-亚麻酸等人体必需的营养成分，是功能性产品的优质原料；加工后可提取亚麻胶，在医用领域具有广泛的发展前景。但目前国内胡麻功能性成分的提取和利用以及医用功能的开发等附加值较高的产业尚未形成规模，产业亟待进一步开发和升级。

（四）新冠肺炎疫情对胡麻贸易产生一定影响

受新冠肺炎疫情影响，全球海运费成本大幅上涨，对胡麻进出口均产生较大影响。从进口看，胡麻进口到岸税后价格大幅上涨。2020 年全年，我国胡麻进口价格从 530 元/吨涨至 787 元/吨，涨幅高达 48.5%。从出口看，2018—2020 年，我国胡麻出口量从 2 460 吨连续下降至不足 1 000 吨，一方面受国内价格高于国际价格影响，另一方面在很大程度上受到新冠肺炎疫情以及海运费成本上升影响，出口竞争力下降。

三、胡麻产业发展前景展望

（一）2021/2022 年度全球胡麻市场供给偏紧格局明显

2021/2022 年度，全球胡麻种植面积有望增至 400 万公顷以上，其中，受出口形势利好带动，主要生产国俄罗斯胡麻种植面积大幅增加至 140 万公顷，较上年度增长 44.8%；加拿大 38.7 万公顷，较上年度增长 4.3%。哈萨克斯坦种植面积 126 万公顷，较上年度减 6.2%。但受气候影响，全球胡麻产量预计为 331 万吨，较上年度减少 1.6%。其中，俄罗斯、哈萨克斯坦和加拿大产量分别为 110 万吨、84 万吨和

38 万吨，分别较上年度增长 40.5％、减少 20.6％和减少 34.3％。全球胡麻消费量有望达 260 万吨，较上年度增长 2.12％。由于产量减、消费增，全球胡麻库存有望下降至 46 万吨，较上年度减少 9.8％。全球胡麻供给将继续维持偏紧格局，短期内胡麻价格将保持高位。

（二）2021/2022 年度中国胡麻生产消费预计稳中有增

2020 年胡麻价格创下历史新高，2021 年我国胡麻种植面积有所增加。受益于优良品种研发与推广、轻简化栽培技术更新与应用、机械化水平提高，预计胡麻产能将保持增长趋势。2021/2022 年度，我国胡麻种植面积预计增至 23 万公顷，产量略增至 33.5 万吨。随着城镇化水平进一步提高、消费者对健康油脂和功能性食品消费认知水平及需求显著提升以及胡麻加工结构多元化进程进一步加深，预计国内胡麻总消费需求保持年均不低于 5％的速度增长。预计 2021/2022 年度我国胡麻消费量为 74 万吨左右。

（三）加工业稳步发展

从全球范围来看，胡麻富含功能性成分，国际发达国家更偏好将其直接食用或加工成功能保健性食品消费，预示着我国胡麻加工业发展潜力极大。未来，除油用外，胡麻食品以及精深加工的产品如功能性成分 α-亚麻酸提取加工、亚麻胶的提取和利用等也将快速发展。预计 2021/2022 年度，我国胡麻籽压榨加工规模将达到 70 万吨。

（四）进口规模小幅增加

受我国土地资源、种植效益限制，胡麻产量增幅有限，而消费增速预计大于产出，我国未来对胡麻的进口需求仍将保持高位。预计 2021/2022 年度，我国胡麻进口量 40 万吨。由于主产国哈萨克斯坦和加拿大胡麻产量大幅减少，基于供给规模、区位优势、成本优势以及产品品质等优势，我国自俄罗斯进口胡麻规模继续增加。

报告撰写人：

张雯丽　农业农村部农村经济研究中心　　副研究员
乔海明　张家口市农业科学院油料作物所　所长、研究员
张丽丽　张家口市农业科学院油料作物所　副研究员

我国向日葵市场与产业分析报告

向日葵具有较强的抗旱、耐瘠薄特性，是华北北部和西北地区的主要经济作物。向日葵产业的健康发展对节约水资源、保护生态环境、保障农产品有效供给、保持地方经济社会可持续发展具有不可替代的重要作用。近年来，中国向日葵产业在波动中发展壮大。种植面积波动下降，技术进步带动单产和总产增加，区域集中度不断提高。葵花籽产品消费需求持续增加，与国际市场贸易活跃度显著提高。展望 2021/2022 年度，预计全球葵花籽和葵花籽油产量、消费量增加，库存消费比较上年度下降，市场供给仍呈偏紧格局。我国向日葵种植面积、总产预计稳中有增，葵花籽及葵花籽油消费稳步增长，葵花籽出口规模略有增加，葵花籽油进口规模保持高位。

一、向日葵产业发展现状

（一）面积波动下降，产量总体增加

近年来，我国向日葵种植规模经历了萎缩、恢复、再萎缩的阶段。2000—2006 年，向日葵种植规模从 1 229.03 千公顷波动下降至 781.28 千公顷，然后恢复增长，2016 年增至 1 278.93 千公顷，但近几年连续萎缩，至 2019 年降为 915.3 千公顷。在技术进步带动下，向日葵单产水平不断提高，带动总产波动增加。2000—2019 年，向日葵单产增长 83.1%，达到 194.0 千克/亩。向日葵总产增长 36.3%，达到 266.1 万吨。目前，内蒙古、新疆是向日葵两大主产区，产量占比分别为 59.2% 和 16.4%。

（二）葵花籽消费显著增加，以食用消费为主

近年来，我国葵花籽消费总量快速增加。2013/2014—2019/2020 年度，葵花籽消费总量从 209 万吨增至 292.9 万吨。其中，食用消费从 101.9 万吨增至 124.2 万吨，压榨消费从 107.8 万吨增至 150.7 万吨。从消费结构来看，食用消费占比波动下降，2013 年以来从 48.8% 降至 42.4%；油用消费占比则相应明显增加。葵花籽加工企业主要分布于主产区和东部沿海地区。总体来看，大型葵花籽加工企业数量相对较

少，加工产品附加值总体不高，深加工类型的企业仍属少数。

（三）葵花籽贸易量持续增长，贸易顺差特征明显

2001—2020 年，葵花籽贸易总量从 4.32 万吨增至 68.9 万吨，年均增长 15.7％。其中，进口从 0.39 万吨增至 18.05 万吨，年均增长 22.3％；出口从 3.93 万吨增至 50.8 万吨，年均增长 14.4％。葵花籽是我国油料中少有的贸易顺差产品，2001—2020 年，葵花籽净出口量从 3.56 万吨增至 32.75 万吨。我国葵花籽主要出口至土耳其、埃及、伊拉克、伊朗等中东国家，出口占比分别为 23.7％、15.8％、12.5％和 5.1％。进口方面，2020 年，自哈萨克斯坦、俄罗斯和保加利亚进口葵花籽占比分别为 64.6％、20.6％和 14.7％。

（四）国产葵花籽和葵花籽油价格高位震荡

2020 年 1—12 月，国产油用葵花籽价格从 3 990 元/吨涨至 6 760 元/吨，涨幅 69.4％；食用葵花籽价格从 8 545 元/吨涨至 9 204 元/吨，涨幅 7.7％；葵花籽油出厂价从 7 850 元/吨涨至 10 200 元/吨，涨幅 29.9％。价格上涨主要的支撑因素是国内葵花籽产量下降，全球葵花籽供应偏紧。2021 年以来，国产葵花籽价格总体高位震荡，葵花籽油价格继续上涨。2021 年 10 月，国产油葵价格为 6 760 元/吨，食葵价格为 8 662元/吨，葵花籽油价格为 11 556 元/吨。

二、向日葵产业发展存在的问题

主要问题

1. 向日葵种植面积逐年萎缩。 近 3 年来，我国向日葵种植面积逐年萎缩，主要因素：一是病害灾害多发重发。目前列当是世界范围内影响向日葵生产的主要危害，防治难度较高，对生产影响极大。二是产区渍涝及干旱频发，对生产影响较大。三是国产葵花籽特别是油葵竞争力总体偏低，生产成本高。

2. 向日葵生产标准化、机械化水平总体仍偏低。 目前，主产区不同经营主体田间管理措施差异较大，种植行间距、施肥管理等均没有统一标准，产出的葵花籽品质差异较大。机械化水平总体偏低，对人工依赖极高，生产效率偏低。

3. 精深加工发展相对滞后。 葵花籽及油脂加工企业多分布在内蒙古和新疆等地。企业采后处理、精深加工能力、高附加值产品的研发及葵盘、葵粕等副产品综合利用的能力还有待提高，普遍存在产品单一、包装档次不高、缺乏高技术产品、产业链较短等问题。

4. 产业供给结构性矛盾突出。食用葵花籽出口增加，但油用葵花籽及油脂缺口较大。2003—2020 年，我国食用葵花籽出口总量由 7 万吨增至 50.8 万吨，但葵花籽油进口量增长近 54 倍，从 3.6 万吨增长至 195 万吨。随着居民收入的增加，葵花籽油等健康油脂需求量将会进一步增加。受比较效益低和进口冲击影响，我国油用向日葵生产持续萎缩，未来国内缺口大，对国际市场依赖度高，可能加剧产业贸易风险。

三、向日葵产业发展前景展望

（一）预计 2021/2022 年度全球葵花籽和葵花籽油市场供给偏紧

据美国农业部 2021 年 11 月预测，2021/2022 年度，全球葵花籽产量 5 601 万吨，比上年度增长 14.1%；消费量 5 579 万吨，比上年度增长 12.1%；贸易量 369 万吨，比上年度增长 23.4%；期末库存 176 万吨，比上年度减少 1.7%。全球葵花籽油产量 2 180 万吨，比上年度增长 13.8%；消费量 2 053 万吨，比上年度增长 9.5%；贸易量 1 320 万吨，比上年度增长 25.2%；期末库存 211 万吨，比上年度增长 1.1%；库存消费比 10.3%，比上年度下降 0.9 个百分点。

（二）预计 2021/2022 年度中国向日葵面积、总产稳中有增

随着我国向日葵育种研发和田间栽培管理技术不断进展，向日葵单产有望继续提高，产能持续提升。受 2021 年葵花籽及油脂价格保持高位影响，预计 2021/2022 年度，我国向日葵种植面积稳中略增至 92 万公顷，产量增至 260 万吨左右。主产区种植结构总体保持稳定。

（三）预计我国葵花籽及葵花籽油消费将继续增长

随着我国经济稳步增长、居民收入水平提高和健康意识提升，消费者对多元化、优质化食品和油脂的需求增加，向日葵作为休闲产品和优质食用植物油的重要原料来源，消费总量将继续增加。从消费结构看，油脂消费占比有望增加。预计 2021/2022 年度，我国葵花籽总消费 280 万吨左右，其中压榨加工消费规模预计达到 145 万吨左右，占国内消费总量比重略超过 50%；食用加工消费 80 万吨左右，占比 28.6%；种用消费 5.5 万吨左右。葵花籽油消费量预计超过 200 万吨。

（四）我国葵花籽出口将继续增加，葵花籽油进口规模保持高位

我国食用葵花籽出口仍具有一定的竞争优势，预计 2021/2022 年度，我国食用葵花籽出口维持在 48 万吨左右。受土地资源、种植效益限制，葵花籽特别是油用葵花

籽产量增幅有限，而消费增速预计大于产出，预计未来对油用葵花籽及葵花籽油的进口仍将保持高位。预计 2021/2022 年度，我国葵花籽进口量 20 万吨左右，葵花籽油进口量 200 万吨左右。在"一带一路"倡议深入推进背景下，我国与沿线国家的贸易将更趋活跃，哈萨克斯坦、乌克兰以及俄罗斯都将成为我国葵花籽和油脂重要的贸易伙伴国。

报告撰写人：

陈海军　内蒙古向日葵协会　　　　　秘书长
张雯丽　农业农村部农村经济研究中心　副研究员

我国芝麻市场与产业分析报告

近年来，受机械化程度低、种植结构调整等因素影响，我国芝麻种植面积与产量有所下降，每年从国外大量进口。预计未来一段时期我国芝麻种植面积和产量仍有较大增长潜力；芝麻产品市场发展空间较大，除传统芝麻产品需求之外，对桂关休闲食品及深加工产品的需求也将稳步增加；国内芝麻产量和需求量存在较大缺口，芝麻进口量将稳中有升；随着芝麻生产技术逐渐成熟，机械化程度不断提高，预计种植效益将稳步提升。

一、芝麻产业发展现状

（一）生产

生产主要特征：一是近5年种植面积总体增加。2016年、2017年种植面积小幅下跌。2018年回升至393万亩，2019为423万亩，2020年小幅增加至438万亩。二是单产总产总体增加。2014—2018年，芝麻单产水平由1.4吨/公顷增至1.6吨/公顷；2019—2020年单产保持在1.65吨/公顷左右。2016年芝麻总产量从2015年的45万吨下滑至35.2万吨，2018年回升至43.2万吨，2019—2020年均保持在46万吨。三是生产分布集中度高。河南省、湖北省、安徽省、江西省是我国主要的芝麻种植区，4省种植面积超过全国总面积的80%（表1）。

表1　2020年芝麻种植面积和区域分布

省　份	面积（万亩）	占比（%）
河南	177.0	40.40
湖北	120.2	27.42
安徽	47.0	10.72
江西	18.3	4.18

数据来源：《中国农村统计年鉴2021》。

（二）消费

消费主要特征：一是总量波动增长。2014—2018年，我国芝麻消费量总体呈上升趋势，但波动比较明显，2014—2016年，由97.1万吨增至125.6万吨，2017年降至104.2万吨，2018年增至121.8万吨，2019年小幅上升至122.9万吨，2020年消费总量有明显上浮，增至131.1万吨。二是以油用食用为主。油用与食用占消费总量的80%，工业、药用和饲料等占20%。三是消费区域以北方为主，消费结构南北方差异较大。北方以芝麻香油为主，南方以芝麻酱和黑芝麻糊为主。

（三）加工

加工环节主要特征：一是以初级加工为主，深加工技术不断创新。芝麻加工主要产品是芝麻油，各类休闲加工食品也逐步增加。近年来，我国不断开展芝麻精深加工技术研究，产业链逐渐向精细化工、美容和医药等方面延伸。二是加工小作坊广泛存在，规模以上企业加工能力逐渐增强。目前，我国芝麻加工企业以个体小作坊为主，规模企业较少，研发力量薄弱。调研组成员在芝麻生产大县河南省平舆县了解到，平舆县加工企业主要以小作坊为主，100多家小作坊遍布全县，具有一定规模的芝麻加工企业仅20家。

（四）进出口

对外贸易主要特征：一是进口增速波动变化显著，进口依存度保持高位。2016年达到历史峰值96.1万吨，2017年大幅下滑至71.2万吨；2018年增至82.8万吨；2019年稍有下降至81.2万吨后，2020年再次上浮至88.9万吨。近两年进口依存度虽略有下降，但依然高达70%左右。二是出口量和出口额均呈先增后减态势。2016年，出口量为2.6万吨，为近5年的最低值，出口总额4920.6万美元；2018年，出口量达到4.2万吨，出口总额为7878.8万美元；2019年达到近5年出口量最高值5.0万吨，出口总额为9744.1万美元；2020年，出口量回落至3.9万吨，出口总额下降至7508.2万美元。三是进出口市场集中度高。进口国家相对比较集中，其中从苏丹、埃塞俄比亚、尼日尔、莫桑比克和多哥5国进口量占80%左右，而出口韩国占比高达81.1%。

（五）市场价格

进口价格和国内价格均先降后升。2014—2020年，受国际市场供求关系影响，我国芝麻进口价格总体先降后升，国内市场与国际市场联动性强，变化趋势与国际市场基本一致。2014年，国内芝麻均价20元/千克，随后逐年下滑，2018年降至

9.9 元/千克，2019—2020 年逐渐回升至 14.8 元/千克。

（六）成本收益

目前，国内芝麻种植成本呈现增长趋势，化肥和农药价格稳步上升，人工成本也逐年增加，但是芝麻单产水平稳步提升，芝麻种植成本收益率较以往明显提高，合作社种植规模效应明显，收益率更高。据调研组调研，如果考虑农户自己种植和土地流转机会成本，农户和合作社芝麻种植成本分别为每亩 671.3 元和 670.0 元，净利润分别为每亩 504.7 元和 872.0 元。

二、芝麻产业发展存在的主要问题和面临的风险

（一）主要问题

目前我国芝麻产业面临主要问题：一是高产稳产品种不足，集约程度不够。芝麻单产普遍偏低，江西平均每亩 79.2 千克，约为全国平均单产的 78.2%。种植相对分散，小规模粗放型生产方式占有相当的比例。二是机械化水平低，人工成本较高。播种、间苗、收获和籽粒干燥仍以手工操作为主，人工成本占总成本的 75.0% 左右。三是加工技术落后，加工规模相对较小。加工小作坊普遍存在，规模化加工企业较少，规模小、产品单一，对加工产品研发不够。四是知名品牌较少，产业链未能有效衔接。全国专业生产芝麻油或加工品的知名企业少，品牌缺。尚未形成区域化种植、规模化生产、集约化经营、产加销一条龙的全产业链经营格局。五是芝麻对外依存度高，定价权逐渐丧失。我国芝麻进口量稳步增加，逐渐失去对芝麻的定价权，国内价格普遍高于国际市场。

（二）风险分析

一是生产环节面临自然灾害风险和病虫害风险。二是加工环节存在产品质量安全风险。主要是管理不到位、技术不过关、产品质量安全监控体系不健全等问题。三是流通环节面临市场风险。主要是市场供求关系变化带来的价格波动风险。

三、芝麻产业发展前景展望

（一）种植面积增加潜力较大

芝麻市场需求强劲、市场价格较高，农户种植积极性高，加之专业合作社和种植

大户带动，芝麻生产标准化和产业化水平大幅提高。预计芝麻种植面积仍存在较大的增长潜力。

（二）芝麻产量有望增加

随着乡村振兴战略实施，特色产业发展政策支持，预计芝麻产量有望增加。2021—2022年，我国芝麻产量将保持在43万吨左右。

（三）消费数量需求增加，国内市场缺口将有所下降

随着消费结构升级，消费者越来越注重健康、绿色、多元化，对芝麻加工的休闲食品需求增加。目前，我国芝麻产需缺口基本稳定在80万吨左右，从中长期来看，随着芝麻产量稳步增长，市场缺口将有所减小。

（四）加工行业品牌化趋势明显

近年来，我国不断加强芝麻加工技术创新，开拓精深加工领域，取得一定的突破。国内芝麻加工企业品牌意识逐渐增强，着力打造具有区域乃至全国性的知名品牌。例如，平舆县结合芝麻产业优势，打造芝麻食品科技创新产业园，充分发挥产业集聚优势，致力打造地理标志产品，提升了芝麻产业品牌价值。

四、政策措施建议

（一）政府层面

集中优势资源，推动芝麻产业集聚发展。构建配套的产业发展政策体系，包括补贴政策、奖励政策、优惠政策等，提升经营主体生产积极性。鼓励农户、集体有偿流转土地，以联营、土地入股的形式参与特色产业发展，降低芝麻生产成本，实现规模化经营，促进农户增收。优先强化地理标志农产品品牌建设，以农产品深加工推动产业集聚，推动地域特色农产品产业集聚发展，形成完整的产业链及规模优势。

（二）企业主体

一是强化精深加工。巩固芝麻香油、芝麻酱等传统初级加工产品市场，加强芝麻产品深加工技术研发，加大芝麻系列高端产品的开发，研发芝麻素、芝麻蛋白和芝麻酚等具有特殊营养和保健功能的芝麻加工新产品，拉长产业链条，提高产业效益。二是坚持生态化、品牌化路线。各地区应结合地区特点，着力打造地理标志产品，塑造具有地方影响力的品牌，坚持质量优先，以市场为导向生产生态高品质的芝麻产品，

不断提升品牌影响力和竞争优势。

（三）科研主体

1. 加大新品种、新技术研发和推广力度。通过杂交选育、辐射诱变、分子标记辅助选择等技术实现高产基因的转移与聚合，高效筛选芝麻高产新品种。引进和推广优质高产、抗倒伏、抗病耐渍、适合机收的新品种，栽培新技术和播种、收获、烘干机械设备，提高生产机械化水平，实现规模化、产业化种植。

2. 实施大数据发展战略，推动芝麻产业监测预警。探索农业大数据融合发展路径，构建现代农业自然资源、生产、市场、农业管理等数据资源体系，打造产业大数据综合平台，推动形成数据共享机制；在制度建设方面，加强芝麻产业大数据发展的政策引导，推进支撑能力建设，建立健全芝麻大数据采集制度。

3. 强化科技创新体系建设。鼓励扶持科研单位、科技推广单位、企业等自主研发优良芝麻品种、先进农业装备及良种繁育、芝麻生产加工贮藏技术，充实技术研发、成果转化及产业孵化力量，依靠科技创新激发产业活力，实现产业高质量发展。

报告撰写人：

刘海礁	河南省农业科学院农业经济与信息研究所	副所长
郑国清	河南省农业科学院农业经济与信息研究所	所长
李小红	河南省农业科学院农业经济与信息研究所	副主任
邱雅洁	河南省农业科学院农业经济与信息研究所	科研助理
王来刚	河南省农业科学院农业经济与信息研究所	主任
杨春英	河南省农业科学院农业经济与信息研究所	研究员
卫双玲	河南省农业科学院芝麻研究中心	研究员
裴新涌	河南省农业科学院农业经济与信息研究所	副研究员

我国油莎豆市场与产业分析报告

油莎豆为新型油料作物，具有抗旱节水、营养丰富、产油量高等特点，适宜在沙化土壤种植。近年来，我国油莎豆品种选育和机械化收获等生产关键技术有重大突破，初步具备了规模化发展条件。油莎豆具有高含油量（25%）和高淀粉含量（35%）特点，油营养价值高，具有高油酸（68%）和低亚油酸（12%）的优点，达到橄榄油品质，淀粉为限制型膨胀淀粉，可用于制作无麸质面粉。每亩油莎豆能生产4亩大豆或2亩油菜相当的优质食用油和0.6亩玉米相当的饲料饼粕，初步具有新油源替代潜力，发展空间可达5 000万亩。

一、油莎豆产业发展现状

（一）生产

油莎豆原产于非洲沙漠干旱地区，喜阳光、耐高温、抗旱、耐涝，生长期120天左右。油莎豆收获地下块茎，一般亩产500~600千克，油脂含量平均达25%，淀粉35%，糖分15%，粗蛋白5%左右。

1. 生产规模总体不大，区域分布广泛。20世纪60年代我国从保加利亚等国引进油莎豆，由于缺乏机械化收获技术，发展缓慢。2018年我国油莎豆种植面积约25万亩，实际单产300~400千克/亩，总产约8.75万吨。主要分布在东北、西北、黄淮和长江流域土壤沙性较重的地区。近年来，由于油莎豆产业链不完善，油莎豆种植面积不断萎缩，据不完全统计，2021年全国种植面积约10万亩。

2. 国外引进品种为主，自主研发品种开始推广。我国油莎豆大面积应用的品种主要有四种。一是从保加利亚引进的圆粒豆（俗称河北豆），主要分布在河北、河南、新疆、内蒙古，占总面积50%，含油量25%左右，单产400~500千克。二是2015年吉林好易收公司从非洲引进的大粒圆豆（俗称东北豆），主要分布于东北地区，占总面积约30%，含油量25%左右，单产500~600千克。三是长粒型品种，各地零星种植，种植面积占10%，单产比河北豆略高，但不易收获。四是我国选育的"中油莎"系列新品种，主要分布于河北、湖北等产区，占总面积约 5%，含油量 29%～31%，单产 600～700 千克/亩，其中"中油莎 2 号"在覆膜高产栽培条件下，最高单产达到 1 050 千克/亩。

3. 油莎豆产量和品质优势突出。 从近年来国内试种情况看，油莎豆每亩可产干豆 300～500 千克（17% 含水率），油脂含量 25% 左右，平均产油约 95 千克（大豆亩产油 24.6 千克、油菜亩产油 55.8 千克）。单位面积产油量是大豆的 4 倍、油菜的 2 倍。油莎豆油营养价值高，不饱和脂肪酸含量占比达 80% 以上，具有高油酸（68%）和低亚油酸（12%）的特点，品质与橄榄油相似。榨油后的饼粕富含淀粉、糖分、粗蛋白等，可用于蛋白饲料和酿酒。亩产干草 500 千克，粗蛋白 10%，是草食动物优质饲草。

4. 机械化收获初步突破，成本显著下降。 油莎豆的产品为地下块茎（粒重 0.8～2 克），生产方式类似于马铃薯和花生，但收获较为困难。部分科研院校联合相关企业积极开展油莎豆免耕精量播种机创制，力争漏播率、重播率均小于 5%，播深合格率高于 90%；开展牵引式收获机、自走式收获机、油莎豆剪草机、油莎豆烘干机等机具攻关。目前部分设备已完成样机研制并进行了实地操作测试。随着油莎豆收获机研制成功，替代人工收获后，收获成本将从每亩 2 000 元下降到 300 元，生产成本从 10 元/千克下降到 3～4 元/千克。

（二）消费

油莎豆的主要可利用成分为油脂和碳水化合物，直接产品有油莎豆油和饼粕，衍生产品有油莎豆饮料、无麸质面粉和油莎豆小食品等，主要消费对象为城乡居民烹饪和养殖业饲料加工。此外，油莎豆具有较高的食用纤维、多酚化合物和油酸等，国外研究认为油莎豆具有降低血脂和血糖、促进消化、美容等保健功能，部分亚健康人群也成为新的消费者。

（三）加工流通

国内油莎豆产业处于发展初期，油莎豆收获后，50% 作为种子进行扩大生产。另外 50% 用于榨油，每年生产油莎豆油约 1 万吨，饼粕 4 万吨。油莎豆含油量为 25%，加工方式主要是液压压榨和亚临界萃取。80% 的生产线采用 500 兆帕的液压压榨，特点是投资少，消防等级低，风味好，不足是产能偏低，加工规模小，出油率低，价格高；20% 的生产线采用亚临界萃取工艺，出油率 24%，特点是产能较高，出油率高，生产规模较大，但投资大且产品风味一般。

（四）进出口

估计全球油莎豆生产面积不到 200 万亩，主要生产国有西班牙、尼日利亚、加纳等。西班牙从非洲少量进口，用于生产油莎豆饮料。尼日利亚和加纳主要用于鲜食和干豆加工小食品。我国部分企业进口少量油莎豆，主要为种用。

二、油莎豆产业发展前景展望

（一）国家重视

2016 年，农业部《全国种植业结构调整规划（2016—2020 年）》指出"在适宜地区示范推广油用牡丹、油莎豆等，增加新油源"。2018 年，成立了油莎豆种植加工及装备技术专业委员会。2019 年，科技部在国家重点研发计划中部署油莎豆科技创新任务。

（二）油莎豆有望成为替代大豆的战略性产品

油莎豆耐旱性极强，需水量仅为玉米的一半，适合在沙化土地种植。我国沙化土地达 26 亿亩，如果挖掘 2% 的面积潜力，可规划 5 000 万亩沙化土地种植油莎豆，每年可生产油莎豆 2 000 万吨，增加食用油 475 万吨、淀粉饼粕 1 900 万吨，可替代大约 1/3 进口大豆的油脂。

三、油莎豆产业发展存在的问题和面临的风险

（一）主要问题

1. 耕地资源和水资源的限制。油莎豆仅适宜在西北地区沙化土地种植，我国西北地区水资源匮乏，如大力发展油莎豆产业，水资源利用大幅度增加，可能加重该地区农业生产用水的负担。

2. 缺乏优良品种。我国油莎豆种质资源匮乏，缺乏完善的良种繁育技术体系。油莎豆为非主要农作物，未列入登记作物目录，缺乏区域试验和油莎豆种子标准。大面积推广品种含油量偏低，品种混杂退化现象严重。

3. 机械化生产装备较为落后。油莎豆的块茎分布在地下 10 厘米土层，块茎颗粒大小及形态不一，叶、根、豆、土分离困难，现有收获机具作业效率低、损失率大、稳定性差、价格高。

4. 加工技术和设备基础薄弱。油莎豆食用油、面粉、饼粕等产品尚未列入食品目录。现有油莎豆加工生产线规模小，效率低，油莎豆制糖、制粉、饮料、配方食品、休闲食品等产业链延伸加工技术缺乏。

（二）风险分析

1. 市场风险。世界上油莎豆供给量小，国外仅西班牙具有规模化、机械化生产且需要进口，随着国内油莎豆种植规模的增加，供给量增加后，可能带来价格下跌的风险，会在一定程度上影响种植主体的收益和种植积极性。

2. 生物风险。曾有专家认为，油莎豆是外来草本，担心杂草化变成外来入侵物种。种植实践发现，在−5℃低温，油莎豆的生长点就会被冻死，北方难以越冬。此外，国内已经有很多除草剂可防治莎草科植物，如"灭莎光"（2−甲−4−氯钠苄嘧磺隆）、"莎灭"（草坪隆3号）等，南方的油莎豆是可控的。

四、政策措施建议

（一）科学规划

建议有关部门科学编制油莎豆产业发展战略规划，设计总体发展路线，明确产业定位、区域布局、阶段目标、重点任务，加快油莎豆油进入食品目录，推动油莎豆产业健康可持续发展。

（二）加大财政投入

将油莎豆列入国家重大科技研发计划、生物种业重大专项、中央引导地方资金等项目，在国家农业产业技术体系增设油莎豆育种、栽培、装备、加工等岗位和试验站，加大研发财政投入，强化产业链科技创新布局。

（三）加快油莎豆生产新技术推广示范

将油莎豆纳入农技推广体系建设内容和工作任务，支持建设5～10个规模化油莎豆种子繁育基地，建立20个绿色高产示范基地，加大油莎豆新品种和机械化生产技术的示范，建立节水灌溉为核心的绿色生产投入模式。

（四）推进精深加工，加大健康消费宣传力度

充分发挥油莎豆营养健康和生态保护功能优势，通过消费市场引领，在适宜区域示范推广，扶持新型经营主体开展油莎豆全程机械品种、关键技术、农机装备适度规模的生产。对油莎豆龙头企业重点扶持，对原料收购和价格给予信贷和补贴等财政支持，积极宣传油莎豆产品的健康和绿色优势，打造高档植物油品牌。

报告撰写人：

张学昆　长江大学农学院　　　　教授
许本波　长江大学生命科学学院　教授
谢伶俐　长江大学生命科学学院　副教授
赵永国　广东石油化工学院　　　副教授

第二篇

特色经济作物

我国枸杞市场与产业分析报告

世界枸杞看中国，中国枸杞在宁夏。枸杞是宁夏的"红色名片"和"地域符号"，已有 600 多年的栽培历史。枸杞产业成为宁夏最具地方特色和品牌优势的战略性主导产业，处于全国枸杞产业的领军地位。20 世纪 90 年代起，宁夏枸杞向周边省区扩大种植，特别是近 10 多年来，青海、甘肃、新疆等部分地区，都把枸杞产业列为当地产业结构调整的重要内容加快发展，促进了枸杞产业规模与市场规模的同步增长。从全国枸杞的发展情况看，2011—2020 年，全国枸杞的产量与消费量年均增长 9% 以上，产销基本平衡。主产区格局从宁夏一省变为四省竞发。枸杞加工水平不断提高。出口增长，2020 年全国枸杞出口总量 1.27 万吨、出口总额近 1.1 亿美元。生产成本趋增，小农户种植收益下降。预计未来枸杞种植面积短期内相对稳定，长期有增长趋势，枸杞及其产品的消费将保持增长，价格将波动上涨。

一、枸杞产业发展现状

（一）生产规模

枸杞产量增长显著。2011—2020 年，全国枸杞总产量平均每年增长 9.1%，其中，增幅最大的年份是 2015 和 2016 年，分别为 27.7% 和 23.1%。2020 年，全国枸杞总产量是 2011 年的 2.1 倍，主产区宁夏和青海的产量下降。宁夏枸杞总产量 9.8 万吨，与 2018 年持平，较上年减少 3.9%。青海省总产量 9.2 万吨，比 2018 年增加 6 吨，较上年下降 0.2%。主要原因是枸杞生产成本增速大于市场价格增速。

2020 年，全国枸杞种植面积 220.65 万亩，比 2014 年增加近 30 万亩。2015 年以来，枸杞主要产区面积相对较为稳定。产量增加的主要原因是挂果面积增加与枸杞生产技术的改进。个别年份（2018 年）产量负增长是异常气候与超低市场价格的叠加影响所致。

（二）消费

枸杞消费市场活跃。2011—2020 年，全国枸杞消费量年均增长 9.7%。2020 年，全国枸杞总消费量是 2011 年的 2.2 倍，高于产量涨幅 0.6 个百分点（图 1）。增长原因：一是枸杞产业的标准化体系建设不断完善，市场监管趋于规范，枸杞生产经营主体质量品牌意识增强，产品质量信誉及品牌影响力增强，忠实客户群体不断增大。二是枸杞深加工能力提升，宁夏中宁县枸杞深加工转化率提高到 35%，原料需求增大，加工产品的适口性与食用便利性改善，产品功能性更加明确。三是新产品受到青年消费群体的青睐，消费群体进一步扩大。四是枸杞的医疗保健功能进一步被挖掘和认识，以枸杞为原料的药品、保健品、饮食调味类、化妆品及化工产品等需求增长。

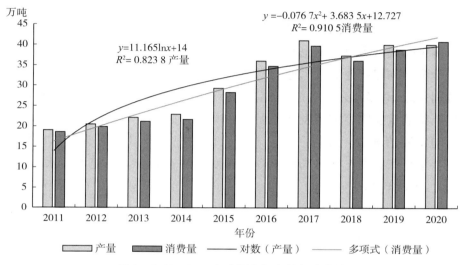

图 1　2011—2020 年中国枸杞产量与消费量

数据来源：统计数据与调查数据。

（三）加工与品牌

"十三五"期间，太阳能、天然气、电能等替代燃煤制干设施已覆盖枸杞各产区。宁夏设施制干率达到 63%，枸杞干果加工转化率达到 20% 以上。锁鲜枸杞、冻干枸杞、枸杞酵素、枸杞叶菜等生产线正式投产。枸杞原浆生产线达到 10 条以上、分装线达到 32 条，枸杞原浆产能达到 1 万吨以上。枸杞面膜、面霜、眼霜、润肤水等化妆品，枸杞粉、枸杞多糖、枸杞籽油等功能食品或保健品，枸杞燕麦片、枸杞咖啡、枸杞巧克力等休闲食品已进入市场。枸杞多糖肽、护肝片已进入医院营养配餐渠道。以枸杞嫩叶嫩茎为原材料的冰鲜菜、保健茶、糕点、饼干、挂面、包子馅、饺子馅等10 余种产品已进入寻常百姓家。枸杞原汁、酒类、化妆品、特膳特医食品等深加工产品达十大类 115 种不等。

目前全国枸杞品牌机构（集团/族群）共 34 个（有效），其中，源出宁夏的项目28 个，源出青海的项目 4 个、新疆的 1 个。有项目品牌 19 个，其中青海 1 个，其余

18 个在宁夏。有国家级枸杞产业化龙头企业 9 家，8 家在宁夏，1 家在青海。有国家林业重点龙头企业 11 家，宁夏有 8 家，青海有 2 家、甘肃 1 家。有国家级农民专业合作社示范社 9 家，宁夏有 7 家，甘肃有 2 家。

（四）出口贸易

枸杞出口量价齐增。2011—2020 年，全国枸杞出口总量和出口总金额分别为 10.32 万吨和 9.05 亿美元，年均分别增长 10.5% 和 13%，出口单价年均增长 3.4%。2020 年，全国枸杞出口量和出口额分别为 12.76 万吨和 1.09 亿美元，出口单价为 8 524 美元/吨，分别比上年增长 10%、15.2% 和 4%。出口量为历史新高，出口额低于 2014 年的 1.22 亿美元和 2016 年的 1.10 亿美元。出口单价高于 2017、2018 和 2019 年，但低于 2012—2016 各年度。

（五）市场价格

枸杞价格先跌后涨。2010—2015 年，宁夏枸杞年度价格总体增长，2013 年，统货均价达 52.54 元/千克。2016 年后价格开始走低。2018 年，宁夏枸杞价格比 2013 年下降了 18.84 元/千克，降幅达 35.8%。2019 年有所上涨。调查 2018—2020 年中药材市场枸杞统货的月平均价格得出：产自甘肃白银市景泰县、新疆博尔塔拉蒙古自治州精河县、青海海西蒙古族藏族自治州格尔木市和宁夏中卫市中宁县四产地枸杞的价格均呈逐年增长态势，因产地不同增长幅度表现差异，道地产区中宁枸杞涨幅最大（图 2）。

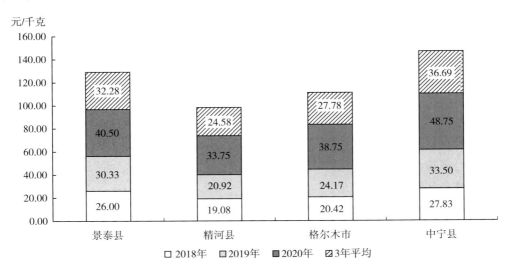

图 2　2016—2020 年中国枸杞四产地月度平均价格

数据来源：调查数据。

二、枸杞产业发展存在的问题

（一）种植效益不高

采摘高峰时需要大量用工，人工成本高，枸杞种植、建园施肥、病虫害防控、中耕除草、修剪灌水等各项投入成本持续增加。随着全国枸杞种植规模扩大，干果产量增加，下游竞争激烈，生产环节收益下滑，比较效益降低。

（二）产业融合度不高

加工流通企业与专业大户、合作社等种植主体联系不够紧密，种植主体难以分享产业链增值收益。在全国注册的枸杞产业各类市场主体中，合作社占 22％，公司占 31％，二者合计占 53％；能存续 5 年以上的市场主体仅占注册总数的 33％，其中，合作社占 10％。

（三）同质化竞争激烈

在全国注册的枸杞产业各类市场主体中，公司数量达 11 195 个，但能存续 5 年以上的公司仅占注册公司总数的 35％。众多公司将枸杞干果作为经营产品之一，同质化竞争激烈。另一方面，深加工产品开发种类多，但能够形成市场规模优势的产品不多。

三、枸杞产业发展前景展望

（一）生产

枸杞种植面积与产量相对稳定。受枸杞市场低价冲击，2018 年以来，种植玉米比较效益较高，局部地区有连续调减枸杞种植面积的情况。但因枸杞的康养价值、生态价值、经济价值与文化价值等市场需求拉动，预计总体上枸杞面积将保持稳定。枸杞产量将难免年际之间有波动。

（二）消费

枸杞类产品消费将保持增长。新冠肺炎疫情流行及后疫情时代，人们保健意识提升，更看重枸杞保肝、增强免疫力等保健价值，枸杞绿色加工新技术产品不断开发、生产与推广，中药材市场对道地枸杞需求稳中有增，预计未来枸杞消费将继续呈现增长态势。

（三）贸易

国际市场需求存在不确定。2019 年，美国权威机构出版的《美国草药典》（简称 AHP）中收编了出自宁夏中宁的《枸杞子》分册，在美国及全网出版发行，枸杞在海外市场推广力度加大，将有利于枸杞产品的出口消费。2020 年枸杞出口市场量价齐增，出口量达历史最高水平，但出口价未能同步增长，受全球宏观经济低迷态势影响、物流阻碍及出口毁约贸易壁垒等因素影响，未来海外市场不稳定性加剧，年际波动可能性较大。

报告撰写人：

温淑萍　宁夏农林科学院农业经济与信息技术研究所　　研究员
张　静　宁夏农林科学院农业经济与信息技术研究所　　研究实习员
周　涵　中国农业科学院农业信息研究所　　　　　　　助理研究员

我国干辣椒市场与产业分析报告

干辣椒不仅是我国居民饮食中重要的调味品，也是部分地区主要的农业支柱产业，在促进农村经济发展和农民增收中发挥着重要作用。近年来，我国干辣椒种植面积和产量稳步增长、产区相对集中，贵州、河南、新疆、山东、云南5省区种植面积与总产量均占全国的65%左右；干辣椒三产融合发展模式基本形成，涵盖育种、种植、加工、贸易、餐饮等完整产业链条。预计未来几年干辣椒生产规模将进一步扩大，消费继续保持稳定增长，进出口均保持上升趋势。

一、干辣椒产业发展现状

（一）生产

1. 面积、产量平稳增长。 2011—2019年，我国干辣椒收获面积净增7.72万亩、增长11.94%，总产量净增4.82万吨、增长17.36%，单产净增20.78千克/亩、增长4.84%（表1）。

表1　2011—2019年我国干辣椒收获面积与产量

年份	产量（万吨）	面积（万亩）	单产（千克/亩）
2011	27.78	64.69	429.43
2012	29.00	64.50	449.61
2013	30.00	66.00	454.54
2014	30.27	67.27	449.98
2015	30.63	69.30	441.99
2016	30.81	69.68	442.16
2017	31.40	70.82	443.38
2018	32.12	71.63	448.42
2019	32.60	72.41	450.21

数据来源：联合国粮农组织。

2. 主产区在西北地区。目前我国干辣椒原料生产分散在全国 24 个省份。其中，西北地区种植面积和产量分别占全国的 67%、65%，生产模式由传统的分散生产向集中规模化生产转变。

3. 主产区生产模式各不相同，产量差异大。华中、西南和西北是我国干辣椒的三大主产区，由于不同产区的干辣椒生产模式各异，三大产区的单产差距基本维持在 200 千克/亩左右，差异较大。

4. 全球产量占比与贸易竞争力指数有所下降。据联合国粮农组织统计，全球共有 67 个国家和地区生产干辣椒原料，我国干辣椒总产量 2011 年位于全球第 2 位，2017 年起降至第 3 位。干辣椒贸易竞争力指数从 2016 年的 0.93，下降到 2019 年的 0.24，国际竞争力有所下降。

（二）消费

1. 调味品为主要消费品，行业集中度较低。我国每年消费干辣椒约 220 万吨，其中辣椒进行初级加工后的销售占比为 26%，辣椒酱、火锅底料等加工品的消费占比为 18%；不同形态食用消费占总量的 85%，工业深加工消费占 15%。

2. 饮食口味决定消费差异，嗜辣区为消费主力。在饮食口味上，中国分为长江中游辛辣重区、北方微辣区和东南沿海淡味区 3 个辛辣口味层次地区。干辣椒的销售区域主要集中在贵州、四川、重庆、湖南等嗜辣区。

（三）加工流通

1. 初加工产业市场需求广，深加工产业发展迅速。干辣椒初加工工艺简单，市场需求较广，初加工企业较多，其中辣椒粉以新疆生产为主，油辣椒酱则以贵州生产为主。干辣椒深加工产品近年来发展逐渐加快，如我国生产辣椒红素对干辣椒原料的年消耗量在 10 万吨左右。

2. 干辣椒流通量较大，销售渠道丰富多样。我国干辣椒主要通过批发市场、农贸市场、电商、超市等进行交易。批发市场和农贸市场依然是流通的核心主体，通过电子商务进行营销的销量在逐步增长，众多餐饮、辣椒酱生产企业均开设了网络店铺进行辅助营销。

（四）进出口

1. 进出口呈稳定增长趋势。干辣椒的进出口均呈稳定增长趋势，2019 年出口量和出口额分别较 2015 年增长 77.66% 和 76.43%。2019 年进口量和进口额较 2015 年分别增长 23.59 倍和 24.26 倍，进口增幅显著高于出口增幅。

2. 主要进口来源国为印度，主要出口至亚洲和北美洲。2020 年我国干辣椒进口量为 15.55 万吨，进口金额为 35 411.1 万美元，其中主要进口来源国为印度，进口量为 15.31 万吨，占总进口量的 91%。干辣椒出口金额为 10 475.8 万美元，其中出口金额最多的地区为墨西哥，出口金额为 3 523.73 万美元。

（五）市场价格

1. 价格总体呈上涨趋势。 据山东武城英潮辣椒价格指数，2019 年我国干辣椒平均价格指数分别较 2018 年、2017 年上升 37.55%、36.42%。2020 年前半年下降较快，3 月到达最低值，下半年逐渐回升。

2. 不同市场价格变化差异较大。 干辣椒价格受品种、花度、干度等因素影响，同一品种干辣椒在不同市场价格变化趋势不同（表 2）。

表 2 2020 年 1—10 月朝天椒和子弹头在不同市场价格情况

单位：元/千克

月份	朝天椒		子弹头	
	武城交易市场价格	遵义交易市场价格	柘城交易市场价格	遵义交易市场价格
1	20.51	25.08	18.00	26.00
2	19.85	24.75	18.00	26.00
3	19.56	23.56	16.10	25.00
4	18.86	23.21	16.00	25.60
5	18.25	22.03	15.50	27.00
6	17.98	20.76	13.00	27.00
7	18.56	18.64	13.30	27.00
8	19.23	21.37	14.00	27.00
9	20.15	22.96	15.00	26.00
10	21.32	24.31	15.00	26.00

数据来源：中国金融信息网、山东价格指数发布平台。

3. 同一市场价格走势相似。 同一市场不同品种的干辣椒价格变化虽有差别，但市场行情、价格走势相似（表 3）。

表 3 武城、遵义辣椒交易市场价格情况

单位：元/千克

时间	武城批发市场价格			遵义批发市场价格		
	益都红	美国红	三樱椒	满天星	子弹头	艳椒
2019 年 7 月	14.12	12.27	21.09	21.82	20.81	20.22
2019 年 8 月	15.42	13.04	20.88	24.11	21.08	21.85

（续）

时间	武城批发市场价格			遵义批发市场价格		
	益都红	美国红	三樱椒	满天星	子弹头	艳椒
2019 年 9 月	14.57	12.89	18.39	28.20	25.43	25.49
2019 年 10 月	13.17	12.92	15.40	27.89	24.23	25.00
2019 年 11 月	10.82	10.87	14.41	17.64	23.01	15.74
2019 年 12 月	11.22	10.59	15.15	18.21	22.27	15.62
2020 年 1 月	12.51	10.03	15.36	18.65	22.73	16.24
2020 年 2 月	12.25	10.25	15.64	18.72	22.86	16.16
2020 年 3 月	12.03	10.41	18.78	18.47	23.15	17.15
2020 年 4 月	13.34	10.74	19.25	18.58	22.78	17.59
2020 年 5 月	13.65	11.86	19.53	18.47	21.34	17.23
2020 年 6 月	14.05	11.95	18.16	20.89	21.42	19.27
2020 年 7 月	14.26	12.52	20.54	21.54	21.68	21.03
2020 年 8 月	15.21	13.21	19.12	23.57	22.38	23.12
2020 年 9 月	14.49	12.76	18.51	26.82	24.53	25.64
2020 年 10 月	13.96	12.81	16.29	28.31	25.14	25.26

数据来源：中国金融信息网、山东价格指数发布平台。

（六）成本收益

主产区种植成本逐年上升，净利润呈上升趋势。2013—2019 年河南、贵州、云南、山东、新疆五大产区种植成本整体呈逐年上升趋势（表4）。

表4　主产区辣椒种植成本情况

省份	年份	总成本	物质与服务费用		人工成本		土地成本	
		（元/亩）	（元/亩）	比重（％）	（元/亩）	比重（％）	（元/亩）	比重（％）
河南	2013	4 018.67	1 217.51	30.3	2 445.26	60.85	355.9	8.86
	2014	4 218.2	1 199.96	28.45	2 664.71	63.17	353.53	8.38
	2015	4 257.12	1 162.52	27.31	2 733.11	64.2	361.49	8.49
	2016	4 196.81	1 134.404	27.03	2 706.86	64.5	355.51	8.47
	2017	4 151.07	1 055.62	25.43	2 760.83	66.51	334.62	8.06
	2018	4 188.84	1 044.03	24.92	2 812.99	67.15	331.82	7.92
	2019	4 367.67	1 046.29	23.97	2 988.05	68.41	333.33	7.63

（续）

省份	年份	总成本	物质与服务费用		人工成本		土地成本	
		（元/亩）	（元/亩）	比重（%）	（元/亩）	比重（%）	（元/亩）	比重（%）
贵州	2013	2 698.59	702.16	26.02	1 741.07	64.52	255.36	9.46
	2014	2 776.91	718.6	25.88	1 726.18	62.16	332.13	11.96
	2015	2 801.27	790.78	28.23	1 728.45	61.7	282.04	10.07
	2016	2 926.93	744.53	25.44	1 899.39	64.89	283.01	9.67
	2017	3 103.08	740.18	23.85	2 053.61	66.18	309.29	9.97
	2018	3 130.67	771.64	24.65	2 053.17	65.58	305.86	9.77
	2019	2 993.35	697.27	23.29	2 018.08	67.42	278.00	9.29
云南	2013	2 924.23	875.82	29.95	1 823.51	62.36	224.9	7.69
	2014	3 076.58	806.37	26.21	2 021.59	65.71	248.62	8.08
	2015	2 999.84	815.01	27.17	1 898.05	63.27	286.78	9.56
	2016	3 275.99	872.6	26.64	2 107.31	64.33	296.08	9.04
	2017	3 250.77	939.36	28.90	2 015.93	62.01	295.48	9.09
	2018	3 593.72	960.06	26.71	2 337.96	65.06	295.70	8.23
	2019	3 779.83	1 068.90	28.28	2 418.00	63.97	292.93	7.75
山东	2013	3 423.62	940.56	27.47	2 205.78	64.43	227.28	6.64
	2014	3 685.21	966.61	26.23	2 438.73	66.18	279.87	7.59
	2015	3 740.07	964.98	25.80	2 477.86	66.25	297.23	7.95
	2016	3 313.47	877.06	26.47	2 143.44	64.69	292.76	8.84
	2017	3 197.41	868.21	27.15	2 018.27	63.12	310.93	9.72
	2018	2 804.78	823.09	29.35	1 690.08	60.26	291.61	10.40
	2019	3 272.56	1 138.79	34.80	1 801.32	55.04	332.45	10.16
新疆	2013	3 480.71	998.39	28.68	2 210.91	63.52	271.41	7.80
	2014	3 315.62	986.45	29.75	2 064.97	62.28	264.20	7.97
	2015	3 296.12	990.7	30.06	2 047.11	62.11	258.31	7.84
	2016	3 354.92	1 002.56	29.88	2 082.79	62.08	269.57	8.04
	2017	3 541.14	929.25	26.24	2 308.49	65.19	303.40	8.57
	2018	3 507.22	930.03	26.52	2 293.24	65.39	283.95	8.45
	2019	3 711.95	953.28	25.68	2 477.40	66.74	281.27	8.10

数据来源：《全国农产品成本收益资料汇编（2013—2019）》。

二、干辣椒产业发展前景展望

（一）种植面积及产量稳步增长，产量品质逐步提高

干辣椒生产效益较高，稳定的市场价格和低廉的加工成本为提高农民收入做出了重要的贡献，因此多地政府提出了增加辣椒种植的决策，随着品种的提升、生产设施条件的改善，产量品质都将有所提高。

（二）辣椒酱市场规模稳步增长，深加工产品需求较大

2019 年底，我国辣椒酱市场规模已达 387 亿元，整个市场规模以每年 7％以上的增速增长，预计 2021 年达到 420 亿元。辣椒红素、辣椒油树脂等精深加工产品将成为拉动辣椒市场需求的重要力量。

（三）干辣椒交易价格呈波动上升态势，出口贸易稳步增长

目前干辣椒的市场价格仍有较大提升空间，但受集中上市和季节性市场供求波动影响，干辣椒价格可能呈波动上升态势，出口贸易呈稳步增长趋势。

三、干辣椒产业发展存在的问题和面临的风险

（一）主要问题

1. 生产成本逐步上升，劳动力不足成发展掣肘。 当前辣椒规模化生产尚处于初级阶段，各项成本投入较高，生产经济效益有待提升。农村劳动力不足。

2. 全产业链延伸不够，产品技术创新不足。 我国干辣椒制品仍处于初加工阶段，深加工企业较少，难以满足市场需求。干辣椒加工企业研发创新能力不足，不能紧跟市场需求开发新产品、延长产业链。

3. 产业底数不清，影响生产决策。 我国未将干辣椒作为一个独立的品类进行单独统计，种植面积、产量、消费量等产业底数不清，各地生产主要根据市场价格决定，生产决策缺乏科学性。

（二）风险分析

1. 干辣椒价格变动幅度较大。 一是由于自然灾害发生频繁、游资炒作等情况导致干辣椒价格变动幅度较大。二是南北产区价格差异大，市场价格容易受到影响。三

是由于冷库基础设施较少、干辣椒不耐贮等特殊性，价格易大幅波动。

2. 印度辣椒对我国辣椒市场冲击较大。近年来，印度干辣椒在国际贸易市场上优势凸显，出口量和出口金额均呈现上升趋势。随着印度辣椒种植技术与机械化水平的提高，未来对我国的辣椒市场冲击较大。

四、政策措施建议

（一）稳定辣椒市场价格，保障辣椒市场的稳定性

一是加强政府对辣椒产区的支持与扶植；二是加强干辣椒信息监测平台建设；三是做好市场淡旺季的供需调整，合理调整淡旺季供给差异。

（二）加大科技投入，强化品种选育

一是加大对辣椒新品种选育，丰富辣椒种质资源；二是抓好名优地方特色辣椒品种的提纯复壮；三是加强对高色素、高抗性等辣椒种质资源的引进，对中国辣椒品种进行改良。

（三）提高干辣椒精深加工能力

一是加大高新技术在辣椒综合深加工中的应用；二是建立辣椒原料及深加工产品的统一评价体系；三是逐步提高国内深加工产品的竞争力。

（四）加强龙头企业培养，提高产业化水平

一是培育一批起点高、带动力强的辣椒深加工龙头企业；二是实行强强联合或资产重组，构建技术先进、抗风险能力强的中大型深加工企业集团；三是培育具有特色和知名度的深加工拳头产品，打造名牌产品或名牌企业。

报告撰写人：

李莉婕　贵州省农业科技信息研究所　副研究员

赵泽英　贵州省农业科技信息研究所　研究员

韦权高　贵州省农业科技信息研究所

童倩倩　贵州省农业科技信息研究所　副研究员

彭志良　贵州省农业科技信息研究所　研究员

胡明文　贵州省蚕业（辣椒）研究所　研究员

包维嘉　贵州省农业科技信息研究所

孙长青　贵州省农业科技信息研究所　副研究员

朱文超　贵州省蚕业（辣椒）研究所　副研究员

我国艾草市场与产业分析报告

艾草是一种广泛应用的中药，具有活血、抗氧化、抗炎、抗菌、抗癌和免疫调节等功效。据《中国药典》（2015 版）记载，艾草内服可以用于治疗经寒不调、宫冷不孕、吐血、鼻出血等症状，外用可以改善皮肤瘙痒等症状。此外，临床上还用于治疗胎动不安、风寒湿痹、慢性支气管炎、支气管哮喘、慢性肝炎等。

一、艾草产业发展现状

近年来，我国艾草种植规模及产量逐渐扩大，受新冠肺炎疫情影响，作为疫情防护消毒杀菌的重要材料，艾草的需求快速增加，刺激艾草行业进一步发展。

（一）生产

1. 生产规模快速增长。 数据显示，以 1.67 千克新鲜艾草可以制成 1 千克干艾草计算，2020 年，我国新鲜艾草产量为 19.2 万吨，干艾草产量则为 11.5 万吨（图 1）。艾草再生能力强，每年能收多次。以河南产区为例，一年产新四茬，通常第一茬在农历三月初，第二茬在端午节，第三茬在中秋节前，而最后一茬在中秋后。平均每亩产干全草约 1 000 千克，纯叶约 600 千克。

2. 艾草产区集中分布于河南南阳和湖北蕲春两地。 山东、河南、安徽、湖北等地是我国艾草的出产区，其中质量上以湖北蕲州最佳。虽然艾草的适宜种植区域广，但就种植面积和生产量而言，主要集中在河南的南阳和湖北的蕲春，且两地均有规模化的种植、加工和销售，逐步形成当地的特色产业。

3. 艾草企业规模化。 随着市场的发展，目前我国艾草市场已经产生了南阳绿莹艾草生物制品有限公司、南阳药益宝艾草制品有限公司、南阳仙草药业有限公司、南阳神农艾草生物制品有限公司、蕲春赤方蕲艾制品有限公司、南阳兴宛堂艾草制品有限公司等一批企业。这些企业专业从事艾草基因储备、繁育、种植、研发、生产、制造、贸易以及诊疗与教学研究等业务。

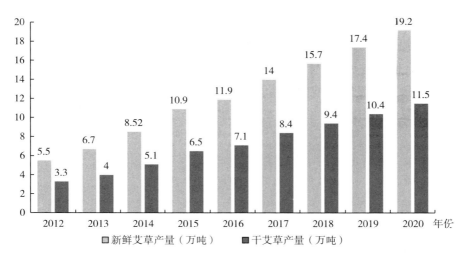

图1 2012—2020年中国艾草行业产量情况

数据来源：观研报告网。

（二）消费

1. 艾草需求量快速提升，市场规模逐年增加。 2012年艾草需求量为2.9万吨，2020年增长到11万吨，增长近3倍。2012年市场规模为1.32亿元，到2020年增长到5.96亿元，增长3.5倍（图2）。

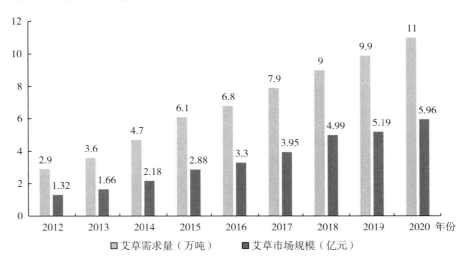

图2 2012—2020年中国艾草需求总量及市场规模走势

数据来源：观研报告网。

2. 艾草消费方式文化特色明显。 艾草是我国常用的中药材之一，它的功效、配方、使用方法是我国中医文化的一种体现。通过艾草及艾灸疗法向国际社会宣传中医药知识和文化，是弘扬中华文化，促进华侨华人爱国凝聚的重要途径。艾草在中国人的生活中有"避邪"的文化意义，因此端午节时悬挂在门上的艾草并非仅仅为了驱虫，它更可被看作是一种文化符号。

3. 艾草消费有明显的季节性。青团是江南人家在清明节吃的一道传统点心，用艾草的汁拌进糯米粉里，再包裹豆沙或者莲蓉，广受大众的喜爱。端午时期天气开始转热，空气中的湿热、温毒之气郁蒸，各种病毒和害虫开始滋生，气候也处于阴阳交会之际，这个时节人体的免疫力相对降低。而此时的艾草正值繁茂生长，气味散发最为浓烈，具有提高免疫能力、解热镇静、驱蚊等功效。

（三）加工流通

艾草以初加工为主。我国艾草主要制作成艾绒，用艾绒制作成艾条、艾炷、艾卷等产品，点燃后，在身体相应的穴位上施行熏灸，以温热性刺激，通过经络腧穴的作用，达到治病防病的目的。深加工产品为艾草精油、洗面奶等。由于中医文化在中、韩、日三个国家比较盛行，所以这三个国家对艾草产品的需求比较大。

（四）市场价格

1. 2016—2021 年期间艾叶价格出现小幅波动后趋于稳定。2016 年我国艾叶价格从每千克 5 元上涨到 7.5 元。2017 年全国艾草市场出现巨大的缺口，2018 年全国大面积种植，艾叶价格下跌。2018 年 5 月到 2019 年一直保持在 5.5 元。2020 年上涨到6.5 元，2021 年 9 月价格升到 7.5 元（图 3）。

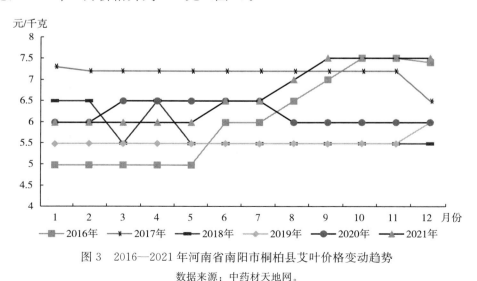

图 3　2016—2021 年河南省南阳市桐柏县艾叶价格变动趋势

数据来源：中药材天地网。

2. 艾叶价格波动不受季节影响。一般在一年的周期内，艾叶价格波动不大，

2016 年和 2021 年价格平稳上升。艾草一年产 3～4 茬，供应充足。

（五）成本收益

1. 种植成本。 艾草种植简单，成活率高，也适用于粗放式的管理，所以种植成本上的支出较少。每亩一般能栽种艾草 6 000 株，每株为 0.1 元，那么种苗成本就是 600 元，种植的土地租金为 600～800 元，肥料及农药费用约为 300 元，人工费用为 400～500 元，所以种植一亩艾草的总成本在 2 000 元左右。

2. 经济效益。 艾草一般都是经过加工之后再出售。干艾草的收购价一般是 4 500～5 500 元/吨。艾草（干）批发价格在 12 元/千克左右，市场零售价格在 24 元/千克左右，出口价格可达 100 元/千克。

二、艾草产业发展前景展望

（一）生产规模化、产业化、品牌化

南阳和蕲春两地常年栽培面积在 30 万亩以上，其中南阳市艾草种植面积超过 20 万亩，蕲春县种植面积超过 10 万亩。两地逐步形成了以艾草为主的产业。南阳建设有 4 个艾草产业园，注册企业 1 500 余家，而蕲春涉艾企业工商注册总量超过 1 100 余家。先后开发出艾灸养生、洗浴保健、熏蒸消毒、清洁喷雾、外敷保健、日用品、灸疗器械、保健食品以及饲料添加剂等不同领域系列产品 180 多个品种，建立养生馆上千家，并开通网店销售等。2010 年 12 月，国家质检总局批准对"蕲艾"实施地理标志产品保护，连续多年举办"蕲艾文化节"，南阳连续多年举办"中国艾产业发展大会"。产品质量稳定，借助政府宣传、企业宣传等途径，逐步形成品牌。

（二）生产成本低，产品带动农村经济

由于艾草本身具备抗虫杀菌的作用，因此艾草生长过程中基本无需喷洒农药，同时艾草在林下种植时可以草控草，大大减少了人工除草成本。艾草系多年生草本菊科植物，根系发达，在荒山荒滩上种植，可以有效地防止水土流失，防止地质灾害，对改良和保护生态环境起到了重要作用。艾草非常容易保存，没有仓储风险，而且艾草越陈价格越高，可以充分利用现有的闲置厂房、农机棚房等资源，进行仓储和加工。艾草全棵可以入药，不存在焚烧秸秆的状况，缓解了地方政府秸秆禁烧的压力。因此，艾草不仅可以盘活闲置土地资源，还可以利用农村集体闲置资产，从而带动农村集体经济发展。

（三）药用价值高，精深加工多样化

不少研究证明发现，艾草具有温经止血、抗癌、抗氧化、止咳平喘等功效。为了追求更高品质的多样化使用，针对人们对艾草的不同需求进行深加工。一是加工食品，如艾草面条、艾草饼干、艾草茶等。二是加工成日用品，如艾叶精油、艾草护肤品、艾叶皂等。三是加工美容保健用品，如艾条、艾香等。

（四）政府助力推动产业发展

近年来，南阳市出台了《南阳市"十三五"中医药发展规划》《张仲景健康城重大专项实施方案》《南阳国家中医药综合改革实验区建设实施方案》，建设艾草产业园区，大力扶持艾草加工企业。建立国际陆港艾草出口加工产业园，引导规模企业入驻，支持建设艾产品出口检验检疫实验室、跨境电商线上商城等体系，增强产品市场竞争力，艾草产品通过电商平台出口额增长50%，销往80多个国家和地区。优化海关检验检疫出证流程，推广采信企业自检报告、原产地证书自助打印等便企措施，保障一线海关快速出具检验检疫证书和原产地证书，实现艾草制品出口通关"零延时"。

三、艾草产业发展存在的问题和面临的风险

（一）主要问题

1. 缺乏优良品种选育。艾草栽培时间短，多由野生资源驯化而来，尚未开展优良品种选育的工作。艾草资源丰富，叶片变化差异大，因此优良品种选育显得更加重要，不同种质资源、不同地理位置的差异等均需开展深入研究。

2. 深度开发创新能力不足。蕲春现有艾草产品同质化严重，主要是蕲艾条、洗涤用品、精油提取等，产品技术含量低。深度研发人才稀缺更导致产品升级换代困难。

3. 急需统一的行业标准。我国艾草产业"散、小、乱"特征依然明显，由于艾草没有统一的行业标准，从业门槛较低，管理方面集中度不高，小作坊、小工厂数量众多。建议加快艾草行业标准制定，培育龙头企业，争创名牌、品牌。

（二）风险分析

艾草行业需要合理规划种植布局。由于艾草种植容易，管理粗放，生长期短，无技术瓶颈，面积盲目扩大后，极容易市场饱和。地方推广应循序渐进，切忌盲目扩种导致价格断崖式下跌。艾草价格下跌后无人管理，则直接变为杂草，需要综合考虑其

生态效益。

四、政策措施建议

（一）规范种植基地，建立艾草市场行情监测和信息服务体系，加强产业链信息引导

一是尽快选育适宜推广的优良品种，尤其像南阳、蕲春等种质面积较大的区域。二是结合良种推广，由企业联合或者政府制定操作规程，对艾草生产的各个环节进行规范，保证所产艾叶质量的一致性，为深加工产品的开发提供稳定的优质原料。三是建立市场价格监测和信息服务体系，使产业主体全面了解供需动态、价格走势、进出口贸易等信息。

（二）加大产品开发力度，提升品牌影响力

一是加大产品开发投入，加强产品质量与精细化开发，如对艾草提取物进行二次产品开发，制定相关的产品标准，推动艾草产品走出国门，拓宽艾草用途。二是加大对艾草品牌管理，通过参加展会、评选、媒介等方式提升品牌知名度。

（三）规范行业管理，对有专利的产品和医疗类批号严格把关

在原料收购环节把关，湖北蕲春县"蕲艾"获得了地理标志后身价看涨，而"宛艾"由于没有名分，虽与"蕲艾"品质相近但价格相差很多。严格管理医疗类批号，南阳不少优质艾草、艾产品多数靠贴牌或给有批号的企业供货生存。

报告撰写人：

周雨萱　中国农业科学院农业信息研究所　助理研究员

我国灵芝市场与产业分析报告

灵芝（主要是赤芝）是《中华人民共和国药典》收录药食同源的传统药用菌，在我国的使用至今已有 6 800 多年，被称为神草、瑞草等。灵芝富含多种活性成分，如多糖、三萜类化合物、核苷酸等，临床多应用于预防和治疗免疫性疾病。20世纪 50 年代人工栽培技术成功研发，灵芝子实体、孢子粉等大量生产，为灵芝研究和产品开发提供了充足的原料，据初步统计，目前商品化的灵芝 98% 来自人工栽培。

一、灵芝产业发展现状

近年来，随着灵芝栽培技术、深加工技术的推广，以及灵芝食药营养价值被认可，灵芝消费市场规模进一步扩大。我国已成为世界最大的灵芝生产国、消费国和出口国。

（一）生产

目前，全球年产灵芝及孢子粉约 16 万吨，年产值超过 50 亿美元，中国、日本、韩国是灵芝三大主产国。我国灵芝种植分布较广，浙江、黑龙江、吉林、河北、山东、安徽、江苏、江西、湖南、贵州、福建、广东、广西等省份均有种植。近年来，国内灵芝产能匀速增长，栽培面积不断扩大，据天地云图数据统计，按照代料、段木、地栽等种植方式折算，灵芝种植面积从 2010 年的 5.15 万亩，增长到 2020 年的12.15 万亩，年均增长 9.47%，高于产能增长率。

（二）消费

灵芝的市场产品形式主要以灵芝或灵芝提取物、灵芝孢子粉、灵芝孢子油 3 类为主，其中，灵芝孢子粉和孢子油是主要产品。灵芝的消费区域主要以广东、浙江、江苏、福建、上海、河北、山东、河南等省份为主。浙江、山东、河南等地以灵芝孢子粉及提取物产品为主，福建、江苏、广东等地以灵芝孢子油和孢子粉产品为主。近年来，随着亚健康人群体量逐年增多，灵芝消费主体主要以预防疾病、提高抵抗力为主，并走向礼品市场。国内灵芝消费形式分别是子实体、孢子粉、保健品、饮片、成药消耗和其他等，据天地云图数据统计，2020 年，灵芝产业总值约 81.15 亿元，灵芝类保健品（含灵芝孢子油）占比 78.43%。

（三）加工

灵芝药性的广谱性及适宜人群的广泛性，衍生出不同的工艺配方、剂型和系列化产品。其中，灵芝子实体的产品开发主要为切片或切碎用于泡茶、煎液、泡酒，磨粉或提取作为医药保健品中的原料；单方产品主要以破壁灵芝孢子粉、灵芝提取物及灵芝孢子油原料为主，剂型以胶囊、片剂和粉剂居多。

（四）进出口

国产灵芝产品已通过良好农业规范（GAP）和中国、美国、欧盟、日本等国际有机认证，成为国际灵芝的主要产地。主要出口美国、加拿大、欧盟、日本和中国香港等国家和地区。在美国主要作为"膳食补充剂"，在加拿大作为"天然健康产品"，在欧盟主要作为"食品补充剂或功能食品"，在日本作为"保健功能食品"，在中国香港作为中成药原料。此外，灵芝还是制作化妆品的主要原料之一。

（五）市场价格

目前，市场上的灵芝主要分为人工栽培和野生两种。人工栽培的灵芝，由于生产规模大，产量较高，价格低于野生灵芝，每斤[①]约 250 元；野生灵芝由于产量小，生长速度慢，采摘成本高，市场价格较高，稀有野生灵芝价格在每斤上千元左右，普通野生灵芝价格在 500～1 000 元不等。不同栽培方式的灵芝市场价格也不同，段木栽培的灵芝价格高于代料栽培，段木栽培的灵芝价格每斤约 100 元，代料栽培每斤约 80 元。

（六）成本收益

灵芝种植的投入成本较大，野外段木栽培平均每亩投入超过 10 万元，室内代料栽培一般平均每亩投入 3 万元左右。灵芝的种植效益较高，一般亩均毛利润大概为 4.5 万元，除去投入的种植成本，亩均净利润超 1 万元。

---

① 斤为非法定计量单位，1 斤＝500 克。——编者注

二、灵芝产业发展存在的问题

（一）产业发展水平参差不齐

当前灵芝行业如火如荼，小作坊、种植户、个体贸易商等散户穿插在各种品牌之中，这些散乱的个体给灵芝行业带来了"另类的繁荣"，其中最突出的就是价格差异。目前市面上的灵芝孢子粉、灵芝孢子油产品等价格五花八门，有品牌的灵芝产品大多价格较高，价格低的基本没有品牌，来源也无从追溯，产品安全性缺乏保障。

（二）产品同质化严重

近 3 年来，中国灵芝产业得到了空前的发展，灵芝企业如雨后春笋般不断涌现。灵芝产业市场容量增长速度虽然较快，但厂家竞争程度激烈，且各竞争厂家之间的产品同质化严重，缺乏有序竞争。

（三）消费规模较小

我国是灵芝文化的发源地，也是灵芝栽培及原料出口大国。但由于我国民众对灵芝的功效和药用价值缺乏了解，加之市场高昂的价格使普通消费者对灵芝产品望而却步。据统计，我国食用灵芝的人群占比低于 10%，长期食用的人更少，而日本和韩国食用灵芝的人群占比超过 50%，因此，我国灵芝的消费空间巨大。

三、政策措施建议

（一）加大资源整合力度，提高产业化程度

整合以家庭为单位的种植资源，大力发展一批有技术实力的龙头骨干企业，形成规模化产业。发展秸秆、木屑等栽培技术，种植无毒、无害、高药效的高品质灵芝产品，降低灵芝生产成本，提高产品质量与产量。鼓励更多有实力的企业进入灵芝深加工领域，加大研发投入，开发技术含量高的深加工产品，提高产品附加值。

（二）充分发挥政策优势，拓宽产品应用领域

近年来，灵芝产业利好政策不断，2020 年，国家卫生健康委员会、国家市场监督管理总局联合印发《关于对党参等 9 种物质开展按照传统既是食品又是中药材的物质管理试点工作的通知》，明确指出在试点地区，灵芝作为食药物质之一应发挥"药

食同源"的食品属性。应充分发挥当前的政策优势，大力研发灵芝产品的食用技术，让灵芝产业在食品领域焕发新的生命力。

（三）积极转变产品形式，加强文化宣传推广，开拓市场空间

目前，灵芝保健品多以胶囊形式销售，产品形式单一，且年轻消费者接受程度较低。应根据不同年龄段消费人群的购买力和消费偏好，大力开发灵芝饮料、美容护肤产品、灵芝茶等新产品，扩大灵芝产品的消费群体。加强挖掘灵芝观赏市场潜力，发挥其独特的文化内涵、研发可供观赏的灵芝产品。根据不同灵芝品种的特性，充分发挥灵芝独特的外观美学优势，从而达到愉悦的观赏效果，开拓市场空间。

报告撰写人：

冯　杰	上海农业科学院食用菌研究所	副研究员
高茂林	中国食用菌协会	会长
刘　伟	中国食用菌协会	副会长兼秘书长
金东艳	中国农业科学院农业信息研究所	副研究员
张劲松	上海农业科学院食用菌研究所	所长、研究员
张蔚娜	中国食用菌协会会议会展部	副主任
孔　鹏	中国食用菌协会　技术指导部	副主任

我国油茶市场与产业分析报告

油茶是我国传统的木本油料树种，也是世界 4 大木本油料之一。其茶果压榨出的茶油脂肪酸结构合理，不饱和脂肪酸含量高达 90% 以上，油酸含量 80% 以上，亚油酸含量 7%～13%，富含天然抗氧化剂，有助于降低甘油三酯和胆固醇。我国油茶产业主要特征如下：一是我国油茶种植面积增长较快，但良种良法推广不足问题较突出；二是茶油市场占有率较低，高端食用油的市场形象未真正建立；三是先期投入较多，机械化率不高，缺少龙头企业带动。建议加大良种良法覆盖，推进低产园改造，延长加工产业链条，尤其要培育龙头企业，加强品牌建设，拓展出口市场及采收机械研发推广，促进油茶产业快速健康发展。

一、油茶产业发展历程

（一）生产起步期（1949—1970 年）

1954 年，周恩来总理签发《关于发动农民增加油料作物生产的指示》，明确指出要因地制宜地大量种植油茶等木本油料。1956 年，茶油产量达 8 万吨，较 1949 年增近 1 倍。后期受一些因素干扰，1964 年，油茶种植面积 270 多万公顷，较 1957 年降 23.5% 左右，产量大幅下降到新中国成立初期水平。

（二）生产恢复期（1971—1990 年）

1973 年，油茶产业开始恢复。1981 年，油茶种植面积高达 400 万公顷，产油量 16 万吨。

（三）产业启蒙期（1991—2007 年）

1990 年前后，油茶低产林改造被列入国家农业综合开发重点项目。1997 年，产油量达 21 万吨。

二、油茶产业发展现状

（一）政府扶持力度较大

2009 年，国家林业局颁布《全国油茶产业发展规划（2009—2020 年）》，明确提出在规划期间新造油茶林 165.8 万公顷，改造低产林 302.1 万公顷。2019 年，国家发展改革委将油茶经济林的培育列入《鼓励外商投资产业目录》。2020 年，中央财政将油茶低产低效林改造纳入支持范围。国家林业和草原局发布了《油茶产业发展指南》。2020 年 11 月，国家发展改革委、国家林业和草原局等十部委联合发布《关于科学利用林地资源 促进木本粮油和林下经济高质量发展的意见》。全国 15 个油茶主产省（自治区、直辖市）均印发了省级油茶产业发展规划，出台了支持油茶产业发展的配套政策。

2009 年起，湖南省财政每年拨付 5 000 万元，设立油茶产业发展专项建设资金，到 2018 年增至 1 亿元。江西省林业局提高油茶补助标准，将新造高产油茶林由原来的每亩 500 元提高到 1 000 元，改造油茶低产林由原来的每亩 100 元提高到 400 元，并新增设了低效油茶林提升项目，每亩补助 200 元。广西壮族自治区政府 2018 年启动实施油茶"双千"计划，提出"千万亩油茶面积、千亿元产值"的发展目标。中国农业银行在江西、湖南相继推出"油茶贷"，延长贷款期限和宽限期，3～5 年内支付利息、不还本金。

（二）生产

1. 生命周期特征。油茶平均寿命在 100 年左右，生命周期分 4 个阶段。第一阶段幼龄期，从播种到嫁接苗再到开花初结果，1～4 年。第二阶段成长期，开始挂果到产量达到峰值，需 5 年左右。第三阶段盛产期，持续 50～80 年。第四阶段衰老期，基本无经济价值。

2. 种植面积和产量大幅增加。据《中国林业统计年鉴（2019）》，我国实有油茶林面积 433 万公顷，较上年增长 1.5%，较 2008 年增长 43.5%。茶油产量 70 万吨，较 2008 年增长 166.7%。

3. 单产提高明显。据《中国林业统计年鉴（2019）》，我国茶油平均产量 161.6 千克/公顷，较 2008 年增长约 85.8%。

4. 产业发展布局。国家林业和草原局发布的《油茶产业发展指南》将油茶产业发展布局分为核心发展区、积极发展区和一般发展区。核心发展区涉及湖南、江西、广西 3 省（区）的 271 个县（市、区），其中最适宜栽培县（市、区）211 个、适宜栽培县（市、区）60个。积极发展区涉及浙江、福建、广东、湖北、贵州、安徽、广西（部分）7省（区）的248个县（市、区），其中最适宜栽培县（市、区）81个、适宜栽培县（市、区）81个、较适宜栽培县（市、区）86个；一般发展区涉及云南、重庆、河南、四川、陕西5省（市）的123个县（市、区），其中适宜栽培县（市、区）26个、较适宜栽培县（市、区）97个。

5. 种植区域集中度有所下降。 2018年，油茶主产区集中分布于湖南、江西、广西等14个省（区、市）的642个县（市、区），其中栽培面积超过6 667公顷的县有153个，较2008年增加11个。湖南、江西、广西油茶种植面积累计占全国现有油茶林总面积的64.2%，较2008年下降12个百分点，在种植总面积大幅增加的前提下，更突显了我国油茶种植发展速度之快。

6. 低产油茶林改造力度较大。 据《中国林业统计年鉴（2019）》，我国低产油茶林改造面积16.44万公顷，较当年新造油茶林面积多1.63万公顷。2015—2019年，我国低产油茶林年均改造面积14.87万公顷，较同期新造油茶林面积多955公顷。

（三）茶油以国内消费为主，出口量近年持续增加

我国是世界上最大的茶油生产基地，此外，仅东南亚、日本等地有极少量分布。2019年，全国生产茶油约70万吨，食用消费约60万吨，占当年国内食用油消费总量的1.8%左右。据中国海关总署数据，2018—2020年，我国分别出口茶油171吨、262吨、338吨，累计增长97.7%，出口额205万美元、324万美元、417万美元，累计增长103.4%。主要出口到日本、美国、加拿大、法国、澳大利亚和韩国等15个国家。

（四）加工以压榨油用为主

茶油是油茶资源利用的主要产品，通常包括毛油制取和精炼两个工序。加工工艺是保障茶油获得率和产品质量的关键因素，油茶籽加工相关授权专利已有200余项。除食用外，茶油还可通过精炼用于医药、化妆品及改性油脂等领域，实现高值利用。油茶饼粕可进一步加工提取茶皂素、茶饼肥、茶籽蛋白、茶籽多糖等产品，用于日用化工、制染、造纸、化学纤维、纺织、农药等领域。油茶副产品加工相关授权专利20余项。

（五）市场价格小幅上涨

据新华·中国油茶产品价格指数（常山发布）半月报，2021年1月5日，全国油茶籽精炼油（压榨一级）价格指数995.91点（基期2019年8月20日1 000点），较上一统计日（2020年12月20日）上涨0.2%，同比上涨6.7%。含油率25%以上

的油茶籽采购均价 2.33 万元/吨，较上一统计日（2020 年 12 月 20 日）下跌 0.6%，同比上涨 7.1%。据调研，随着食用油市场健康消费理念不断提升，产量增加背景下，茶油价格有望持稳。

（六）种植收益较高，但前期投入多

以信阳市为例，2021 年，河南省联兴油茶产业开发有限公司种植油茶林 2.1 万亩，处于生产期的茶树每年亩均人工成本 400 元，土地成本 150 元，肥料农药费用 260 元，机械费用 300 元，总成本 1 110 元；按每亩产油 40 千克，售价 318 元/千克测算，每亩收益 12 720 元。但前 6～7 年基本没有收益，第一年苗木成本 900 元/亩左右，先期投入较大。

三、油茶产业发展前景展望

（一）种植面积与产量保持快速增长

据各地反映，2021 年 10 月以来，油茶挂果情况普遍好于往年，产量大幅提高。全国经济林（油茶）咨询专家、中南林业科技大学教授谭晓风预测，2021 年全国茶油产量有望突破 100 万吨，比 2020 年增长 40% 左右。2021 年 8 月，发布的《"十四五"林业和草原保护发展规划纲要》提出，推广高产优质种苗和适用种植技术，推进低产油茶林改造。预计到 2025 年，油茶种植面积达到 600 万公顷，年产茶油 200 万吨。

（二）出口市场持续扩大

2021 年 6 月，我国已正式向联合国粮农组织和世界卫生组织提交《国际命名植物油标准法典修正案》（以下简称《修正案》），提议添加茶油标准。《修正案》中提到，茶油与橄榄油的脂肪酸结构和理化性质极其相似，被誉为"东方橄榄油"和"食用油之王"。《修正案》认为，在全球卫生机构呼吁使用富含不饱和脂肪酸的食用油背景下，存在着巨大的国际市场潜力。若《修正案》顺利通过，未来几年茶油的国际消费量有望快速增长。

四、油茶产业发展存在的问题

（一）种质资源利用率低，低产林改造难度大

油茶种质基地建设缺乏整体布局，种质后续利用率低，部分良种测产面积过小、

创制程序不严谨，导致部分"良种不良"。油茶种植时需要进行苗木品种配置，但采穗圃技术人员与选育单位沟通不够，油茶苗品种出圃配置不合理。部分育苗户受利益驱使，大量生产易繁育的品种，部分地区存在保护主义，导致油茶苗品系相对单一。此外，老油茶林立地条件普遍较差，长期疏于管理、品种杂乱，改造成本较高，且由于改造后短期内不产油籽，群众接受程度较低。

（二）栽培管理粗放，采收设施缺乏

部分油茶林造林时品种配置不当，栽培密度偏高，进入盛果期种植户不舍得间伐，未针对不同树形进行修剪，导致树体通风透光及抗性差、坐果率低。很多企业盲目跟风种植油茶，缺乏专业技术支撑，后期投入不足、管理不精细导致油茶生长期营养短缺或失衡，财务、管理成本过高，出现油茶林荒废现象。油茶林多处山地，道路未通前，肥料难上山，茶果难下山。贵州、广西等一些产区还保留"捡籽法"采收，缺少采收、排灌、茶果处理、仓储等管护设施，后期维护成本极高。尤其采收机械化程度低，需要大量人力劳动，成本高且效率低。

（三）产品标准制定不完备，产业链条不长

我国现行油茶标准有 88 项，涉及油茶育种、繁育、抚育管理、果实采收及产品加工等各环节，但部分指标可操作性不强，标准制定后宣传、推广不够，监管力度不足，生产单位遵照执行比例不高。甚至部分企业利用茶粕浸提油脂充当茶油的现象，严重影响产业健康发展。受加工技术、资金投入等制约，油茶加工品以茶油为主，加工产业还处于初级发展状态，产品档次和科技含量不高。低端加工产能过剩，据湖南省调查，高达 60％油茶籽流向土榨坊。茶油仅占茶果生物量的 15％左右，高等级保健茶油、化妆品、茶皂素提取等高端产品研发及茶籽壳、茶粕等深度开发规模极小，产品集群效应尚未显现，影响油茶整体效益。

（四）品牌认知度低，居民消费意愿不高

由于企业规模较小，市场上缺少国内外驰名品牌，市场竞争力弱。同时部分仿制和假冒伪劣产品冲击市场，也影响了高品质茶油销售。产区外消费者对茶油特色和优点了解较少，公共品牌宣传不到位，定价较菜籽油、花生油高，但产品高端定位未形成，导致市场占有率极低，进而影响产业链上端种植。

（五）产业服务缺乏，科技生产脱节

油茶产业支撑服务平台建设滞后，大数据、金融服务、质量监控、市场价格监测预警等均不完善，企业缺乏引导。产品要素配套设施建设不足，油茶果初加工、冷链

贮藏、物流、交易市场等配套基础设施建设亟待完善。专业科技服务团队少，缺乏持续研究的科技团队和研发平台，研究积累有断层，科技研发人员对生产实际需求不了解，科技成果转化机制不完善。

（六）融资途径较少，资金成本较高

资金投入已成为制约油茶产业发展的较大障碍。部分主产区财力有限，专项补贴等资金支持政策不完善，国家政策银行（如国家开发银行、农业发展银行）不对民营企业发放贷款，其他金融机构贷款期限短、贷款门槛高，林地、油茶林资产抵押贷款难。油茶产业处于发展初期，林地流转、劳资、公司与林农等各种矛盾未能得到有效化解，严重影响产业主体发展积极性。

五、政策措施建议

（一）推广优良品种，优化品种结构

加大良种选育监管力度，严格把控国家级、省级良种选育程序，确保良种选育中的选种、繁育等各环节保质保量进行。对现有油茶良种系统排查，综合评定后主推经营效益好、市场认可度高的品种。加大育种资金扶持力度，增加油茶良种选育单位育种积极性，加强良种繁育技术培训。明确各区域补贴良种名目，打破地方保护主义。结合现有条件，综合改造有潜力的老林，盘活资源。打造低产林改造示范样板，提高群众积极性。

（二）推广栽培管理技术，完善基础设施

整改现有采穗圃，提高准入门槛，要求专业技术人员持证上岗，对品种来源不明、品种不清的主体限期整改。分地区细化栽培技术标准，完善各良种在不同地区栽培规程，提升经营管理水平。建设油茶产业专家库，提供政策咨询和技术指导服务。完善排灌、采收、茶果处理、仓储等管护设施设备，减少种植成本。

（三）强化标准制定，延长产业链条

充分发挥协会作用，强化行业自律，健全标准体系建设，加大标准宣传力度，发挥监督机构作用，惩处违规市场主体。在鼓励加工企业积极开展高端产品、茶粕及籽壳深加工研发的同时，支持林下经济发展，鼓励在油茶林中因地制宜套种中药材、蔬菜等经济作物，以短养长提高经济效益。在第三产业方面求突破，加大茶旅融合开发，创建油茶小镇，让游客观光吃茶油、赏茶花、吸茶蜜、体验古法榨油、了解油茶

民俗文化，推动全域旅游发展。

（四）打造明星品牌，加大宣传力度

加强区域公用品牌建设，打造地理标志产品、原产地域产品。充分利用新闻媒体，将油茶产业与人类健康、饮食文化、传统文化、休闲康养、生态旅游等文化产业关联，举办产业高峰论坛、国内外学术会议等树立茶油的高端定位扩大品牌影响力。

（五）加大科研投入，拓宽融资渠道

充分激发科技人才和企业的积极性，加大新产品研发力度，开发茶粕、茶籽壳等综合利用，增加油茶产品附加值。整合全国油茶技术推广力量，建立不同层次和功能科技服务团队，通过现场培训、技术讲座等形式，定期开展技术指导和咨询服务。引导银行业金融机构创新贷款方式，积极开发与油茶产业相适应的贷款业务，创新保单质押、订单质押、林权抵押贷款等产品和商标专用权质押融资贷款，建立面向广大林农的油茶小额贷款扶持机制，简化贷款审批程序，加大信贷投放力度。

（六）培育龙头企业，对接市场需求

培育区域性种植加工营销研发一体化的龙头企业，统一压榨、包装、外销，提升产品质量，避免炼油设备大量闲置、小作坊同质化竞争抢购茶果。树立行业标杆，引领产业规范，整合产区资源，对接市场需求。

报告撰写人：

王　洋　中国农业科学院农业信息研究所　助理研究员

我国月季市场与产业分析报告

月季为蔷薇科蔷薇属常绿或半常绿灌木，为我国传统名花，有"花中皇后"之美誉。广泛栽植于全国各地，其花期长，花色丰富，株型各异，具有较高的观赏价值、食用价值及药用价值，再加上其对生态环境的适应性强，被广泛地应用于园林栽培、切花及盆栽等方面。

一、月季产业发展现状

月季起源于我国，距今已有 2 000 多年历史，是我国传统十大名花之一，有着悠久的栽培历史和广泛的群众基础。目前，我国已有 70 余个城市将月季作为市花，现代化月季品种多达 25 000 余种。

种植面积扩大。2017 年全国现代月季种植面积 17 790 公顷，比 2008 年种植面积 7 388 公顷，增长 1.4 倍。2009 年和 2011 年现代月季种植面积增长较高，分别增长 22.11% 和 25.98%（图 1）。

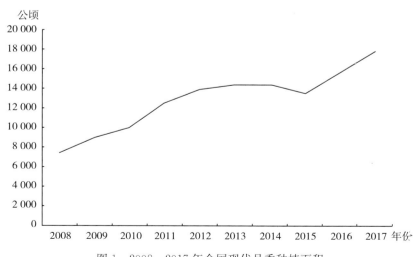

图 1　2008—2017 年全国现代月季种植面积

数据来源：《中国农业统计资料》。

销售量和销售额持续增长。2017 年全国现代月季销售量 898 022 万支，比 2008 年销售量 285 926 万支，增长 2 倍多；2017 年全国现代月季销售量 621 009 万元，比 2008 年销售额 128 402 万元，增长近 4 倍。2016 年、2017 年现代月季销售量和销售额增速加快，尤其是 2016 年，比 2015 年分别增长 27.90% 和 71.16%（图 2）。

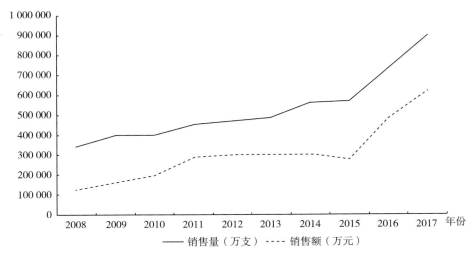

图 2　2008—2017 年全国现代月季销售量和销售额

数据来源：《中国农业统计资料》。

河南省南阳市月季产业发展成效明显。自汉代始，南阳王室贵族便在庭院种植月季（蔷薇），后于唐宋流传至民间。1995 年，月季成为南阳市花；2000 年，南阳市被国家林业局、中国花卉协会命名为"中国月季之乡"。多年来，南阳市将月季产业作为绿色高效生态富民产业常抓重推，坚持政府引导、企业主导、龙头带动、集聚发展，月季产业已形成规模。一是月季品种多。南阳市成立南阳月季研究院，共收集、保护月季种质资源 6 300 余种，数量位居全国第一、世界前列。其中，广泛用于生产的 800 多种，主要培育大花、藤本、树状、地被等八大类型。二是种植规模大。南阳市共有月季花卉企业 466 家，其中省级以上龙头企业 9 家。月季种植面积 15 万亩，年出产苗木 15 亿株，已开发出月季花茶、月季精油等衍生产品。苗木远销德国、荷兰、日本等 20 多个国家和地区，出口量占全国的 70%，苗木供应量占国内市场的 80%，是全国最大的月季苗木繁育基地，被授予"世界月季名城"称号。三是综合效益好。南阳市超过 15 万人从事月季生产，亩均收入 1 万元左右，年产值 25 亿元。月季带富能力强，农民种植积极性高。中心城区栽植各类月季 1 300 多万株，建设 30 条月季大道和一批月季公园、游园，月季已栽遍大街小巷、走进千家万户。2021 年 9 月 7 日，南阳市出台《关于扶持"月季倍增计划"的二十条措施》，细化了南阳月季产业科技引领、全链条培育、全域化布局、规模化经营、标准化生产、一二三产融合发展等内容，全面推进南阳月季产业高质量发展。

二、月季产业发展存在的问题

（一）规模化、标准化、专业化程度不足

以南阳市为例，月季一家一户作坊式分散种植占比较大，栽培品种小而全，生产方式落后，花卉种植设备设施投入不足，以露地栽培为主，抵御自然灾害能力差。分散的规模化、标准化、品牌化意识不强，缺乏相应的技术指导，阻碍新成果、新技术的推广应用。缺乏明确的种植管理标准，优质月季数量普遍偏低。

（二）二三产业所占比重明显偏低，三产融合发展不够

月季产业上下游配套环节衔接度低，产业链条太短，利润点缺乏，产品低层次、同质化严重，价格恶性竞争时有出现，不利于产业规范有序持久发展。月季产品结构单一，主要是服务于园林绿化的丰花月季及满足出口的树状月季，而鲜切花、微型月季、药用及食用月季尚不成规模。对月季旅游、餐饮、住宿、娱乐等二三产业带动有限，难以形成综合效益。

（三）生产成本提高，利润下降明显

人工、地租、各种塑料薄膜、管线、扦插介质、农药、化肥、水电、燃油、运输等与月季生产有关的成本逐年上涨。由于月季自身容易扩繁、适生性强、大众性强、普及率高等特点，月季价格多年来稳定，但月季产能不断提高，其利润空间将进一步收窄。

（四）产品同质化严重

当前，月季产业研发机构尚处于初级阶段，科技力量薄弱，自主研发的产品较少，科技含量低，市场竞争乏力。月季花农种植的产品有很大一部分雷同，很多企业无自主品种，在产品方面也显得比较单一，主要的切花月季栽培品种依赖于进口，具有自主知识产权的品种少，且品种种苗保护意识差。

三、政策措施建议

（一）强化质量标准体系

相关部门应根据主产区国民经济和社会规划的要求，科学、合理地制定月季产业

总规划政策，针对月季产业特点，建立符合市场规律的月季产业相关管理办法和规定，从资源优势转变为产业和经济优势。按照规定严格落实国家相关质量标准，建立国际化的月季产业体系，制定相关的标准。

（二）挖掘月季文化，发展月季文化产业

月季寓意众多，如平安、圣洁、爱情、幸福、和平、友谊等，东西方均有美丽传说，月季题材的诗词歌赋、歌舞喜剧乃至花事、花会比比皆是。高创意水平，寓文化于月季产业之中是加速月季产业升级的推进剂。在服饰、邮票、烙画、玉雕、纪念币、木雕、瓷器、画作等领域均可融入月季元素。深度挖掘月季文化，营造月季文化氛围，以文化产业助力产业升级，使月季生态旅游跨上快车道，也能增加月季产品的附加值，扩大其辐射传播途径。

（三）加强科技创新，实施品牌战略

月季产业发展的潜力在创新，培育月季良种是培育核心竞争力的良策。发挥高校、农科研究所转化器、孵化器与人才基地的作用，重视以商标、专利、专有技术为核心的知识产权保护，鼓励科研人员培育有市场竞争力的新品种，满足月季市场个性化多样化需求。立足月季种质资源的收集、保存与研究，充分开发月季药、食、饮、酿、用等功能多样的新产品，拉长月季多元产业链。

（四）加快产业融合，激发产业活力

通过月季产业与相关产业融合，将旅游、生态、康养等结合起来，打通产业链条，激发产业内生动力，实现旅游经济、文化产业、体验经济与月季产业的有机结合，通过协同创新与规模经营，必将形成群英竞秀、百花争艳的可喜态势。

报告撰写人：

周　涵　中国农业科学院农业信息研究所　助理研究员

我国草果市场与产业分析报告

草果药食同源，用途广泛，具有投资少、见效快、技术门槛低、林地利用效率高和劳动生产率高等特点。我国是世界第一大草果生产国，产量占世界的 80％以上。2014—2019 年，我国草果产业快速增长，种植面积年均增长 9％，产量年均增长 5％；草果国内市场供不应求，需要从越南、缅甸进口；草果产量受气候影响较大，干果耐贮藏、产业体量小，价格波动较大；我国是草果的主要消费国，进口持续增长。未来 3～5 年，预计我国草果种植面积趋于稳定，产量增长，草果供应量将加大，对精深加工需求量增加，进口对国内草果价格将形成一定的冲击。

一、草果产业发展现状

（一）生产

1. 面积与产量。 2020 年，我国草果种植面积约为 430 万亩，越南草果种植面积约 57 万亩，缅甸草果种植面积约为 28 万亩。2020 年，主产区出现干旱、冰雹、洪涝等自然灾害，加之出现大面积干枯和病虫危害情况，总体减产约 15％，总产量约 8 500 吨，越南草果约 2 000 吨，缅甸草果约 1 000 吨。

2. 区域分布。 我国草果主要分布在云南、广西、贵州、海南、四川，其中云南的产量占据全国的 95％，云南怒江是我国种植面积最大的市（州）。

3. 生产模式。 目前，草果生产仍以小农生产模式为主，多数是小种植户、合作社、家庭作坊等，并逐步涌现出"公司＋农户""公司＋基地＋农户"等现代化企业组织形式下的农业生产新模式。近年一些国有大型企业开始涉猎草果产业，例如云南能投。国有企业通过保底价格收购保障农户收益，通过提高草果加工品质吸引客商，能很好引导产业发展。

4. 主要品种。 草果的品种鉴定、选育处于起步阶段，缺乏权威机构鉴定。实际生产中大多会依据果实形态将草果分为纺锤形果、椭圆形果、球形果和近球形果 4 种类型。

（二）消费

1. 消费区域。我国是草果的主要消费国，缅甸、越南等东南亚国家生产但不消费。经销商和投资者主要集中在昆明、兰州、四川、玉林、临夏、亳州等产地，云南是我国主要的消费市场，有部分地州市一年就能消化数百吨草果。东部地区草果经销商较少，未来东北、华北、华东、港澳台地区市场潜力较大。

2. 消费量。2020 年，我国消费量约 1.2 万吨。全国七大主要草果干果交易市场日交易量估算值为 40 吨。受到天气、节假日等影响，全国有效需求天数约为 300 天，全年合计消费量为 12 000 吨。

3. 消费模式。90％草果用于调味香料，北方主要用于煮牛羊肉，南方主要用于火锅底料加工；10％草果用于中药材以及其他加工原料，主要产品有健胃消食药材、草果精油等。在物资匮乏的年代，云南当地有相互赠送草果作为滋补品的习俗。餐饮业是草果消费的主力，其中卤菜、兰州拉面、火锅和烧烤草果用量较大。

4. 消费变化趋势。草果消费区域过去以云南、贵州、四川和甘肃为主，现在已经拓展到全国 18 个主要省份。过去草果市场以烟熏果[①]为主，现在烟熏果市场份额约占 70％，电烤果市场份额约占 30％，但电烤果是未来草果消费的主流趋势。消费品种过去以单一的干果消费为主，未来草果的衍生产品将多元化，涵盖食用、日化和手工艺品。

（三）加工流通

1. 加工方式及发展趋势。草果全部用于加工，不用于鲜食。加工方式主要有烟熏、电烤、日晒三种，其中，烟熏约占 70％，电烤约占 30％，日晒极少使用，因电烤加工更为绿色健康，是未来加工发展的趋势。草果宴、草果精油、草果干编织品将越来越多。

2. 加工发展水平。目前，草果加工以初加工为主，且标准化程度不高，总体工艺水平不高。深加工尚处于试验阶段。

3. 流通渠道及方式。草果主要流通方式为传统经销商模式，近年来草果电商销售异军突起，根据统计各类主流电商平台有数万家店铺销售草果，是疫情期间草果销售的重要增长点。

（四）进出口

中国只进口草果不出口草果。2020 年，越南通过边贸出口到中国的干果约为

---

① 在土窑里用木材烘烤干的草果叫烟熏果。

2 000 吨，缅甸通过边贸出口到中国的干果约为 1 000 吨。

（五）市场价格

1. 产地收购价。草果干果产地收购价格一般在 30～50 元/千克。2016 年 1 月，中国云南、广西及越南遭遇百年不遇的冰雪天气，草果大幅减产，加之市场炒作，2017 年草果价格飙升到 135 元/千克。2020 年，受疫情影响餐饮行业不景气，草果消费量下降，草果干果价格约 39 元/千克。

2. 产地批发价。草果产地福贡县统货批发价格与产地田头收购价格基本同步涨跌，产地批发价格比产地田头收购价格高 3～10 元/千克。

3. 零售价。广西玉林市场的草果零售价格跟产地批发价格长期波动一致，一般高于产地批发价格，个别时候会出现价格倒挂。

（六）成本收益

成本收益情况。由表 1 可见，企业、种植大户、小种植户 3 类经营主体中，小种植户每亩销售收入最低，但净利润水平最高。主要是政府对小种植户政策支持多，种苗是政府发放，人工和土地不计入成本。

表 1　草果种植每亩成本收益表

单位：元

指标	小种植户	种植大户	企业
种苗费	0	20	20
化肥费	0	0	0
管理费用	0	150	150
农药费	2	2	2
采摘费	0	1 050	1 050
除草费	0	72	72
运输成本费	0	450	450
地租费	0	450	450
灌溉设施费	0	0	100
每亩成本	2	2 174	2 274
每亩单产（千克）	200	300	350
销售单价	5	5	5
每亩收入	2 000	3 000	3 500
每亩净利润	1 998	826	1 226

数据来源：实地调研数据整理而得。

二、草果产业发展存在的问题

（一）新冠肺炎疫情给草果产业带来的机遇与挑战

进口格局发生新变化。缅甸、越南两国每年总产量大约 3 000 吨，生产成本低于我国，新冠肺炎疫情使得边贸进口更规范，主要通过正规途径进口，成本增加。贸易格局变化，对我国草果产业利好。草果药用增加。国内抗疫和防疫的官方配方中很多把草果列入其中，草果的药用需求增加。

（二）气候对草果产业的影响

一是全球气温升高草果适宜种植区域缩小。草果林下经济作物对气温、水和海拔都有一定要求，一般适宜在海拔 1 200～1 800 米山区。随着全球气温升高，草果在部分产区 1 500 米以下的区域已经绝收。二是云南季节性干旱、冰雹等极端天气对草果影响生产较大。

三、草果产业发展前景展望

（一）产量将迎来高速增长

2016—2017 年草果价格高涨，国内大量种植草果，草果一般 6～7 年进入盛产期，预计未来 2 年进入盛产期的新植草果较多，草果产量预计增加。缅甸、越南与我国地理交界、气候相近，特别是缅甸傈僳族和中国傈僳族同宗同源语言相通，双方的交流多，中国傈僳族已经在一定程度上带动缅甸草果种植，预计缅甸、越南会有数万亩种植面积增长。

（二）进口规模呈增长趋势

由于越南、缅甸草果种植相较我国在劳动力成本、地租等方面更低，两国草果相较我国更有价格优势，加之两国草果种植面积的增加，预计草果进口规模会在 3 000 吨干果的基础上进一步增长。

（三）消费量将持续保持平稳增长趋势

草果药用需求量较为平稳，调味香料需求量逐年增长。2010—2019 年，需求量平均增长率 3.5%。草果消费区从 4 个省份拓展到 18 个省份。未来草果消费量仍将保持平稳增长。

（四）产业过度投机可能引发加工企业兼并潮

草果产量受气候影响较大，加之草果耐贮存和体量小，受到风投资金青睐。草果产业的波动较大，一些合作社和中小企业承受风险能力较弱，在原材料竞争中受限于资金，抗风险能力较弱，预计草果加工行业竞争将更激烈，可能引发加工企业兼并风潮。

报告撰写人：

陈诗高　中国热带农业科学院科技信息研究所　助理研究员

第三篇

特色水果

我国苹果市场与产业分析报告

中国是世界第一大苹果生产国，种植面积和产量均占世界的 40% 以上。苹果具有营养丰富、比较效益高等特点，作为我国特色优势农产品，在农业增效、农民增收等方面发挥了重要作用。2015—2020 年，我国苹果种植面积稳中略增，产量稳步增加；国内消费略有回升，以鲜食为主，加工消费基本稳定，占比较小；进口、出口略有增加；苹果实现周年供应，产地收购价和市场批发价略有下降；生产成本略有上升、效益有所下降。未来 5 年，预计我国苹果种植规模趋于稳定，总产缓慢增长；消费将保持低速增长，加工将稳中有增；进口呈低速增长，鲜果、果汁出口呈增加之势；价格窄幅波动趋于稳定；生产效益增长空间逐渐收窄。

一、苹果产业发展现状

（一）生产

1. 种植面积稳中略增。 数据显示，2019 年我国苹果园面积为 2 967.2 万亩，比 2015 年减少 7.38 万亩，下降 0.2%；比 2018 年增加 59.3 万亩，增长 2.0%，基本呈现稳中略增的趋势（图 1）。

2. 单产稳步提升。 2019 年苹果单产为 1 429.8 千克/亩，比 2015 年增加 122.1 千克/亩，提高 9.3%；比 2018 年增加 80.6 千克/亩，提高 6.0%（图 2）。

3. 总产量稳步增加。 在单产提升和种植面积增加的作用下，2019 年苹果总产达到 4 242.5 万吨，比 2015 年增加 352.6 万吨，提高 9.1%；比 2018 年增加 319.2 万吨，提高 8.1%（图 3）。

4. 生产区域集中度高。 我国现有 24 个省（自治区、直辖市）栽培苹果，主要集中在渤海湾、黄土高原两大主产区。2017—2019 年两大主产区平均栽培面积分别为 775.3 万亩、1 672.7 万亩，占全国总面积的 26.4%、57.1%，合计达 83.5%；产量分别为 1 412.8 万吨、2 223.1 万吨，占全国总产量的 34.4%、54.2%，合计达 88.6%。主产省份为陕西、山东、河南、山西、甘肃、辽宁、河北。三年间平均种植面积排前三位的是陕西、山东和甘肃，占全国比重分别为 30.7％、13.1％、12.0％；三年间平均总产排前三位的是陕西、山东、河南，占全国比重分别为 26.3％、23.1％、10.1％（图 4、图 5）。

（二）消费

1. 国内消费略有回升。 近 5 年，国内消费呈现先升后降再回升的趋势。2018 年受总供给减少的影响，消费量降至近 5 年来最低水平，随后两年有所回升，2020 年消费总量为 4 150.0 万吨，比 2016 年减少 270.1 万吨，下降 6.1％；比 2019 年增加 55.9 万吨，提高 1.4％。人均消费趋势与总消费变化一致。2020 年全国人均国内消费量为 29.4 千克，比 2016 年减少 2.4 千克，下降 7.5％，较 2019 年有所回升，人均增加 0.4 千克，提高 1.2％（图 6）。

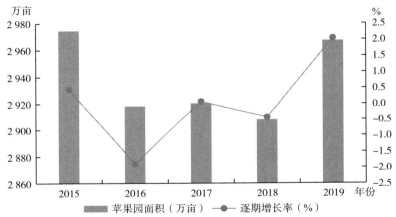

图 1　2015—2019 年中国苹果种植面积情况

数据来源：中国国家统计局。

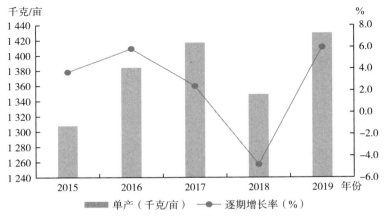

图 2　2015—2019 年中国苹果单产变化情况

数据来源：中国国家统计局。

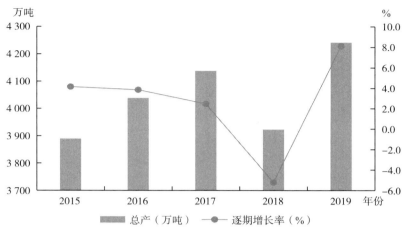

图 3 2015—2019 年中国苹果总产量变化情况

数据来源：中国国家统计局。

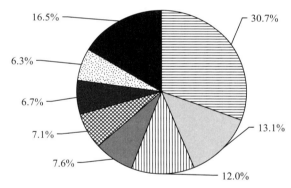

▤陕西 ▨山东 ▥甘肃 ▦山西 ▨辽宁 ■河南 ▧河北 ■其他

图 4 2017—2019 年苹果主产省份平均种植面积占全国比重

数据来源：中国国家统计局。

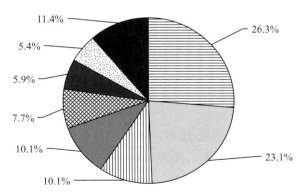

▤陕西 ▨山东 ▥河南 ▦山西 ▨甘肃 ■辽宁 ▧河北 ■其他

图 5 2017—2019 年苹果主产省份平均总产占全国比重

数据来源：中国国家统计局。

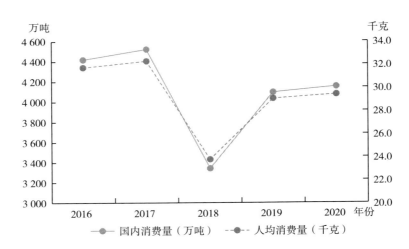

图 6　2016—2020 年中国苹果消费变化

数据来源：消费总量据布瑞克数据库数据整理；总人口来自中国国家统计局。

2. 消费以鲜食为主。2020 年苹果鲜食消费量约为 3 477.2 万吨，比 2016 年减少 191.8 万吨，下降 5.2%；比 2019 年增加 55.0 万吨，提高 1.6%。占总消费量的比重基本保持在 83.5% 左右（图 7）。

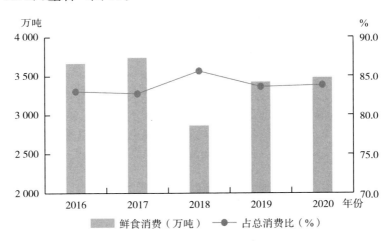

图 7　2016—2020 年中国鲜食苹果消费变化情况

数据来源：布瑞克数据库数据整理。

3. 周年消费稳定，更加注重品质和营养。苹果贮藏技术的运用和遍布全国的营销网络，保证了苹果一年四季供应，实现了周年消费。随着收入水平、生活品质的提高，人们更加注重苹果品质和营养消费，优质苹果、有机苹果、富硒苹果及艺术苹果等销售旺盛。同时，苹果品种的多样化及品质特征的差别化为消费者提供了购买苹果的多重选择。

（三）加工流通

1. 加工量基本保持稳定。2020 年我国苹果加工量约为 444.1 万吨，比 2016 年减少 21.5 万吨，下降 4.6%；比 2019 增加 5.9 万吨，提高 1.4%。占总消费量的比重基本保持在 10.5% 左右（图 8）。

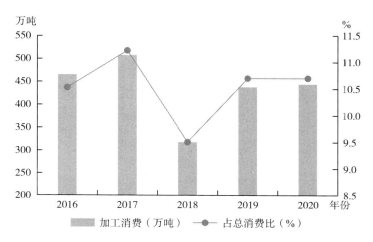

图 8 2016—2020 年中国苹果加工量及占比情况

数据来源：布瑞克数据库数据整理。

2. 加工产品呈现多元化。传统发展中，我国苹果加工主要产品是浓缩苹果汁，占总加工量的 95%，产品相对单一。近年来，随着科学技术的高速发展，一些高新技术应用到苹果加工中，越来越多的苹果加工产品出现。苹果脆片已成为人们重要的休闲食品；每年可生产约 4 万吨的脱水苹果片，成为我国特色出口产品；苹果酒、苹果醋、苹果脯、功能性饮料等正在兴起；苹果加工后产生 200 多万吨的苹果皮渣，经过简单发酵和处理后可烘干制成果渣饲料，也可应用到膳食纤维等深加工中。

3. 流通渠道不断拓宽。传统的流通渠道主要由批发商、零售商、苹果代办点、苹果加工商或出口商等构成。随着互联网技术的进步和网络覆盖范围的扩大，电商、微商、直播带货等流通方式不断出现，电商直接对接产地和消费者，实现了供给与需求的精准匹配。2020 年 1—12 月，电商数量和品牌数量在波动中增加，由 1 月的 1 437 个、835 个，增加到 12 月的 1 653 个、1 002 个，分别增加了 216 个、167 个（图 9）。全年每个电商平均销售量为 2 395 单，销售额 7.3 万元。

（四）进出口

1. 进口量稳中有升。我国进口苹果主要是鲜果和果汁。近年来，鲜果进口量和进口额总体稳中有升，由 2016 年的 6.7 万吨和 12 252.1 万美元增加到 2020 年的

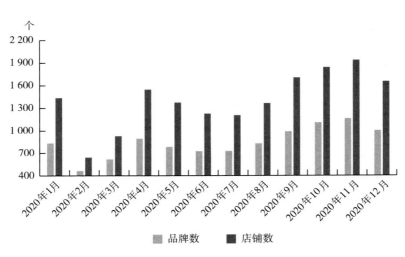

图 9　2020 年苹果电商规模

数据来源：电商平台。

7.6 万吨和 13 853.9 万美元，分别提高 13.4％和 13.1％；2018 年霜冻和冰雹等自然灾害造成减产，致使 2019 年供给不足，进口量和进口额陡涨，2020 年进口量和进口额与上年相比分别减少 39.5％和 36.7％（图 10）。进口鲜果主要来源于新西兰、智利、美国。2020 年来自这三个国家鲜果进口量分别为 4.2 万吨、1.5 万吨和 0.9 万吨，合计占鲜果总进口量的 88.0％。

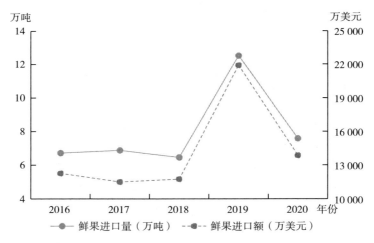

图 10　2016—2020 年中国鲜苹果进口变化情况

数据来源：中国海关总署。

苹果汁进口量总体呈波动上升趋势。2020 年苹果汁进口量为 7 913.2 吨，进口额为 588.5 万美元，比 2016 年增加 2 295.3 吨和 105.8 万美元，提高 40.9％和 21.9％，比 2019 年下降 3.8％和 17.9％（图 11）。苹果汁（白利糖度值≤20）主要进口来源国为塞浦路斯、波兰和希腊。2020 年，塞浦路斯进口量占进口总量的 39.6%，其次为波兰，占 20.9%，第三是希腊，占 8.5%，合计占总进口量的 68.9%。

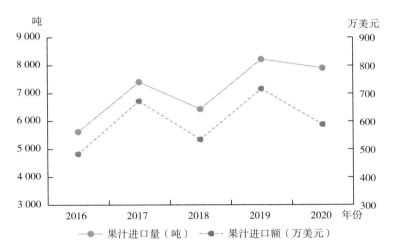

图 11 2016—2020 年中国苹果汁进口变化情况

数据来源：中国海关总署。

2. 出口量略有回升。我国苹果出口产品主要是鲜果和果汁。2020 年鲜果出口量和出口额分别是 105.8 万吨和 144 958.1 万美元，较 2016 年下降 21.7% 和 2.1%，较 2019 年增加 8.9% 和 16.3%（图 12）。鲜果主要出口至亚洲地区，2020 年出口量排前三位的是孟加拉国、菲律宾、越南，在总出口量中占比分别为 16.9%、15.9%、15.1%；出口额排前三位的是越南、菲律宾、泰国，占总出口额的比重分别是 22.2%、14.7%、14.7%（表 1）。

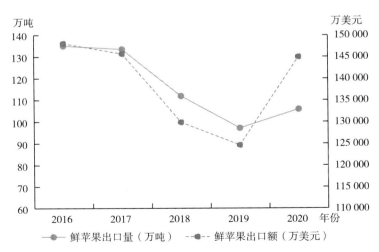

图 12 2016—2020 年中国鲜苹果出口量变化情况

数据来源：中国海关总署。

表1 2020年鲜果出口前5位国家的情况

出口目的地	出口量（万吨）	占总出口量比重（%）	出口金额（万美元）	占出口总金额比重（%）
孟加拉国	17.9	16.9	18 309.8	12.6
菲律宾	16.8	15.9	21 284.4	14.7
越南	16.0	15.1	32 213.8	22.2
泰国	13.7	12.9	21 258.5	14.7
印度尼西亚	13.4	12.6	17 064.8	11.8
合计	77.9	73.6	110 131.3	76.0

数据来源：中国海关总署。

果汁出口总量和金额总体呈先下降后回升趋势。2020年出口量和金额分别为42.1万吨和43 260.5万美元，比2016年减少8.7万吨和11 443.3万美元，下降17.1%和20.9%，较2019年增加9.0%和1.6%（图13）。出口地区主要是北美洲和亚洲。2020年果汁出口量和出口额排前三位的是美国、日本和俄罗斯。其中，美国出口量和出口额占总出口量和总出口额的比重分别为37.2%和36.2%；日本分别为10.8%和12.0%；俄罗斯分别为9.5%和8.9%（表2）。

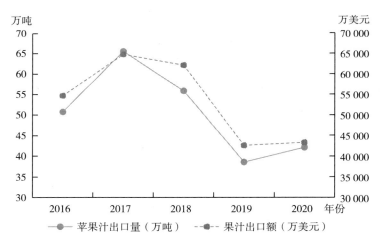

图13 2016—2020年中国果汁出口变化情况

数据来源：中国海关总署。

表2 2020年果汁主要出口目的地国家

出口目的地	出口量（万吨）	占比（%）	出口金额（万美元）	占比（%）
美国	15.6	37.2	15 627.3	36.2
日本	4.6	10.8	5 184.3	12.0
俄罗斯	4.0	9.5	3 868.2	8.9

（续）

出口目的地	出口量（万吨）	占比（%）	出口金额（万美元）	占比（%）
南非	3.5	8.3	3 610.7	8 4
加拿大	3.0	7.2	3 059.2	7.1
合计	30.7	72.9	31 439.7	72 5

数据来源：中国海关总署。

（五）市场价格

1. 价格稳中略降。 主产区收购价格：2020 年苹果收购均价为 4.5 元/千克，比 2018 年的 5.2 元/千克、2019 年的 8.2 元/千克分别低 0.7 元/千克和 3.7 元/千克。2018 年 4 月出现严重倒春寒，全国大面积苹果受到严重冻灾，苹果产量下降，库存减少，下年新果上市前市场供不应求，导致 2019 年 6 月苹果主产区收购价格达到近三年最高，为 13.3 元/千克。随着夏秋水果供应充足，市场价格顺应供需关系变化，趋于稳定。批发市场价格：总体来看，全国批发价格与主产区收购价格走势基本一致。2020 年全国批发市场平均价格为 8.0 元/千克，比 2018 年均价高 0.4 元/千克，比 2019 年均价低 2.5 元/千克。三年间，在 2019 年 7—8 月出现最高价。其中，最低价为 7.2 元/千克，最高价为 13.3 元/千克，最高差价为 6.1 元/千克（图 14）。

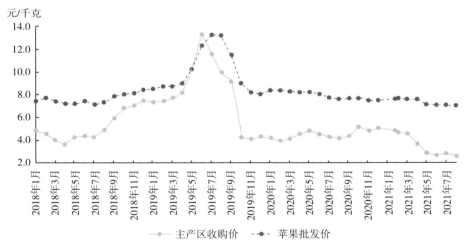

图 14　2018 年 1 月至 2021 年 8 月苹果价格变化情况

数据来源：中国果品流通协会，商务部。

2. 富士苹果价格具有优势。 富士苹果全年各月价格均高于其他三种苹果。2020 年富士苹果均价为 6.8 元/千克，最高价为 7.2 元/千克，均价分别比国光、红星、黄元帅三种苹果均价高 3.1 元/千克、1.7 元/千克、1.7 元/千克（图 15）。

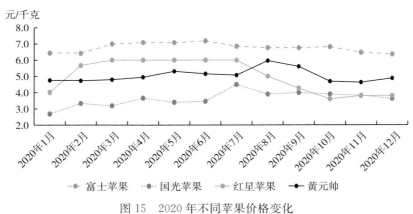

图 15　2020 年不同苹果价格变化

数据来源：全国农产品商务信息公共服务平台。

（六）成本收益

1. 成本略有上升。 近年来，苹果生产总成本呈先下降后上升趋势。2019 年生产总成本为 5 794.5 元/亩，比 2015 年增加 432.5 元/亩，上涨 8.1%，比 2018 年增加 889.7 元/亩，上涨 18.1%。其中，物质与服务费为 1 902.0 元/亩，比 2015 年增加 134.2 元，上涨 7.6%，比 2018 年增加 388.6 元，上涨 25.7%；人工成本为 3 577.8 元/亩，比 2015 年增加 324.0 元，上涨 10.0%，比 2018 年增加 512.6 元/亩，上涨 16.7%；土地成本为 314.7 元/亩，比 2015 年减少 25.8 元/亩，下降 7.6%，比 2018 年减少 11.5 元/亩，下降 3.5%。

从总成本构成看，物质与服务费占总成本比重呈先降后升趋势，由 2015 年的 33.0% 下降到 2019 年的 32.8%，下降 0.2 个百分点，2019 年比 2018 年提升近 2 个百分点；人工成本占总成本比重呈先升后降趋势，由 2015 年的 60.7% 上升到 2019 年的 61.7%，提升 1 个百分点，2019 年比 2018 年下降 0.7 个百分点；土地成本占总成本比重呈先升后降趋势，由 2015 年的 6.4% 下降到 2019 年的 5.4%，下降 1 个百分点，2019 年比 2018 年下降 1.3 个百分点。分析表明，人工成本是总成本的主要构成（表 3）。

表 3　2015—2019 年苹果生产总成本及构成

年份	总成本 （元/亩）	物质与服务 费（元/亩）	占总成本 比重（%）	人工成本 （元/亩）	占总成本 比重（%）	土地成本 （元/亩）	占总成本 比重（%）
2015	5 362.1	1 767.8	33.0	3 253.8	60.7	340.5	6.4
2016	5 388.7	1 681.9	31.2	3 369.2	62.5	337.7	6.3
2017	4 887.6	1 456.0	29.8	3 111.0	63.6	320.6	6.6
2018	4 904.8	1 513.4	30.9	3 065.2	62.5	326.2	6.7
2019	5 794.5	1 902.0	32.8	3 577.8	61.7	314.7	5.4

数据来源：《中国农产品成本资料汇编（2016—2020）》。

2. 效益波动中下降。近几年，苹果生产效益波动较大。2019 年苹果净效益为 1 413.1 元/亩，每 50 千克苹果净效益为 34.2 元，比 2015 年分别减少 715.3 元和 17.0 元，下降 33.6％和 33.2％，比 2018 年分别减少 1 201.0 元和 45.2 元，下降 45.9％和 56.9％。成本利润率由 2015 年的 39.7％下降到 2019 年的 24.4％，下降 15.3 个百分点，比 2018 年下降 28.9 个百分点（图 16、表 4）。2019 年苹果产业前 5 个生产省生产情况见表 5。

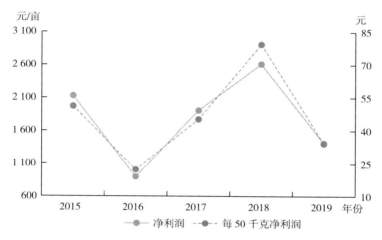

图 16　2015—2019 年中国苹果生产效益变化情况

数据来源：《中国农产品成本资料汇编（2016—2020）》。

表 4　苹果产业全产业链基础数据表

项目	2016 年	2017 年	2018 年	2019 年	2020 年
面积（万亩）	2 918.3	2 920.4	2 907.9	2 967.2	—
产量（万吨）	4 039.3	4 139.0	3 923.3	4 242.5	4 406.6
加工量（万吨）	465.5	507.7	317.7	438.1	444.1
消费量（万吨）	4 420.1	4 523.0	3 341.0	4 094.1	4 150.0
鲜食消费量（万吨）	3 669.5	3 742.3	2 862.3	3 422.7	3 477.2
鲜果进口量（万吨）	6.7	6.9	6.5	12.5	7.6
果汁进口量（吨）	5 617.9	7 708.0	6 441.1	8 227.5	7 913.2
鲜果出口量（万吨）	135.1	133.5	111.8	97.1	105.8
果汁出口量（万吨）	50.8	65.6	55.9	38.6	42.1
主产区收购价价格（元/千克）	—	5.1	5.2	8.2	4.5
市场批发价（元/千克）	—	7.8	7.4	10.1	8.0
成本（元/亩）	5 388.7	4 887.6	4 904.8	5 794.5	—
收益（元/亩）	896.8	1 909.6	2 614.0	1 413.1	—

数据来源：面积、产量来自中国国家统计局；加工量来自布瑞克数据库；消费量来自布瑞克数据库；进口量、出口量来自中国海关总署；价格来自中国蔬菜流通协会；成本收益来自《中国农产品成本收益资料汇编》。

表5　2019年苹果产业前5个主产省生产情况

序号	主产区		2015年	2016年	2017年	2018年	2019年
1	陕西	面积（万亩）	1 042.7	864.6	879.3	896.4	921.9
		产量（万吨）	1 037.3	1 100.8	1 092.5	1 008.7	1 135.6
2	山东	面积（万亩）	449.5	405.6	398.0	387.1	369.9
		产量（万吨）	958.4	978.1	939.5	952.2	950.2
3	河南	面积（万亩）	255.3	236.7	221.1	193.6	179.0
		产量（万吨）	449.6	438.6	434.5	402.7	408.8
4	山西	面积（万亩）	233.2	229.5	228.1	221.3	218.9
		产量（万吨）	431.2	428.6	444.9	376.5	421.9
5	甘肃	面积（万亩）	442.1	345.3	345.4	351.5	361.7
		产量（万吨）	328.6	360.1	311.1	291.5	340.5

数据来源：中国国家统计局。

二、苹果产业发展前景展望

（一）生产将保持低速增长趋势

苹果面积稳中有增。随着我国苹果优势产业带的基本形成，新老果园的更替完成，苹果种植面积增长空间会越来越小。预测2022年苹果面积为2 927.3万亩，比基期（2017—2019年三年均值）略降0.2%；2025年为2 961.7万亩，较基期增长1.0%，年均增速为0.1%。

单产稳步增长，但增速放缓。预测2022年苹果单产为1 529.4千克/亩，比基期增长9.3%，年均增速2.2%；2025年为1 638.0千克/亩，比基期增长17.1%，年均增速为2.3%。苹果产业全产业链基础数据见表4，苹果产业前5个生产省生产情况见表5。

在种植面积稳中有增，单产低速增长的驱动下，苹果总产将保持低速缓慢增长趋势（图17）。预测2022年苹果总产为4 477.1万吨，比基期增长9.1%，年均增速为2.2%；2025年为4 851.3万吨，比基期增长18.2%，年均增速为2.4%。

（二）消费将保持低速增长趋势

苹果是我国居民主要的消费水果品种之一。但随着丑橘、脐橙等应季产品的发展，对苹果消费将有一定的替代，苹果消费将表现为低速增长态势。预测2022年

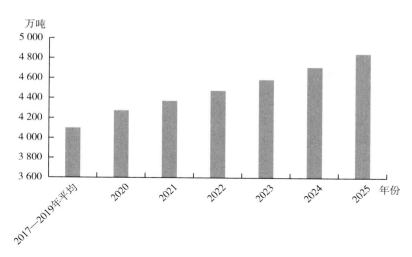

图 17 2020—2025 年中国苹果总产展望变化

数据来源：中国国家统计局，通过 GM（1，1）模型预测。

苹果总消费量为 4 120.9 万吨，比基期（2018—2020 年三年均值）增长 6.7％，年均增速 2.2％；2025 年为 4 441.7 万吨，比基期增长 15.0％，年均增速为 2.4％（图 18）。

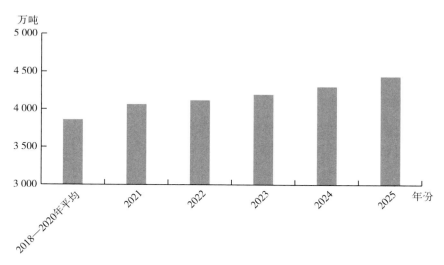

图 18 2021—2025 年中国苹果消费展望变化

数据来源：布瑞克数据库数据整理，通过 GM（1，1）模型预测。

从消费结构看，我国苹果消费仍以鲜食消费为主。预测 2022 年鲜食消费量为 3 469.8 万吨，比基期（2018—2020 年三年均值）增长 6.6％；2025 年为 3 779.7 万吨，比基期增长 16.1％，年均增速为 2.5％（图 19）。鲜食占总消费量的比重由基期的 84.3% 上升到 85.1%，提升了 0.8 个百分点。

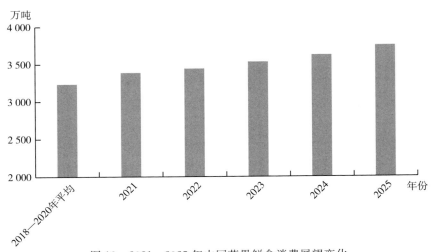

图 19 2021—2025 年中国苹果鲜食消费展望变化

数据来源：布瑞克数据库数据整理，通过 GM（1，1）模型预测。

（三）加工将保持低速增长趋势

随着消费者对苹果加工产品需求增加，苹果加工，特别是精深加工发展潜力较大。预计 2022 年苹果加工量为 445.1 万吨，比基期（2018—2020 年三年均值）增长 11.3%；2025 年为 470.8 万吨，比基期增长 17.7%，年均增速 2.8%。加工量占总消费比重为 10.6%，基本保持不变（图 20）。

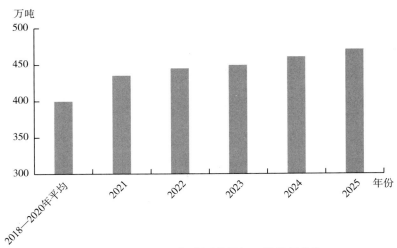

图 20 2021—2025 年中国苹果加工量展望变化

数据来源：布瑞克数据库数据整理，通过 GM（1，1）模型预测。

（四）进口将保持低速增长趋势

居民收入水平的提高，生活方式的改变以及消费结构升级将推动苹果进口消费的增长。鲜果仍是进口主体，预计呈缓慢增长趋势；高品质果汁等制品的进口预计涨幅较快。预测 2022 年鲜果进口量为 7.6 万吨，比基期（2018—2020 年三年均值）下降 14.1%；2025 年为 8.6 万吨，与基期基本持平。果汁 2022 年进口量预计为 9 554.3 吨，比基期增长 26.9%，2025 年为 11 751.0 吨，年均增速为 7.7%（图 21、图 22）。

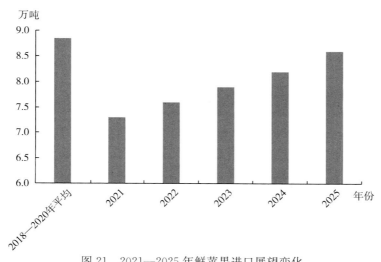

图 21　2021—2025 年鲜苹果进口展望变化

数据来源：中国海关总署，通过 GM（1，1）模型预测。

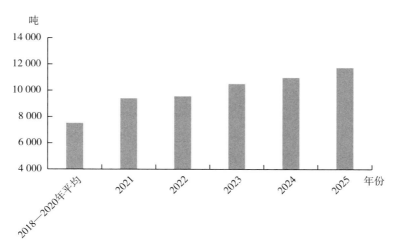

图 22　2021—2025 年果汁进口展望变化

数据来源：中国海关总署，通过 GM（1，1）模型预测。

（五）鲜果及果汁出口均呈上升趋势

短期看，面对全球冠状肺炎疫情及国内外市场的双重压力，我国鲜果出口比基期略有下降，但长期看有所回升；果汁出口呈上升趋势。预测 2022 年鲜果出口量 90.6 万吨，比基期（2018—2020 年三年均值）减少 13.7%；2025 年为 105.3 万吨，比基期略高 0.4%。2022 年果汁出口量为 52.1 万吨，比基期增长 14.5%；2025 年为 73.9 万吨，比基期年均增速为 8.4%（图 23）。

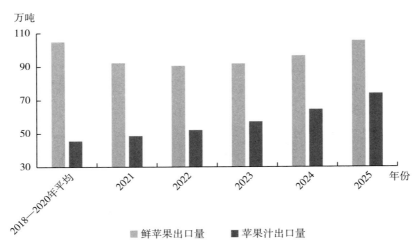

图 23　2021—2025 年中国苹果鲜果、果汁出口展望变化

数据来源：中国海关总署，通过 GM（1，1）模型预测。

（六）价格窄幅波动趋于平稳

生产成本特别是人工成本的提高及消费升级将助推苹果价格上涨，但随着流通方式的多元化，特别是产地直销等模式的出现，大大减少了苹果销售的中间环节、库存损耗等成本，有利于缓解苹果价格的上涨。同时，随着冷库仓储技术的发展，苹果的保鲜库存使苹果全年供应更加均衡，平抑了苹果供应的季节性差异。预测未来 5 年，主产区收购价年度均价在 3.5~5.0 元/千克，批发价在 7.0~8.0 元/千克波动。

（七）收益增长空间逐渐收窄

由于苹果生产机械化水平低，人工成本居高不下，主产区收购价格平稳，产值增幅不高。预测 2022 年苹果成本收益率为 21.2%，比基期（2017—2019 年三年均值）下降 16.9 个百分点，2025 年为 12.7%，比基期下降 26.2 个百分点。

三、苹果产业发展存在的问题

（一）劳动成本居高不下，果农获利空间小

苹果产业是劳动密集型产业，苹果从开花到成熟采摘，历经疏花疏果、浇水、施肥、打药、套袋、摘袋和采摘等20多个管理环节，均需要人工劳动，机械化程度低，每亩用工量约38个工，是粮食作物的5倍，人工成本占总成本的比重达60%以上。随着年轻劳动力的转移，工价的不断提升，果农获利空间逐渐减小。

（二）加工能力低，产品附加值难以提升

苹果是我国栽培面积和产量最大的果品，加工率约10%，制约了其产业的发展。目前，加工产品比较单一，虽然随着科技的发展，加工产品呈多样化，但浓缩苹果汁仍是一枝独秀；加工专用品种和原料基地相对缺乏，无法满足生产需求；苹果精深加工关键技术及产品开发研究方面尚未取得重大技术突破，缺乏技术创新；对原料的综合利用率低，对果渣的再加工、再利用率低。

（三）出口创汇能力弱，扩宽国际市场潜力有限

一是苹果出口量比较低，仅占苹果产量的3%左右。二是出口市场相对集中。鲜食苹果出口国主要集中在东南亚的孟加拉国、菲律宾、越南、泰国、印度尼西亚等国，出口量及出口金额达70%以上；果汁主要出口美国、俄罗斯、日本等国家，美国进口我国的果汁量及金额占1/3上，过度集中的市场将导致我国苹果对外贸易承受不确定因素加大。三是绿色贸易壁垒阻碍苹果出口。受疫情及相关国家绿色贸易壁垒等因素的影响，使我国苹果出口面临较大影响与挑战。四是产品以低端为主，品牌价值缺乏。国内苹果出口企业的相关品牌众多，却杂而不亮，没能发挥出品牌应有的功能和价值。

四、政策措施建议

（一）简化管理、提高机械化水平

一是采取适宜机械化作业的矮砧栽培、无袋栽培、病虫害绿色防控、水肥一体化、果园生草等省力化栽培技术；二是根据当地立地条件，采用专用喷药机、松土机、割草机、打药机、种植机、弥雾机等先进机械；三是开发研制适合果树

农艺要求、收获的农机装备，适合山地、丘陵土地的小型农机，满足果农生产需要。

（二）强化加工能力，提高产业附加值

一是从苹果加工专用品种的引进、选育和种植入手，加强加工品种基地建设。二是加强苹果精深加工新产品关键技术的研究和开发，大力发展产品多样化生产。三是加强新设备的研发，改进加工设备和生产工艺，提高苹果资源合理利用率。

（三）立足国内国际两个市场，创造消费，引导消费

一是多渠道释放与激发国内鲜食苹果与加工产品的消费需求。立足品质与特色，缔造品牌，挖掘文化与精神内涵，满足国内消费者的需求；二是开拓国际市场时，要根据不同国家的消费需求进行定向栽培，确定具体的生产方向、市场目标、果品规格及相应的标准；三是健全促进优质苹果生产的激励制度和保障制度，突破绿色贸易壁垒，健全进出口检验检疫标准体系，改善国际贸易条件，扩大我国苹果国际市场贸易份额；四是在稳定原有出口国的基础上，大力拓展"一带一路"沿线国家地区市场，扩大对外宣传与产品推介，提升我国苹果在世界市场中的知名度与美誉度。

报告撰写人：

王桂荣	河北省农林科学院农业信息与经济研究所	研究员
张新仕	河北省农林科学院农业信息与经济研究所	副研究员
李　敏	河北省农林科学院农业信息与经济研究所	副研究员
马辉杰	河北省农林科学院农业信息与经济研究所	研究员
王晓夕	河北省农林科学院农业信息与经济研究所	科研助理
尹翠霞	河北省农林科学院农业信息与经济研究所	科研助理
郑佩佩	河北农业大学	博士
高　策	河北农业大学	硕士

我国葡萄市场与产业分析报告

我国是世界最大的鲜食葡萄生产国和消费国，近年来葡萄栽培面积和产量迅猛上升，葡萄产业已成为农民增收的新增长点。近5年来（2015—2019年），葡萄种植面积增速放缓，稳定在1 000万亩以上；产量持续增加，2020年达1 431.4万吨，成为世界上第一产量大国；消费量持续增长，年消费量基本保持1 000万吨左右；价格波动与产量和季节性有较大关系；出口持续增长，保持贸易顺差。未来3～5年预计我国葡萄种植规模趋于稳定，产量持续增加，优质葡萄市场供应量将加大，消费持续增长，加工消费增长较快，出口将保持稳定增长的趋势。

一、葡萄产业发展现状

（一）生产状况分析

近年来，随着国家土地政策的调整，受高效益的驱使，葡萄种植面积持续增长，区域集中度更为明显，品种结构进一步优化，特色品种快速发展。

1. 种植面积持续增加，稳定在1 000万亩以上。 20世纪80年代以来，中国葡萄的种植面积呈现波动增长趋势。1980—1990年，我国葡萄栽培面积在45万亩的基础上缓慢发展；1991—2003年，葡萄产业规模逐渐发展壮大，2003年种植面积达631.5万亩，之后略有回落；2007—2015年快速增长，2015年达到峰值为1 198.5万亩；2016—2019年趋于平稳，种植面积稳定在1 050万亩左右（图1）。

2. 产量持续增长，保持在1 000万吨以上。 近40年来，中国葡萄产量持续快速增长，2020年达到1 431.4万吨，成为世界第一产量大国。1980—1990年间，我国葡萄产量维持在90万吨以下；1990—2000年低速增长，到2000年末，葡萄总产量达到328.2万吨。2012年首次突破1 000万吨，达1 000.6万吨；2016—2020年趋于平稳发展，产量在1 200万吨以上（图2）。

3. 种植区域分布集中，新疆、陕西和云南等5个种植省份全国占比43.1%。 我国葡萄主产区集中在新疆、陕西、河北等历史优势种植区。2019年新疆、陕西、河

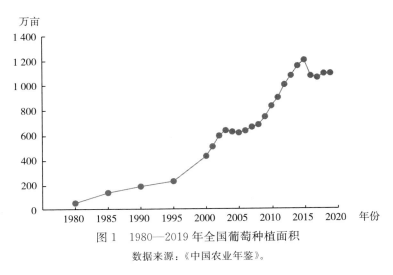

图 1　1980—2019 年全国葡萄种植面积

数据来源：《中国农业年鉴》。

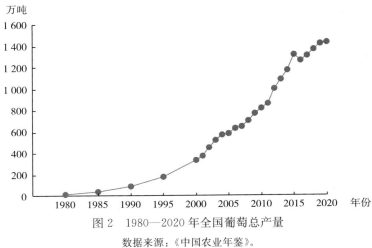

图 2　1980—2020 年全国葡萄总产量

数据来源：《中国农业年鉴》。

北、河南和云南种植面积分别为 210.9、70.5、65.9、63.0 和 59.3 万亩，占比分别为 19.4%、6.5%、6.0%、5.8% 和 5.4%，这 5 个省份种植面积达到 469.5 万亩，占比为 43.1%（表 1）。

表 1　2019 年葡萄种植面积和区域分布

省份	面积（万亩）	占比（%）
新疆	210.9	19.4
陕西	70.5	6.5
河北	65.9	6.0
河南	63.0	5.8
云南	59.3	5.4

数据来源：《中国统计年鉴》《中国农业年鉴》。

4. 品种结构持续优化，夏黑和阳光玫瑰发展迅速。近年来，我国葡萄品种结构进一步优化，品种多样性更加丰富。鲜食品种中巨峰、红地球、玫瑰香、藤稔、夏黑无核、无核白鸡心和无核白等品种栽培面积已经占到葡萄栽培总面积的 70% 以上。巨峰系优良品种如夏黑无核和阳光玫瑰等，无核品种如火焰无核和克瑞森等品种面积及所占比重进一步增加，尤其是阳光玫瑰面积快速增加。

（二）消费状况分析

1. 鲜食葡萄消费呈增长趋势，年消费量基本保持 1 000 万吨左右。我国鲜食葡萄消费量逐年增长，2014 年消费量 916 万吨，2015—2017 年均在 1 000 万吨以上，2018 年略有减少，为 943 万吨。但总体来看消费量呈增长趋势。市场供给主要来源于国内生产，少部分来源于国际市场进口。

2. 消费模式多样化，电商带动线上消费。我国葡萄消费以鲜食为主，销售渠道以水果超市、商店、零售窗口为主，生鲜农产品电子商务、冷链物流和水果连锁店快速发展，丰富了葡萄购买渠道和选购方式，年轻消费群体正逐渐成长为线上消费的主要驱动力。

3. 优质葡萄需求量旺、价格高。随着居民收入水平提高和消费升级，消费者更加青睐优质、特色、品牌葡萄。水果批发市场价格监测数据显示：优质品种如阳光玫瑰批发价高至 40 元/千克左右，一般品种 16～20 元/千克，传统葡萄品种仅为 3～10 元/千克，优质葡萄价格高且不愁销路，实地调研结果同监测数据基本一致。

（三）进出口分析

2015—2020 年，我国鲜食葡萄进口量增加、进口额小幅波动，出口量和出口额显著增加，2020 年出口量和出口额均大幅增加，进口量和进口额小幅回落，保持贸易顺差（表 2）。

表 2 2015—2020 年中国鲜食葡萄进出口情况

年份	进口量（万吨）	进口额（亿美元）	出口量（万吨）	出口额（亿美元）
2015	21.6	5.9	20.8	7.6
2016	25.2	6.3	25.4	6.6
2017	23.4	5.9	28.0	7.4
2018	23.2	5.9	27.8	6.9
2019	25.2	6.4	36.7	9.9
2020	25.0	6.4	42.5	12.1

数据来源：中国海关总署。

智利、秘鲁、澳大利亚和美国是我国鲜食葡萄主要的进口来源国，泰国、印度尼西亚、越南和马来西亚等周边的亚洲国家和地区是我国鲜食葡萄的主要出口国。2019 年，从智利、秘鲁和澳大利亚 3 国进口的鲜食葡萄分别为 10.68 万吨、6.57 万吨和 5.84 万吨，进口量合计占比 91.5%；出口到泰国的鲜食葡萄为 10.73 万吨，出口量占比 29.3%。进口单价 2.55 美元/千克，较上年增长 0.8%；出口单价 2.69 美元/千克，较上年增长 8.0%。

（四）价格分析

国内葡萄价格两极分化明显，不同地区、品种、上市月份价格差异显著。2019 年葡萄市场售价高于 2018 年，多数地区市场均价比上年高 1.0 元/千克。据商务部统计，2019 年全国葡萄市场平均批发价维持在 8～14 元/千克。葡萄价格与上市时间密切相关，4 月葡萄价格上涨到 11 元/千克，5 月最高达 14 元/千克。随着葡萄进入盛果期（6—10 月）价格一路下滑，至 10 月底跌至谷底，为 8 元/千克，12 月受节日消费影响略有翘尾回升。从 2015—2019 年葡萄价格变化趋势看，葡萄市场最高售价均出现在 5 月底 6 月初，此时南方早熟葡萄和北方温室促成葡萄尚未大量上市；最低售价出现在 9 月底至 10 月上旬，此时期是北方露地葡萄大面积成熟集中上市的时间。

（五）成本收益分析

葡萄种植成本主要包括化肥和农药开支。与农户相比，合作社还包括人工、农机和地租费用，因此合作社生产成本相对较高。2020 年 2—5 月，通过对河南洛阳、许昌和商丘具有代表性的葡萄种植户和合作社调研发现，农户生产成本相对较低，但合作社具有规模生产优势，化肥和农药综合使用率较高，有机肥用量较多，果品品质较高，销售单价高于农户，综合看来合作社收益略高于农户（表 3）。

表 3　2019 年葡萄种植成本和收益分析表

	成本（元/亩）						收益			
	化肥	农药	农机	人工	租金	合计	单产（千克/亩）	单价（元/千克）	总收入（元/亩）	纯收入（元/亩）
农户	800	300	0	280	0	1 380	2 000	5.0	10 000	8 620
合作社	900	200	200	800	1 000	3 100	1 500	8.0	12 000	8 900

数据来源：调研数据。

二、葡萄产业发展前景展望

（一）种植面积稳中有增，产量持续增加

近年来，我国葡萄种植面积和产量迅速增长。受消费端引导，生产者将更加注重

果品品质的提升，从单纯追求产量转向质量和效益，预计葡萄产量仍将继续呈现增加趋势。

（二）消费持续增长，加工消费占比增加

食物结构调整等将推动葡萄消费量持续增加，加工消费占比将进一步增加。从消费端看，收入增长和饮食西化有利于推动葡萄加工产品需求。从供给端看，为平抑鲜果价格波动风险，许多企业延长产业链条，扩大加工产能。

（三）鲜食葡萄进口增加，出口增加

随着居民收入水平提高、消费结构升级，鲜食葡萄的进口依然会有一定的市场上升空间。鲜食葡萄的出口量预计总体持续增加。葡萄产业组织化程度提高，优质企业和品牌不断壮大，质量检验标准与进口国际标准接轨，都将促进葡萄出口发展。

（四）市场价格稳中有升

随着葡萄产量的上升，供给量整体充足，价格上涨动力偏弱，随着葡萄消费需求升级，"优质不优价"现象将逐步缓解，符合消费者升级需求的葡萄价格将持续走高。

三、葡萄产业发展存在的问题和面临的风险

（一）主要问题

1. 主栽品种结构单一。据统计，近 10 年来，国内育成葡萄新品种 100 余个，但大面积推广者不多。近年来，葡萄栽培技术已经开始标准化生产，大部分仍是粗放的生产经营方式，缺乏科学规划，果品质量参差不齐，高产低质，不能适应市场需求。

2. 精深加工技术落后。我国仅 10% 的葡萄用于酿酒，不足 10% 的葡萄用于制干、制汁或制醋，很少部分用于其他加工产品。整体来看，我国品牌葡萄酒产品质量同质化较严重，缺乏核心竞争力。精深加工技术落后等问题一直存在。

3. 产后流通环节薄弱。从整个产业链看来，相对生产环节，交易、流通等环节仍然薄弱。销售模式相对单一，主要靠收购商到地头收购或农户到市场零售。

4. 产业化、组织化程度较低。我国葡萄产业的组织化和现代化生产程度低。龙头企业和专业合作社规模小、数量少、市场竞争力不足，对产业带动能力不够，现代化的营销模式和手段尚未普及。

（二）风险分析

1. 气象因素。全球变暖、气象灾害增加和极端气候事件是影响葡萄市场不确定性的重要因素。近年来，自然灾害频发，多地受春季持续低温影响，间接或直接造成收益损失。因此，存在气候异常危害的不可控风险。

2. 技术因素。种质资源与遗传改良、栽培模式创新、病虫害防控等技术的发展，对提高葡萄单产和品质等方面有较大的突破，也是葡萄产业转型升级、提质增效的关键环节。

四、政策措施建议

（一）优化品种结构，提高果品品质

推广种植早熟、晚熟品种，调整优化品种结构，推行绿色高效种植技术，抓住鲜食葡萄供应空档期错峰销售，实现葡萄产业生产可持续发展。

（二）发挥合作社组织力量，强化市场调节手段

发挥葡萄经济合作组织在产业市场化的经济作用，为葡萄产业发展提供专业服务，制定行业规范，加强葡萄行业管理，发挥社会化合作组织与政府的桥梁纽带作用，强化市场经济调节手段。

（三）引导鼓励精准助力，强化政策资源支持力度

积极发展葡萄经济合作组织和专业协会，坚持适度生产经营规模，在冷链物流等难度较高的产业链环节加大政策和资金帮扶力度，精准助力当地葡萄产业发展，实现农民持续增收。

（四）打造我国葡萄知名品牌，提高国际竞争力

优化我国葡萄种植区域布局，建立国家葡萄产业产供销综合信息化管理服务平台，实现我国葡萄产业产、学、研、用良好有序发展局面，逐步提高我国葡萄产业国际竞争力。

报告撰写人：

李小红　河南省农业科学院农业经济与信息研究所　助理研究员

刘海礁　河南省农业科学院农业经济与信息研究所　副所长

王　瑛　河南省农业科学院农业经济与信息研究所　助理研究员

李运景　河南省农业科学院农业经济与信息研究所　研究员

吴亚蓓　河南省农业科学院农业经济与信息研究所　助理研究员

郑国清　河南省农业科学院农业经济与信息研究所　研究员

我国香蕉市场与产业分析报告

20 世纪 80 年代中期开始，我国香蕉产业迅速发展，随着农业结构调整，市场需求拉动，香蕉产业在区域经济中占有重要地位。香蕉是一种重要的多用途作物，除了鲜食外，还可以加工成果汁、果酱等产品。目前，我国香蕉种植规模和产量稳中略降。未来预计香蕉消费量将进一步增长，香蕉产业链将不断扩宽延长。

一、香蕉产业发展现状

（一）生产

1. 种植面积总体逐年缩减，产量保持在 1 000 万吨以上。 2020 年，我国香蕉年末面积约 497 万亩，较 2019 年的 495.45 万亩略有增加。2011—2015 年，我国香蕉种植面积和年产量呈缓慢增长态势，年产量规模保持在 1 000 万吨以上。自 2016 年起，由于市场变化、产业结构调整和病害频发，全国香蕉种植面积明显下降，产量也随之出现了下滑。2017—2020 年，我国香蕉产量呈小幅增长态势，总体维持在 1 100 万吨左右（图 1）。

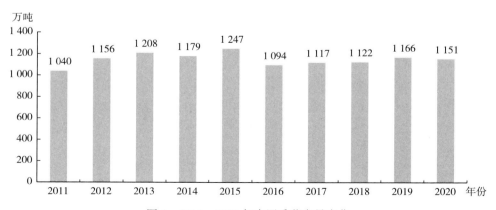

图 1　2011—2020 年中国香蕉产量变化

数据来源：《中国统计年鉴》。

2. 主产区种植面积变化幅度较小。 广东、广西、海南、云南和福建是我国香蕉主产区。2019 年，五大主产区种植面积变化不大，广西、海南和云南 3 个省（自治区）的种植面积较 2018 年分别减少了 5％、4％和 1％，福建和广东的种植面积较 2018 年分别增加了 3％和 2％。而重庆、四川和贵州也有少量的香蕉种植，贵州的种植面积较 2018 年增加了 36％。2015—2019 年，除广西香蕉种植面积大规模增长后又持续减少外，其他地区的种植面积略有下降后波动不大。

近 5 年来，广东香蕉产量一直位居全国首位，2020 年达到 478.7 万吨，占全国香蕉产量的 42％；广西香蕉产量从 2017 年起，先后受市场行情、枯萎病、气象灾害等因素影响，一直持续下降，但仍居全国第二位，占比为 26％；云南和海南香蕉产量分别排在第三和第四位，占比分别为 17％和 10％；福建香蕉产量占比仅为 4％，但呈缓慢增长趋势（图 2）。

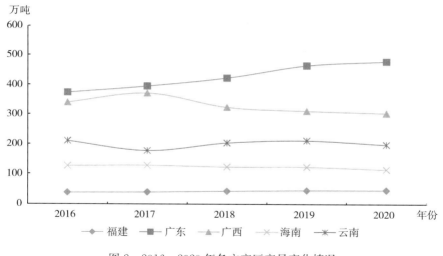

图 2　2016—2020 年各主产区产量变化情况

数据来源：《中国统计年鉴》。

（二）消费

我国是最大的香蕉市场之一，但人均消费量低。近年来，随着生活水平大幅度提高，人们的消费观念已经发生了变化，价格的高低不再是影响消费者的主要购买因素，消费者更青睐于具有营养价值和品牌特色的香蕉产品。另外，随着电商的快速崛起，香蕉的销售渠道和购买方式也随之多样化。

（三）加工流通

我国香蕉以鲜食为主，加工率远低于发达国家。经过多年的研究和实践，深加工产品种类逐渐增多，主要制作成果汁、果酱和烘焙食品等，但是受原料供应期限制，产品加工生产期短，加工厂效益低下，原料量有限，难以形成规模。随着冷链、物流、交通建设及网络信息技术的不断发展，香蕉的流通问题得到了较大的改善。

（四）进出口

1. 进口量较大，进口来源地较集中。我国香蕉的进出口贸易以鲜果为主，2020年我国香蕉进口总量和总额分别为 174.7 万吨和 9 332.64 万美元，较上年分别下降了 10％和 15％。我国香蕉进口来源地以东南亚和南美主产国为主，从菲律宾、厄瓜多尔、越南和柬埔寨等 4 个国家进口的香蕉总量占我国香蕉进口总量的 95％以上（表 1、图 3）。随着柬埔寨和墨西哥香蕉成功获得向中国出口许可，未来香蕉进口量将有望增加。

表 1　2020 年香蕉主要进口国和进口量

主要进口国	进口量（万吨）	占进口总量比重（％）
菲律宾	79.55	46.00
厄瓜多尔	32.96	19.00
越南	28.30	16.00
柬埔寨	24.12	14.00

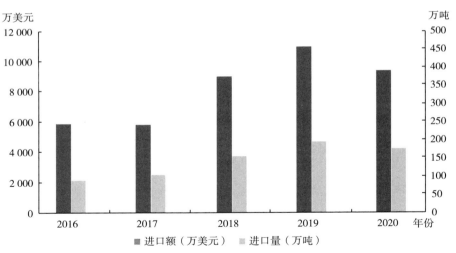

图 3　2015—2020 年我国香蕉进口量和进口额

数据来源：根据海关信息网数据整理。

2. 出口贸易优势较弱，出口总量和出口额小幅下降。近 5 年来，香蕉出口量和出口额总体呈先增长后小幅下降态势，2019 年出口额突破 2 000 万美元，出口量2.49 万吨，达到近五年峰值。2020 年，我国香蕉出口量仅为 1.98 万吨，出口额

1 594万美元，较上年分别下降了 26％和 36％。香蕉出口国家和地区主要有蒙古国、朝鲜、俄罗斯、美国、德国、中国香港和中国澳门，其中中国香港、中国澳门和蒙古国以出口量占比分别为 65％、15％和 13％位居前三（图 4）。

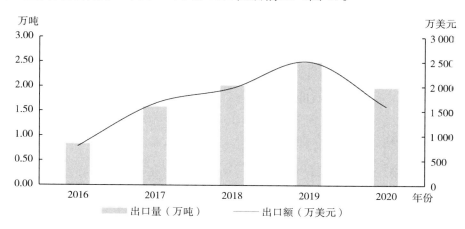

图 4　2016—2020 年我国香蕉出口量和出口额

数据来源：根据海关信息网数据整理。

（五）市场价格

2016—2020 年香蕉集贸市场年度价格呈波动变化。2016 年香蕉集贸市场年度价格为 5.66 元/千克，2017 年下降至 5.44 元/千克，2018 年起价格上涨。2020 年年均价格为 6.24 元/千克，比上年跌了 0.24 元/千克。2020 年 1—6 月产销市场行情较好，价格均在 6 元上下波动，3 月甚至达到了 7 元/千克；下半年月均价格降低为 5.87 元/千克（图 5）。

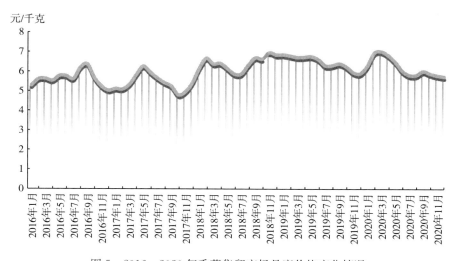

图 5　2016—2020 年香蕉集贸市场月度价格变化情况

数据来源：《中国农产品价格调查年鉴》。

（六）成本收益

近年来，人力成本持续上升，劳动力紧缺，加上物流、投入品和包装成本的上涨，香蕉生产成本随之上涨。自然灾害、病害等对产量有一定影响，不同生产主体种植经验、管理模式和水平不同，成本和收益有一定差异。

二、香蕉产业发展前景展望

（一）生产规模将维持稳定

受气候条件限制，香蕉种植区域有限，加上受枯萎病的影响，收益越来越低，蕉农热情有所减退，预计生产规模基本稳定。

（二）消费量持续增长

随着国内物流和保鲜技术的不断进步，消费者群体范围大大扩展，现已成为全国性的消费水果，未来消费量将持续增长。

（三）加工业向多元化发展

当前，我国香蕉产业正处于由传统产业向现代产业转变阶段。鲜食香蕉已不能满足消费需求，加工消费将成为香蕉消费的增长点。除了果实可用做加工原料外，香蕉秸秆和香蕉皮可进一步挖掘利用。

三、香蕉产业发展存在的问题

（一）主要问题

1. 商品蕉主栽品种高度趋同。香蕉作为高度商品化、市场化的农作物，其种植品种的选择主要受品种性状、经济利益和市场需求等多重因素驱使。据不完全统计，目前我国现有商品蕉主要以香芽蕉为主，约占84%，尽管近年来粉蕉种植面积有所扩增，但占比依旧较低，约占13%。此外，香芽蕉品种也较为单一，以桂蕉及巴西蕉为主。

2. 种质资源挖掘创新不足。我国香蕉产业缺乏可供不同生态条件和满足不同市场需要的品种；缺乏后备品种、替换品种；缺乏生产急切需要的抗逆性强的品种，如抗枯萎病、抗寒抗旱耐贮运等品种；对我国特有的适应性、抗逆性强的优良香蕉种质资源的收集、鉴定、提纯复壮的重视不够，亟待进一步挖掘利用。

3. 后端生产技术不配套。我国在香蕉生产前端技术较为完善，单产较高、品质过硬，但在生产后端的预冷、保鲜、催熟等技术环节却没有很好地配套跟上，与国外仍有较大差距，导致在市场流通时竞争力下降。

4. 香蕉深加工产业链发展滞后。我国香蕉主要以鲜食为主，精深加工比例低，产品单一，缺乏以香蕉为生产原料的高附加值、高效益、系列化商品，尚未形成香蕉精深加工完整产业体系，加工率不足 5%。香蕉深加工产业发展的滞后，导致香蕉附加值提升的天花板高度（上限）降低，无法通过利益转移实现对生产端反哺，间接制约了香蕉产业的提升。

（二）风险分析

1. 生产风险。我国香蕉产业目前面临的主要生产风险是品种风险和病虫害风险。我国香蕉主栽品种高度趋同加大病虫害蔓延风险，且极易受气候灾害影响，是香蕉产业稳定可持续发展重要隐患。香蕉枯萎病的流行和防控技术的缺乏是我国香蕉产业的重大威胁。此外，新冠肺炎疫情可能会产生"用工荒"和农业投入品物流不畅，影响香蕉生产。

2. 市场风险。受疫情影响，全球经济下行，通货膨胀频现，消费者收入减少，消费欲望下降，香蕉消费可能受到抑制，同时，疫情对供应链的冲击导致原物料价格上涨，可能会产生溢出效应，进而导致农业投入品价格上涨，香蕉种植生产成本增加，降低种植户生产热情，造成香蕉市场供给失调，供需平衡被打破，蕉价上行。

3. 自然风险。我国香蕉主产区多位于沿海热带亚热带季风气候区。珠江三角洲、福建沿海、广西东南部等地区的周期性低温、寒潮或霜冻，常导致大范围寒害。海南岛和雷州半岛等沿海地区每年 6—11 月频繁的热带风暴给香蕉生产带来不同程度的破坏，是导致香蕉生产起落受损的重要因素。

四、政策措施建议

（一）优化品种结构，实现品种多样化

挖掘利用优良香蕉种质资源，根据市场供需，适当发展我国香蕉自主选育的优质品种，调整优化香蕉品种结构，满足消费者对优质安全的香蕉日益增长的生活需求，实现香蕉产业可持续发展。

（二）加强建设香蕉产业标准化

结合我国香蕉产业发展重点和生产特点，着力构建香蕉种植、采收及采后加工标准体系框架，同时在修订现行标准的基础上，制定有针对性的、统一的检测方法标准，进一步完善我国香蕉产业相关的标准体系。参照国际先进的标准和规范，提高我国香蕉的品质，打破各种贸易壁垒，做到用标准组织生产、规范市场和评价产品质量，促进我国香蕉更多地走向国际市场。

（三）完善香蕉产业链，增加产品附加值，提高香蕉综合利用率

积极引进和推广国内外先进的新工艺、新技术和新设备，利用现代生物技术和食品高新技术，进行香蕉发酵果酒、香蕉面条、香蕉咖喱、香蕉蛋糕、香蕉牛奶饮料等系列产品的开发，延长香蕉果汁加工产业链，形成品种多元化的香蕉产业深加工体系和格局。不断拓深香蕉果肉和副产物功能性成分研究，扩展应用领域，加强产地贮藏保鲜能力，提高香蕉产业附加值和国际竞争力。

（四）注重品牌建设，建设综合信息化管理服务平台

重视香蕉品牌的打造与保护，紧跟市场变化潮流，为品牌注入新鲜血液，保持品牌活力，巩固市场地位。结合香蕉产业发展优势，建立国家香蕉产业产供销综合信息化管理服务平台，实现香蕉产业稳步发展，提高香蕉市场竞争力。

报告撰写人：

邓春梅　中国热带农业科学院科技信息研究所　助理研究员

刘燕群　中国热带农业科学院科技信息研究所　研究室副主任、副研究员

我国红枣市场与产业分析报告

中国是全球红枣最大生产国和消费国。2020 年中国红枣产量 773.1 万吨，较上年增加 3.6％。受红枣价格持续低迷、比较效益下降、生产成本提高等因素影响，我国红枣种植面积呈小幅下降趋势；因我国约 41％（新疆 88％）的枣园处于盛果期，预计红枣产量将持续增长；受新冠肺炎疫情影响，红枣消费量将继续回落；受 2021 年新疆红枣减产影响，2022 年红枣价格将有所回升。

一、红枣产业发展现状

（一）生产

红枣生产集中在华北和西北地区。我国 5 个红枣主产区产量占全国的 91％。2020 年新疆、陕西、河北、山西、山东红枣产量分别为 381.2 万吨、109.9 万吨、81.5 万吨、72.1 万吨和 59.3 万吨，分别占全国红枣总产量的 49.31％、14.22％、10.54％、9.33％、7.67％。新疆凭借其得天独厚的光热资源优势，生产出享誉全国的优质红枣，近十年来新疆成为我国红枣种植面积增长最快的地区。从 2011 年的 105.8 万吨上升至 2020 年的 381.2 万吨，占全国总产量比例从 19.53％增加到 49.31％，成为我国最大的红枣种植区。新疆红枣主产集中在南部的新疆生产建设兵团和地方（地方包括喀什、和田、阿克苏、巴州）。新疆兵团红枣品质整体较好，2020 年兵团红枣产量 208.06 万吨，占全疆总产量的 54.58％；喀什、和田、阿克苏、巴音郭楞蒙古自治州（简称巴州）四地（州）红枣产量占新疆地方红枣产量的 98％以上。据调查，目前新疆红枣生产以灰枣为主，2020 年，灰枣产量占新疆地方红枣总产量的 63％（图 1）。

（二）消费

红枣消费量呈下滑趋势。红枣作为一种典型的营养补充性果品，越来越受消费者青睐。2005—2019 年，人均红枣消费量由 1.9 千克增加到 5.3 千克，表观消费

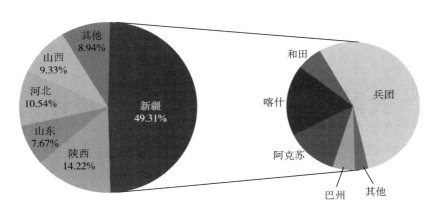

图 1　2020 年中国红枣产量分布

数据来源：《中国农村统计年鉴 2021》、2020 年新疆各地（州）统计公报。

量由 248 万吨增加到 741 万吨。2020 年受新冠肺炎疫情的影响，居民红枣消费意愿和能力有所下降。根据红枣企业的调研结果，红枣销售量较往年下降 25% 左右。在后疫情时代，由于居民收入增长预期下降及其消费态度愈加谨慎，预计红枣消费量将继续下滑。

红枣销售受阻。2020 年新冠肺炎疫情对新疆红枣市场造成较大程度的冲击，红枣现货销售几乎停滞，大量红枣入库贮存、积压，到 2020 年底新疆红枣库存接近红枣总产量的 30% 左右。

（三）加工流通

红枣加工以初加工为主，深加工产品比例略有提升。目前干制仍然是红枣最主要的初级加工方式，75% 左右的红枣以原枣形式销售；12% 左右的红枣初加工成枣片、蜜枣、枣泥等形式。随着我国红枣消费多元化和加工水平的提升，红枣深加工比例提升到 13% 左右，产品主要有枣酒、枣口服液、枣红色素和枣香精等。

红枣流通呈现"沧州集散、南北分销"的格局。我国红枣集散加工地主要分布在河北沧州崔尔庄和河南新郑孟庄镇，分别占到全国红枣总量的 70% 和 15%，经过集散之后进入南、北方市场。国内红枣消费市场结构为华中 53%、华东 25%、华南8%、华北 8%、东北 2%、其他 4%。据调研，随着新疆红枣企业通货销售的传统观念逐步向分类加工再销售的观念转变，红枣加工企业引进先进加工设备积极性较高，加工能力和加工水平提升较快，新疆实际加工仓储能力占全国比重从 2019 年不足5% 提高到 2020 年 10% 左右。

（四）进出口

我国红枣以内销为主，进出口量少且不稳定。近年来，我国红枣出口呈上升趋势，2020 年红枣出口量增加到 1.67 万吨，较上年增加 0.33 吨，创近 10 年来新高，但出口量仍不足生产量的 0.5%，出口地主要集中在马来西亚、越南、印度尼西亚、日本等国家。2000 年以来，我国红枣进口量最高仅 50.8 吨，最低只有 0.3 吨。2019 年进口 15 吨，为近 7 年最高进口量。

（五）市场价格

红枣价格呈下降趋势。2012 年以来我国红枣种植面积快速增加，同时物流、保鲜、加工技术得到迅速发展，红枣供给能力显著提升，导致红枣市场供大于求，价格大幅下降。据中国农业信息网数据，2020 年 11 月全国红枣平均销售价格为 17.84 元/千克，2021 年同期为 16.61 元/千克；2020 年 11 月新疆当地红枣平均销售价格为 45.36 元/千克，2021 年同期为 37.71 元/千克。据调研，2021 年新疆红枣收购价呈下降趋势。2020 年初，新疆若羌县灰枣通货收购价格 7 元/千克；到 2021 年初新疆灰枣通货收购价格为 6 元/千克，有机灰枣通货 13 元/千克，通货价格较 2020 年初降低1元/千克；灰枣通货分级后二级及以上为 7 元/千克、二级以下为 2~3 元/千克；加工企业经过初加工后，灰枣批发价格为：特级 16 元/千克、一级 12 元/千克、二级 8 元/千克，平均每千克批发价格较 2020 年下降 3 元左右。在新疆各大批发市场中，2021 年 2 月灰枣销售价格特级为 15 元/千克，一级为 11 元/千克，二级为 8 元/千克，三级为 6 元/千克；骏枣特级 21 元/千克、一级 16 元/千克、二级 12 元/千克、三级 9 元/千克（图 2）。

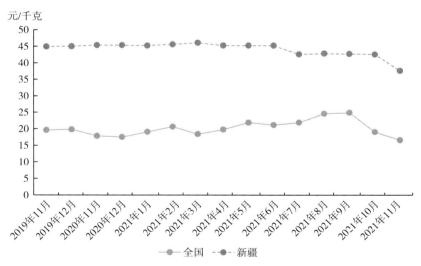

图 2　2019—2021 年全国及新疆红枣价格趋势

数据来源：中国农业信息网。

（六）成本收益

红枣生产成本涨幅趋缓。以新疆为例，2020 年红枣生产成本涨幅趋缓，2000—2019 年间，红枣生产成本由 526 元/亩增加到 3 197 元/亩，年均增幅达 10.4%，2020 年生产成本较上年增加 48 元/亩，涨幅为 1.5%。其中，物质与服务费用较上年增加 17 元/亩，增幅为 3.2%；土地成本较上年保持不变；人工成本较上年增加 31 元/亩，增幅 1.2%。

人工成本增加是生产成本增加的主导因素。从生产成本构成来看，物质与服务费用占生产成本比重呈下降趋势，由 2000 年的 50% 下降到 2020 年的 17.92%，下降 32 个百分点；人工成本比重由 2000 年的 50% 增加到 82.1%，增加 32 个百分点（表1）。

表 1　新疆红枣生产成本及构成

年份	生产成本（元/亩）	物质与服务费用		人工成本	
		费用（元/亩）	比重（%）	费用（元/亩）	比重（%）
2000	526	263	50.00	263	50.00
2010	1 453	525	36.15	928	63.85
2015	2 723	531	19.50	2 192	80.50
2018	2 739	553	20.19	2 187	79.85
2019	3 197	564	17.63	2 633	82.37
2020	3 245	581	17.92	2 664	82.10

数据来源：《新疆农牧产品成本收益资料汇编》。

红枣收益为负，已不具备竞争优势。自 2015 年以来，新疆红枣价格保持低位，而成本高位运行，收益不断下降，亏损程度不断增加。2015 年亏损 12 元/千克，2019 年和 2020 年亏损达 16 元/千克（图3）。

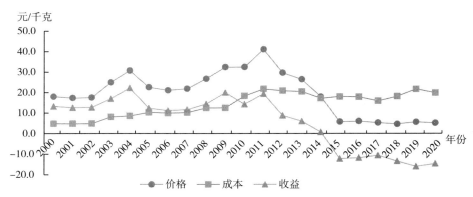

图 3　2000—2020 年新疆红枣成本收益

数据来源：《新疆农牧产品成本收益资料汇编》。

二、红枣产业发展前景展望

（一）产量保持持续增长

近年来红枣价格低迷，红枣规模有减少趋势，但是我国有 41%（新疆 88%）的枣园处于盛果期，预计未来五年红枣产量仍将持续增长。

（二）市场价格呈上升态势

据调研，受极端天气影响，2021 年新疆南疆地区红枣减产严重。阿克苏减产 30% 左右、和田和巴州部分县市减产达 40% 左右、喀什地区减产 50% 左右。受近两年新冠肺炎疫情影响，红枣消费疲软，红枣积压库存严重，但不能填补新疆红枣减产缺口。2021 年 8 月以来，红枣收购价格呈上升趋势，预计下年红枣价格涨幅将达 30% 左右。

（三）国内市场为主体，产品呈现多元化

随着红枣加工能力和水平的不断提升，红枣深加工能力将进一步提高，加工品需求量将逐步增大，各类红枣精深加工产品将获得消费市场青睐，产品呈现多元化趋势。

（四）优质优价趋势明显

针对近年来红枣价格低迷的严峻形势，新疆政府引导红枣主产区企业按优质优价原则收购红枣，枣农对枣园科学生产管理的意识逐步增强。据调研，2020 年红枣通货收购价 2.8~5 元/千克，而一级枣收购价为 8.5 元/千克、二级枣 6.5 元/千克、三级枣收购价为 4.5 元/千克。目前，新疆红枣企业从通货销售向加工再销售转变，实际加工量得到有效提高，新疆红枣本地加工量占全国加工量比例较 2019 年提高 5.1 个百分点。新疆由红枣生产基地逐步向红枣生产＋加工基地转变。

三、红枣产业发展的问题

（一）红枣品种单一

我国现有红枣品种 700 多种，主栽品种以灰枣、骏枣、金丝小枣、阜平大枣、赞皇大枣、木枣、冬枣和梨枣等 10 余种为主，产量之和占全国总产量的 70% 以上；新

疆灰枣产量占新疆总产量的比重达 63％、骏枣占 33％，主栽品种过于单一，红枣优良品种更新换代速度缓慢，难以满足多元多变的消费市场需求。

（二）新冠肺炎疫情影响消费

2020 年新冠肺炎疫情对红枣市场造成了较大程度的不利影响，致使全年红枣最佳销售时期销售不畅，大量红枣被动入库进行贮存。随后新疆新冠肺炎疫情的反复再度冲击红枣市场，使得红枣价格不断下滑。

（三）枣农盲目追求产量，红枣品质下降

枣农为追求经济效益，通过增加物质投入提高产量，导致红枣品质下降，目前一级及以上优果率仅占 20％左右。据调研，新疆有机枣园在科学规范的管理下，一级及以上优果率达 40％以上，而普通果园优果率不足 30％。

（四）加工水平低

我国红枣加工产品种类多，但主要以干制为主，加工层次低，附加值低，加工链条短。高附加值和技术含量高的精深加工产品少，红枣深加工仅占总产量 25％左右，产品市场竞争力弱。红枣加工企业规模小、生产水平低、市场竞争力弱。据相关数据资料，全国红枣加工企业 1 344 家，其中年产值千万级以上的企业仅 153 家，红枣加工企业仍以中小型企业为主，全国排名前十的加工企业的市场占有率还不足 5％。

（五）产业化、组织化程度较低

我国红枣生产的产业化和组织化程度较低，主要以家庭生产为主，规模小、投入不足且缺乏组织性，小生产与大市场矛盾突出。同时红枣龙头企业数量少、发挥作用不足，企业及合作社和枣农尚未形成利益共同体，对产业带动能力弱。

报告撰写人：

戴俊生　新疆农业科学院农业经济与科技信息研究所　所长、研究员
包艳丽　新疆农业科学院农业经济与科技信息研究所　副研究员

我国猕猴桃市场与产业分析报告

近年来，我国猕猴桃种植规模稳中有增，主栽品种不断丰富，产品结构持续优化。产地收购价有降低趋势，单位收益呈现两极分化；猕猴桃消费方式仍以鲜食为主，人们对高端化、多元化的猕猴桃产品需求逐步增加。预计未来 3～5 年，我国猕猴桃面积增速将放缓，随着前期扩张的猕猴桃陆续进入丰产期，产量仍有提升空间；我国猕猴桃人均消费量将与发达国家基本持平；随着猕猴桃新品种在国外注册品种权并授权国外商业化种植，未来出口增长空间较大。

一、猕猴桃产业发展现状

（一）生产

2019 年，我国猕猴桃种植面积达 380 万亩，占全球猕猴桃种植面积的 73%；总产量达 280 万吨，占全球猕猴桃产量的 57%，种植面积和产量分别较 2018 年增长 5.6% 和 9.8%。国内种植面积较大省份依次为陕西、四川、贵州、湖南、河南、湖北，这六个省份种植面积占全国猕猴桃总规模的 82.3%。种类方面，我国猕猴桃主栽品种近 20 个，绿肉、红肉、黄肉猕猴桃所占比重分别为 75%、11%、14%[①]（表 1、图 1）。

表 1 2018—2019 年我国猕猴桃主产省猕猴桃种植

单位：万亩

序号	省份	2018 年	2019 年
1	陕西	115	116
2	四川	69	70
3	湖南	25	26

---

① 数据来自布瑞克数据库。

（续）

序号	省份	2018 年	2019 年
4	贵州	44	47
5	河南	22	24
6	湖北	20	20
7	合计	295	303

数据来源：布瑞克数据库并结合调研实际调整。

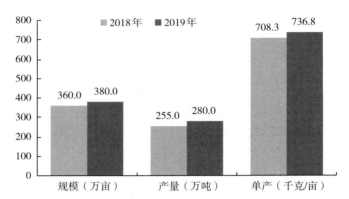

图 1　2018—2019 年猕猴桃种植面积、产量及单产

数据来源：《中国农业统计年鉴》及调研数据综合整理。

（二）消费

1. 消费量稳步增长。近年来，猕猴桃表观消费量逐年提升，2019 年达到 291 万吨。人均表观消费量从 2014 年的 1.4 千克增加到 2019 年的 2.1 千克，年均增长 8.4%，目前已经接近发达国家消费水平（法国人均表观消费量约 2.8 千克）（图 2）。

图 2　1997—2019 年国内外猕猴桃人均表观消费量

数据来源：调研数据综合整理。

2. 消费多元化和网络化。近年来，消费者对黄肉、红肉以及软枣、毛花等多元化品种的需求量增加，产品结构不断调整。网络销售逐渐成为主流趋势，四川蒲江和苍溪、陕西眉县和周至等地通过网络销售的鲜果占比均超过了1/3。网络平台也多样化，消费者利用京东、淘宝、拼多多等知名电商平台，微信、微博等微商平台，抖音、火山小视频等直播平台选购不同种类、不同等级的猕猴桃。

（三）加工

随着冷藏库、冷链物流运输车等采后商品化处理基础设施逐步完善，以分选、包装、冷藏为主的鲜果初级加工水平不断提升，大幅提高了果品采后保鲜能力。2019年，我国猕猴桃精深加工量达到12.5万吨，商业化生产并销售的加工产品由传统的猕猴桃果酒、果脯、果糕向酵素、果味牛奶、果籽饼干、籽油胶囊等精加工产品丰富和转变。

（四）进出口

1. 进口量快速增加。我国猕猴桃进口量快速增长，近10年进口量、进口额年均增长率分别为15.5%、28.1%，2019年我国猕猴桃进口总量达12.3万吨，进口额达4.36亿美元，其中，从新西兰、智利、意大利、希腊、法国5个国家的猕猴桃进口量占我国进口总量的99%以上（图3）。

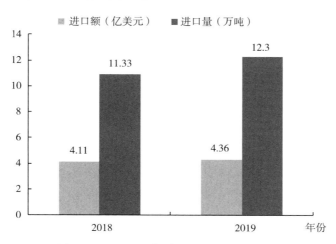

图3　2018—2019年猕猴桃进口量、进口额

数据来源：中国海关总署、联合国粮食及农业组织。

2. 出口量占国际市场份额低。近10年间，我国猕猴桃出口量、出口额年均增长率分别为17.8%、20.4%。2019年，我国猕猴桃出口量8 800吨，出口额1 330万美元，主要出口至俄罗斯、印度尼西亚、蒙古国、马来西亚、荷兰等，五国合计占我国出口总量的 84.2%（图 4）。

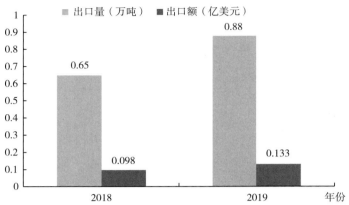

图 4　2018—2019 年猕猴桃出口量、出口额

数据来源：中国海关总署、联合国粮食及农业组织。

（五）市场价格

受极端天气频发、新兴产区冷库设施不足、产区间恶性竞争等因素影响，我国猕猴桃早采早卖乱象频发，打击了消费者购买热情，主产区收购价格有所下跌。2019 年，国内绿肉、黄肉、红肉猕猴桃田间收购价分别为 3.5 元/千克、4.5 元/千克和 11.1 元/千克；2020 年，绿肉、黄肉、红肉猕猴桃田间收购价分别下跌至 3.2 元/千克、4.3 元/千克和 10.4 元/千克。我国猕猴桃市场批发价也呈现波动下滑，2020 年，全国批发市场猕猴桃批发均价为 8.42 元/千克，较 2019 年（9.11 元/千克）下跌 7.6%。

（六）成本收益

随着我国人力成本增加，劳动力供应紧张，加之农资、物流、包装成本上涨，猕猴桃生产成本持续上行。在不考虑人工及地租成本前提下，猕猴桃种植收益为每亩 3 400～9 800 元，完全核算成本情况下，部分猕猴桃种植园已出现亏损，尤其一些规模上千亩的园区（企业）经营状况堪忧。国外猕猴桃收益相对平稳，新西兰佳沛集团猕猴桃绿果平均收益稳定在每亩 1.8 万～1.9 万元，阳光金果平均收益稳定在每亩 3.3 万～4 万元。

二、猕猴桃产业发展前景展望

（一）面积增速将放缓，近期产量仍将增加

在连续多年的效益驱动及政策扶持下，我国猕猴桃种植面积多年持续快速增长，

部分地区个别猕猴桃品种因品质不稳定已出现供过于求。预计未来 5 年，我国猕猴桃面积增速将放缓，由于前期扩张的猕猴桃果园陆续进入丰产期，预计产量将以每年 6%～8%的速度持续增长。

（二）消费需求稳步增长，需求呈现多元化

预计到 2025 年，我国猕猴桃人均消费量将达到 2.2 千克，人们不再满足于单一口味的猕猴桃产品，而对高端化、多元化且即食性强的猕猴桃产品需求逐步增加。

三、猕猴桃产业发展存在的问题

（一）盲目扩张问题突出

猕猴桃对产地环境要求相对严苛，对早春晚霜冻害、夏季高温干旱与涝害、冬季极端冷害等气候条件异常敏感。由于缺乏科学合理的园区规划、必备的防灾减灾设施及应急预案，建园成活率低、病虫害发生严重、产品质量低等问题突出。

（二）科技转化能力不足

长期以来，我国猕猴桃重选育、轻应用，据不完全统计，我国自主研发并审定的品种或品系 120 余个，但实际主栽品种不到 20 个，品种更新换代速度缓慢。全国猕猴桃栽培技术研究较少，尤其缺乏对新品种的高产高效配套技术研究，我国猕猴桃亩产水平仅 1.1 吨，与新西兰 2.3 吨、意大利 1.5 吨亩产有较大差距。

（三）冷链物流设施有待完善

猕猴桃产业因前期生产基础设施投入较大，给生产者带来较大的压力，加工流通环节技术应用与基础配套更为薄弱，主产区冷藏库和商品化处理车间配套不足，导致采后和贮藏的损失率大。

（四）低端产品同质化竞争

我国作为全球最大的猕猴桃产地，产量占全球总产量的 50%以上，但 2019 年中国猕猴桃出口只有 0.88 万吨，进口量却高达 12.3 万吨，巨大的贸易逆差表明我国猕猴桃在贸易中处于绝对劣势。一方面，由于高端优质果品比例较小，质量整齐度差，与国外 70%～80%的优质果率相差较远。另一方面，尽管近年来全国涌现出"佳沃""齐峰""阳光味道"等众多品牌，但国际影响力较弱。

四、政策措施建议

（一）加强顶层设计

加强对现有栽培品种和新选育品种开展系统区域试验及适种区评价，确定最佳适宜区，不盲目扩大生产。加快开展全国猕猴桃产业生产与生态区划，在区分优生区、适生区、次生区的基础上，注重整合和优化配置支持猕猴桃产业发展的科技政策、财政政策、信贷政策、保险政策，引导技术、资本、人才等要素向优势区聚集。

（二）加强科技创新与推广的精准性

一是加强优质高抗溃疡病新品种和广适性砧木品种的选育和推广。二是加强新品种区域化配套栽培技术体系研究与应用，实现产业化开发。三是加强溃疡病、软腐病、根腐病、早期落叶病等重大病害防治和涝害、高温干旱、冻害等防灾减灾技术研究与应用。四是加强适时采收标准、采后分级冷藏与即食技术研究与应用。五是健全科技成果转化机制，充分利用科技成果转化平台构建价值共创利益共享的科技成果转化模式。

（三）加强冷链物流等基础设施投入

增加中央和地方财政奖补资金，加强良繁基地工厂化设施、产地冷库、冷藏车等冷链设施装备投入，支持企业开展有机认证、良好农业规范认证、出口备案基地建设。完善下乡物流配送车规范化运营机制，推动县域配送车资源共享。搭建县域物流配送信息和车辆资源共享平台，鼓励物流配送企业共享车辆、集中配送。

（四）加强猕猴桃线上线下协同监管

随着电商、微商异军突起，早采早售问题极为突出，果品品质和质量安全无法保障，严重影响了区域品牌的信誉度。建议启动研究"猕猴桃标准化"项目，构建从生产、加工到销售全产业链的标准化体系，联合大型电商平台企业共同推进猕猴桃电子商务标准化进程。支持地方政府联合大型电商平台共同打造农产品区域公用品牌。按照"少数精英网商＋多数种养能手"的要求，合理配置县域内网商和生产者资源，避免众多同质化网店恶性竞争。

（五）加快拓展国际市场

结合跨境电商交易平台建设，主动融入"一带一路"建设，积极拓展新加坡、马来西亚、泰国等东南亚市场、俄罗斯及欧洲市场。支持培育与农户联结紧密的合作经济组织，借鉴新西兰猕猴桃产业的成功经验，构建"公司＋科研机构＋协会＋农户"的产业化组织模式，促进产业的国内外市场衔接。

报告撰写人：

郭耀辉	四川省农科院农业信息与农村经济研究所	高级农艺师
涂美艳	四川省农科院园艺研究所	副研究员
何　鹏	四川省农科院农业信息与农村经济研究所	研究员
刘宗敏	四川省农科院农业信息与农村经济研究所	副研究员
汪　鑫	四川省农科院农业信息与农村经济研究所	助理研究员

我国芒果市场与产业分析报告

芒果被誉为"热带水果之王"。我国是全球第二大芒果生产国，芒果种植面积从1995年的150.4万亩发展到2020年的515.1万亩，增长242.5％，已成为我国热带地区果农增收致富的支柱产业。近年来，芒果生产规模、贸易总额、消费量都呈增长态势，但是在品种储备、调节技术、采后保鲜、品牌建设、深加工延伸、产区协同等方面还需进一步创新发展。

一、芒果产业发展现状

（一）生产

1. 芒果生产持续增长[①]。 2011—2020年，我国芒果种植面积及产量持续增长，产值除2018年有所下降外整体呈增长趋势。2020年芒果种植面积515.1万亩，产量331.2万吨，产值204.6亿元，分别较2011年增长145.0％、230.1％和425.8％（图1）。

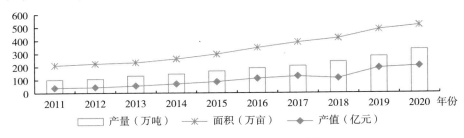

图1　2011—2020年全国芒果生产情况

数据来源：根据产业监测和调研数据整理。

2. 广西、云南成长为最大产区，四川近两年发展迅速。 我国芒果种植主要分布在广西、云南、海南、广东、福建、四川、贵州、台湾等省（自治区），2020年西藏也有少部分种植。2011—2020年，广西、云南、海南、四川、贵州基本呈现增长态

---

① 我国台湾芒果种植情况未统计在内。

势，芒果种植面积年均增长率分别为 12.6%、17.1%、2.84%、19.5%、48.3%，
产量年均增长率分别为 20.3%、25.2%、7.7%、29.9%、61.0%；广东芒果大部分
年份在 28 万亩上下波动，2018 年减少较多，2019 年有所回升，其余年份稳定小幅增
长，种植面积年均增长率为 -0.2%，产量年均增长率为 4.3%；福建芒果处于收缩
态势，近 3 年种植面积都不足 1 万亩，种植面积年均增长率为 -4.5%（图 2、图 3）。

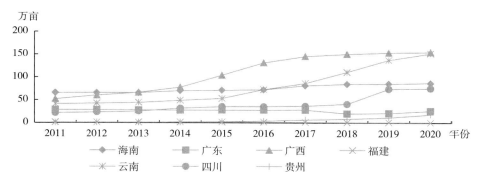

图 2 2011—2020 年全国主产区芒果种植面积变化

数据来源：根据产业监测和调研数据整理。

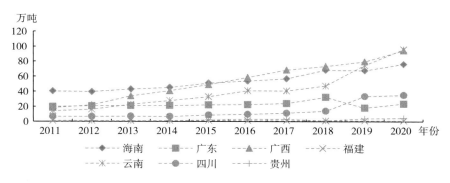

图 3 2011—2020 年全国主产区芒果产量变化

数据来源：根据产业监测和调研数据整理。

3. 品种结构逐步优化。我国芒果主要靠引进国外和我国台湾省的优良品种发展
起来，自育品种逐渐增多并推广种植，但引进品种的种植比例仍占绝大部分。早熟品
种主要有台农 1 号、贵妃芒等，中熟品种主要有桂热芒、金煌芒、帕拉英达芒等，晚
熟品种主要有凯特芒、圣心芒、热农 1 号等。通过早、中、晚熟品种合理布局，已实
现鲜果周年供应。

（二）消费

1. 新一代消费者买水果认准"地域标签"。京东发布的《2021 食品行业消费趋势

洞察》报告显示，消费者对产品地域性日趋关注，逐渐习惯将果蔬产品和其产地联系在一起。京东生鲜通过打造"百大京心品牌"，培养出"攀枝花芒果"，通过开设特产馆等方式帮助"百色芒果"走出大山，成为百姓桌上的营养佳品。

2. 芒果较受青年消费者欢迎，产品多以芒果为原材料。我国芒果消费以鲜食为主，近年来芒果汁、芒果干、芒果酱等市场份额逐渐增长。根据有关调查显示，72.5%的青年消费者经常食用芒果，多从水果店、超市、路边摊和菜市场购买，消费者对以芒果为原材料的产品消费较多，70.0%的消费者食用过芒果绵绵冰、芒果汁、芒果干、芒果蛋糕等，少部分吃过芒果糖和芒果饼干。

（三）加工流通

1. 芒果深加工占比小，芒果汁加工收入远高于芒果干。据唯恒农业统计，芒果类主要加工产品有芒果汁、芒果干等，芒果汁加工企业主要有统一、国投中鲁等，芒果干加工企业主要有三只松鼠、好想你、朗源股份、盐津铺子、良品铺子等。芒果干市场规模高达 10 亿元，果汁类营业收入远高于果干类。

2. 芒果流通损耗"田间到市场"环节占比最大。据唯恒农业统计，芒果每年在贮运和流通环节造成的损失高达 28%，其中"田间到市场"环节损耗率 14%，"市场到零售"环节 4%，"零售到餐桌"环节 10%。

（四）进出口

我国是芒果生产大国，近十年芒果总贸易量和贸易额呈现波动上升趋势，2020年总进出口额和总进出口量分别较 2011 年增长 67.8%和 23.8%，2011—2014 年进口大于出口，2015—2019 年进口小于出口，2020 年进口量大于出口量，进口额小于出口额（图 4）。

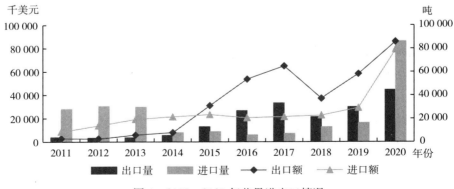

图 4　2011—2020 年芒果进出口情况

数据来源：国际贸易中心（不含我国港澳台）。

1. 进口增幅大于出口，产品以鲜或干的芒果为主。 2020 年，芒果进口额 79 108 千美元，进口量 86 199.6 吨，出口额 85 864 千美元，出口量 44 547.7 吨。进出口商品以鲜或干的芒果为主，均占 96% 以上。

2. 越南成为芒果最大贸易市场。 2020 年，芒果进口来源地有越南、泰国、中国台湾、澳大利亚、菲律宾、秘鲁等，累计占总进口额的 98.1%，其中越南占 61.5%；芒果出口目的地有越南、中国香港、俄罗斯、马来西亚、美国等，累计占总出口额的 98.5%，其中越南占 57.0%，中国香港占 26.6%、俄罗斯占 10.8%。

（五）市场价格

1. 产地价格四川、海南较具优势。 芒果上市时间因自然地理而异，海南芒果多数上市时间为 2—6 月，比全国其他产区早，市场行情较好；四川芒果多数上市时间为 7—10 月，比全国其他产区晚，具有很大的市场空间，价格大多数年份都要优于其他产区。广西、广东紧接着海南上市，云南由于上市时间基本与所有产区都有重合，价格优势较小。2020 年，小规模产区广东、贵州价格高于大规模产区，大规模产区中海南、四川的芒果价格依然优于广西、云南（图 5）。

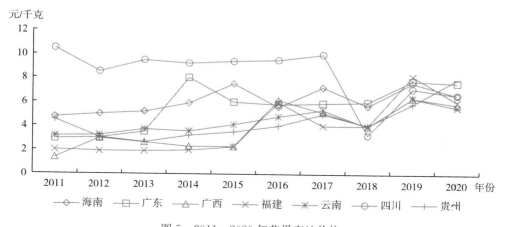

图 5　2011—2020 年芒果产地价格

数据来源：根据产业监测和调研数据整理。

2. 销地价格 5—10 月较低。 据中国热科院信息所研发的热带农业大数据平台统计，安徽、北京等 10 个销地批发价格中，新疆批发价格最高，在 20 元/千克左右；广东批发价格最低，除 1 月高于河南，其他月份都在 10 元/千克以下；除广东外芒果批发价格全年较实惠的是河南，这与河南四通八达的物流体系密不可分。整体来看，2020 年芒果销地平均批发价格为 12.2 元/千克，5—10 月上市产区较多，批发价格较低，平均批发价格低于 12 元/千克；1—4 月、11—12 月上市产区较少，批发价格较高，平均批发价格高于 12 元/千克，其中 1 月、3 月、12 月超过 13 元/千克（图 6）。

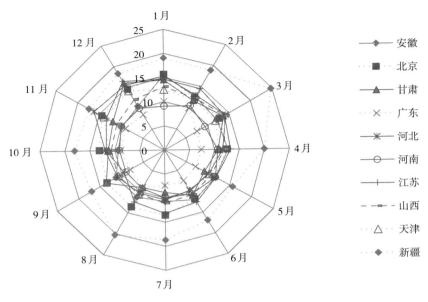

图6　2020年芒果销地批发价格（元/千克）

数据来源：热带农业大数据平台。

（六）成本收益

芒果生产成本一般包括人工费、树苗费、农药肥料费、土地租金、采前作业费、采收费等，不同地区生产成本不同，价格不同，收益也不同。据2020年海南三亚芒果生产基地调研统计，正常年份芒果亩投入成本为6 000～7 000元，分品种看，澳芒亩收入8 000元，亩收益1 000～2 000元；象牙芒亩收入8 750～10 500元，亩收益2 750～3 500元；台农亩收入8 750～12 000元，亩收益为2 750～5 000元；金煌芒亩收入15 000元，亩收益8 000～9 000元；贵妃芒亩收入16 000元，亩收益9 000～10 000元。由此可见金煌芒、贵妃芒、台农的收益较大，2020年在三亚的种植比例分别占30%、30%和35%。

二、芒果产业发展前景展望

1. 生产规模持续扩大。芒果产业经过数十年迅速发展，已成为我国热区农民的"致富果"。随着芒果消费需求不断增加，芒果生产规模仍将持续扩大。基于2011年以来的面积和产量数据，运用多项式拟合，预计2021年我国芒果种植面积和产量将分别增加至550万亩和380万吨左右。

2. 产业布局逐渐西移。海南、广西近年发展趋于稳定；云南、四川近年来快速发展，我国芒果产业整体呈现向西迁移趋势。

3. 市场呈季节性波动趋势。从近三年芒果销地批发价格来看，每年的 12 月至翌年 3 月芒果上市量较低，价格上涨，月均批发价最高达 15.1 元/千克；每年 7—8 月芒果上市量最大，价格则下降至全年最低，月均批发价最低为 9.9 元/千克，全年价格呈 U 形振荡，这种季节性波动规律将继续维持。

4. 营销模式趋向多元化。销售渠道由传统的水果店、超市、路边摊和菜市场扩展到电商、微商、本土自营平台、银行特殊渠道等，营销产品由鲜果、芒果汁、芒果干、芒果浆扩展到芒果酒、芒果醋等，营销方式和产品趋向多元化。

5. 国际竞争形势严峻。2020 年我国芒果在进口量超出口量近 1 倍的情况下，进口额仍然小于出口额，反映了进口芒果价格尤其低。主要进口月份为 2—6 月，正是越南、泰国、菲律宾芒果上市时间，对我国芒果早熟产区市场冲击较大。2020 年我国与柬埔寨签订了《柬埔寨鲜食芒果输华议定书》，面临东南亚国家的大量输入，加速芒果产业升级、提升国际竞争力迫在眉睫。

三、芒果产业发展存在的问题及面临的风险

（一）主要问题

1. 品种储备不足。各产区主栽的品种大部分是舶来品，早熟区、中熟区品种较雷同，宜加工的品种缺乏，加工原材料多为卖剩下的或残次果，反映我国芒果品种数量储备不足，亟需选育能够促进芒果产业升级的后备品种。

2. 采后处理粗放，质量标准体系不健全。"田间到市场"环节损耗大与采后处理措施简单粗放关系很大，大部分农户都是简单处理、常规运输，采后保鲜及冷链物流缺失。除此之外，在芒果果园选址、植保技术、采摘、分级、设备、包装、冷藏保存、数据采集等方面也没有完整的标准体系，很难保证产品质量。

3. 产区上市缺乏统筹，生长调节技术无突破。各产区品种规划、上市计划、价格指导缺乏统筹，品种同质化现象等导致上市集中、价格不理想或销售困难。为错峰上市，生长调节剂的使用越来越普遍，对生态和质量安全有一定隐患，亟须找到能取代的调节技术来缓解。

4. 品牌知名度不高，文化挖掘不足。各主产区已形成攀枝花芒果、三亚芒果、百色芒果、华坪芒果等一批先后被认定为国家地理标志产品的区域品牌，虽然生产规模不断提高，但市场开拓机制不健全，品牌知名度和竞争力仍然不大。文化是品牌的灵魂，国内芒果文化挖掘还比较薄弱。

5. 深加工还有待拓展。我国芒果仍以鲜食为主，加工品及其衍生产品少，高附

加值产品有待于进一步挖掘。原材料供应的季节性特点以及鲜果价格偏高致使加工原料供应不稳定，不能形成连续生产线，给发展深加工带来较大障碍。

（二）风险分析

1. 生长调节有安全隐患。 为调节成熟期，稳产增产，存在滥用植物生长调节剂掠夺式生产的行为，对芒果质量安全和产业发展构成较大威胁，不利于行业健康可持续发展。

2. 投入成本高有投资风险。 芒果种植最主要的成本集中在前期，需要投入苗费、肥料费、人工费、地租费等，启动资金较多，不可盲目跟风种植。

3. 鲜果上市期容易供过于求。 受种植位置、供求关系、运输成本等影响，部分芒果产区时常面临滞销风险，果农利益受损，直接影响种植积极性，不利于行业稳定发展。

4. 运输贮运有损耗风险。 为节约成本，仅有少数企业采取全程冷链运输，多数企业采后及运输途中未做任何处理，芒果外观破损的由企业买单，外观优果肉腐的则由消费者买单。

四、政策措施建议

（一）加快芒果种业创新，优化品种结构

加大芒果新品种选育和推广，根据产区气候、土壤、生态资源优势，选育抗病、耐贮、宜加工等品种，优化各产区主打品种，避免同质化，优化早中晚熟品种结构。鼓励科研机构、企业、合作社、农户充分参与到品种的创新中，培育出具有中国特色、主产区特色的优良品种。

（二）加强芒果生产技术研发，降低生产成本

加快芒果水肥技术、病虫害防治技术、生长调节技术、采收技术、采后保鲜技术等的创新，并配套技术使用补贴，加大对芒果种植户的培训和推广力度，克服芒果"靠天吃饭"、人工投入过高等制约，降低生产成本，提高产业效益。

（三）提高芒果生产标准化水平，打造知名品牌

通过打造标杆芒果标准化生产示范基地，联合科研机构及标准研究院制定完整的种植、采收、包装贮运以及化学投入品使用等标准体系，以点带面，带动芒果产业标准化、产业化经营。积极推进"三品一标"认证，定期召开芒果产销推介会、鉴评会

等，借助"互联网＋"营销，打造具有"地域标签"的知名特色优质品牌。

（四）推动芒果现代产业技术体系建设，促进产区协同

推动建立芒果现代农业产业技术体系，按照全国一盘棋的思路，在全国范围内，打破部门、区域和学科界限，致力于解决芒果科技资源分散、科技部门各自为战、协同力度不够等问题。加强各产区在品种选育、上市价格、技术创新等方面的交流，形成统一的全国性的芒果产业生产发展指导意见，指导产区协同发展。

（五）延伸产业链，推进产业融合发展

通过选育芒果加工品种、旺季后冷冻贮存等途径，克服原材料的季节性问题，改进加工设备、与其他水果共建综合生产线，以提高设备利用率。积极探索芒果枝干、叶、皮等部位再利用功能，提升产品附加值。进一步拓展芒果文化、旅游等功能，推动一二三产融合发展，助力乡村振兴。

报告撰写人：

叶　露　中国热带农业科学院科技信息研究所　副研究员
李玉萍　中国热带农业科学院科技信息研究所　研究员
梁伟红　中国热带农业科学院科技信息研究所　副研究员
王丹阳　中国热带农业科学院科技信息研究所　研究实习员

我国菠萝市场与产业分析报告

我国菠萝种植历史悠久，是世界主产国之一，种植面积及产量均约占全球总量的7.5%。主产区分布于海南、广东、广西、福建及云南。菠萝是深受消费者喜爱的热带水果之一，也是热区农民重要的经济来源。近年来，在政府、科研单位、企业及农户的多方努力下，我国菠萝种植品种不断优化，加工产业链不断丰富，产业国际竞争力不断增强。

一、菠萝产业发展现状

（一）生产

1. 总体稳定发展。 2019年我国菠萝实有面积94.30万亩，较上年增长4.60%，占全国热带水果总面积3.41%；菠萝总产量173.30万吨，较上年增长5.36%，占全国热带水果总产量6.33%；单产2529.60千克/亩；总产值40.80亿元，较上年增长13.02%。湖南和广东菠萝总产量约占我国总产量的85%以上，上市时间多集中在清明节至5月。

2. 海南与广东菠萝种植区域分布集中。 据海南省统计年鉴统计，2020年海南菠萝种植面积1.63万公顷，收获面积1.39万公顷，新植面积0.21万公顷，产量46.73万吨，其中90%出岛销售。相较2019年，年末种植面积增长1.07%，收获面积增长8.49%，产量增长3.42%。主栽品种以'巴厘'为主，凤梨等新品种的种植面积为7万~8万亩。种植区域集中于万宁与琼海，其中万宁种植面积4861公顷、产量16.89万吨，琼海种植面积3108公顷、产量11.62万吨；两市占省总种植面积48.84%、总产量61.01%。其余主产市县，海口种植面积1375公顷，产量1.87万吨，占省总量的8.43%和4.00%；文昌种植面积1418公顷，产量3.84万吨，占省总量的8.70%和8.21%；昌江种植面积1075公顷，产量1.87万吨，占省总量的6.59%和4.00%；澄迈种植面积891公顷，产量2.46万吨，占省总量的5.46%和5.27%。

据广东省统计年鉴统计，2020年广东菠萝年末面积3.90万公顷，产量121.02

万吨。相较 2019 年，菠萝年末种植面积增长 9.32%，产量增长 9.04%，主栽品种以'巴厘'为主。种植区域集中于湛江，种植面积 3.21 万公顷，占省总种植面积 82.32%；产量 109.6 万吨，占省总产量 90.56%。其余市县，揭阳种植面积 0.33 万公顷，产量 7.25 万吨，占省总量的 8.50% 和 5.99%；汕尾种植面积 0.13 万公顷，产量 0.94 万吨，占省总量的 3.46% 和 0.78%；潮汕种植面积 0.04 万公顷，产量 0.76 万吨，占省总量的 1.06% 和 0.63%；惠州种植面积 0.04 万公顷，产量 0.61 万吨，占省总量的 1.01% 和 0.50%。

（二）消费及加工流通

菠萝消费主要集中在菠萝鲜果，仅约 10% 可以进入加工环节，加工产品仍以菠萝罐头、菠萝汁、菠萝酱为主。加工过程仍需高度依赖人工，多为半机械化作业，加工厂多分布在广东、广西两省（自治区）。

我国菠萝的销售途径以经纪人为主导，收购后进入生鲜农产品市场流通渠道。近年来，我国菠萝特别是凤梨的销售渠道逐渐向电商平台、直播带货、大型商超直供等多元化转变，销售区域遍及长三角、华北、西南、西北等地区。在分级销售、冷链运输、品牌打造、标准化种植、精准营销等方面日趋成熟，且不断与旅游、餐饮等产业相融合。

（三）进出口

菠萝国际贸易以鲜果进口为主。我国鲜干菠萝进出口贸易值差较大，为贸易逆差。2020 年，我国鲜干菠萝出口量 2 115.18 吨，出口额 310.90 万美元；进口量 20.84 万吨，进口额 1.72 亿美元。进出口贸易对象集中，主要进口来源对象为菲律宾，出口对象为俄罗斯（图 1、图 2）。

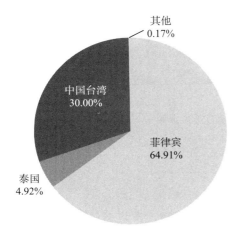

图 1　2020 年中国鲜（干）菠萝进口值占比

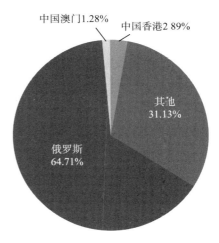

图 2　2020 年中国鲜（干）菠萝出口值占比

2020年我国鲜干菠萝进口贸易主要集中在3—5月，与国内菠萝主要上市期重合。出口贸易集中在12月，为我国冬菠萝上市期（图3、图4）。

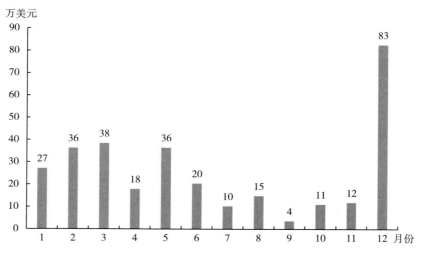

图3　2020年中国鲜（干）菠萝出口金额

数据来源：中国海关总署。

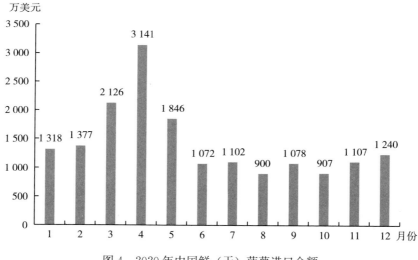

图4　2020年中国鲜（干）菠萝进口金额

数据来源：中国海关总署。

（四）市场价格

2020年我国菠萝田头收购价格、市场价格均基本稳定，市场流通量正常。据跟踪调研及价格监测点数据显示，2020年我国菠萝田头价格变化趋势为上市初期略低，

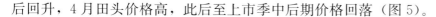

后回升，4月田头价格高，此后至上市季中后期价格回落（图5）。

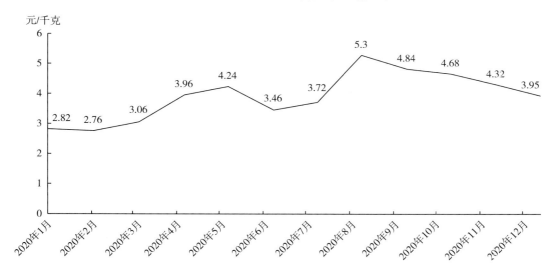

图5　2020年我国主要批发市场菠萝产销情况

数据来源：多价格监测点统计数据。

2020年全国菠萝批发市场价格波动趋势与田头市场价格波动趋势相似，且平均价格与2018—2019年价格均值相似。2020年8月后的价格上涨主要是由于菠萝上市品种改变，国产'金菠萝''台农菠萝'及进口菠萝上市量增加，'巴厘'菠萝上市量减少。

二、菠萝产业发展存在的问题

（一）新冠肺炎疫情对产业的影响

一方面，影响菠萝流通效率。菠萝属于生鲜农产品，在新冠肺炎疫情常态化防控下，对进出省车辆严格防控，防疫检测可能会延长果品时效性，货运司机担心隔离风险，不愿跑远距离或途经疫区的线路。另一方面，可能影响菠萝产业雇工。近年来菠萝产业雇工年龄普遍大，人工成本逐年增长，而新冠肺炎疫情背景下，很多雇工选择就地就近劳动。

（二）气候变化对产业的影响

气候对产业品质影响明显，种植技术及种植管理仍有提升空间。菠萝从催花至成熟生长期140～180天，若冬季天气寒冷，春季菠萝生长期延长；若气候温暖，上市期提前，均存在集中上市风险。另外，菠萝口感受雨水量多少，光照时间是否充足影响。若上市前雨水少、日照足，则菠萝品质好、甜度高、口感好。若降水量大，在一定程度上则会影响菠萝口感品质，市场认可度下降，价格下跌。

（三）消费方式转变对产业的影响

我国菠萝果品供给与消费者需求存在一定的错配。一是主栽品种单一老化，我国约73％的种植面积为'巴厘'菠萝，但凤梨的口感及市场喜爱度明显优于'巴厘'。二是我国菠萝种植仍以小散农户为主，果品同质化严重，缺少消费者认可度高的品牌。三是菠萝果品品质把控不足，果形、果重、甜度难以标准化。

（四）国际贸易对产业的影响

我国菠萝主要进口来源国为东盟国家。一方面，我国菠萝的进口贸易量及贸易值均呈现增长性波动。虽然目前进口菠萝与国产'巴厘'菠萝存在市场定位差异，但高端市场份额已存在一定的竞争性。另一方面，东盟菠萝具有产业资源优势。东盟国家种植菠萝历史悠久、气候适宜、资源丰富，种植成本又明显低于我国，且我国与东盟农业合作不断加深，在《区域全面经济伙伴关系协定》（RCEP）等一系列利好政策的引导下，东盟菠萝进口贸易将进一步影响我国市场。

（五）价格变化对产业的影响

我国春菠萝上市期多恰逢国内水果市场空白期，"物以稀为贵"，价格相对较高，部分种植户会为了自种菠萝早点上市，对果品质量把控不到位，将不熟果子用技术手段催熟，为高价牺牲了品质。收购商在收到消费市场反馈后，不愿再收后期成熟上市的菠萝。在上市量大时，各种植户间相互压价竞争，菠萝价格下降后很难回升。

三、菠萝产业发展前景展望

（一）优化品种结构

伴随菠萝消费市场结构升级，我国菠萝产业应规范种植技术，提升果品质量，实施优质菠萝品种资源的培育、引进及推广，开展'巴厘'菠萝品种复壮，解决我国菠萝品种结构单一老化问题。

（二）消费途径更加丰富

"线上＋线下"营销模式壮大，电子商务及新媒体将对原有的传统菠萝销售渠道进行补充。预计"十四五"期间，我国菠萝加工产业将有长足发展，加工量占菠萝产量比将有所扩张，加工产品仍集中于菠萝酱、菠萝罐头等，但消费仍将以鲜食为主。同时，菠萝美食、文化、科普、康养、旅游等融合式消费业态也将大力发展，延长我国菠萝产业链，发挥经济效益。

（三）进出口贸易出现波动

东南亚菠萝在气候、土地等资源方面更具优势，且随着东盟国家热作科技的不断进步及我国与东盟贸易政策的引导，我国菠萝进口贸易将继续增长。我国菠萝出口贸易也将受益于交通便利发展及保鲜技术进步而得以增长。但在新冠肺炎疫情影响下，我国菠萝进出口贸易的物流时效性、物流成本均有所上升，在一定程度上进出口贸易表现增长放缓，短期内甚至出现下降。

（四）品牌体系建设更加完善

在政府扶持政策、人力资源支撑、资金支持、技术保障等多维共同努力下，我国菠萝的区域品牌影响力不断提升，将逐步形成全产业链质量控制标准体系，树立区域品牌美誉度。同时，大型菠萝种植企业也将重视培育自己的企业品牌。形成从宣传、包装到品牌运作的完整体系，创造企业品牌故事，规避区域产业风险。实现"区域品牌"与"个人品牌"相结合，扩大我国菠萝的品牌影响力。

（五）产区规划逐步完善

利用菠萝上市时间可调控的产业特性，将逐步建立完善统一种销管理体系，有序调控菠萝"种采收"各环节，分时间分区域催花、上市，既能防止菠萝种植户的盲目跟风种植，又能防止种植户的拥挤上市销售。同时，出台区域菠萝上市标准，严格做好菠萝的果品质量把控，对果形、果重、颜色、气味、甜度、酸度实施标准化品控。

报告撰写人：

金　琰　中国热带农业科学院科技信息研究所　助理研究员

我国荔枝市场与产业分析报告

我国是世界上荔枝栽培面积最广、产量最大的国家。荔枝古有"一骑红尘妃子笑"，今有"一果上市百果让路"。近年来，我国荔枝产业较为兴旺，形成了"有规模、有特色、有效益"的发展态势和格局，是我国热区脱贫致富支柱产业之一，已经成为一些地区乡村振兴的重要抓手。近年来，我国荔枝种植面积趋向稳定，产量、价格受气候影响年际波动，荔枝"大小年"现象仍普遍存在。受新冠肺炎疫情影响，网络直播带货方式成为消费新方向。未来3～5年，预计我国荔枝种植规模及产量将保持增长态势，新技术的推广应用将推动品种结构及区域布局更加合理，多举措推进荔枝产业高质量发展。

一、荔枝产业发展现状

（一）生产

我国荔枝种植面积、产量、产值均居世界首位。据农业农村部农垦局统计，2020年我国荔枝种植面积810.5万亩，总产量255万吨。广东是我国荔枝最大产区，2020年广东荔枝产量128.8万吨，占全国总产50.9%，其次是广西、海南、福建、云南、四川，产量占比分别为32.3%、8.1%、5.3%、3.0%、0.8%（图1）。主产品种有妃子笑、黑叶、怀枝、白糖罂、白蜡、鸡嘴荔、三月红、桂味、糯米糍、双肩玉荷包等，产量达10万吨以上的品种有妃子笑、黑叶、怀枝、桂味、白糖罂，分别占总产量的21.3%、20.8%、7.1%、4.4%、3.9%。

（二）消费

荔枝消费以鲜食为主，由于收获期短，保鲜技术不完善，上市期集中，易出现阶段性供过于求。目前我国荔枝销售渠道较为单一，仍以收购商产地收购的方式销售，没有稳固完备的销售网络系统，抵御市场风险的能力较低。受新冠肺炎疫情影响，2020年各地区相继推出网络直播带货销售荔枝。

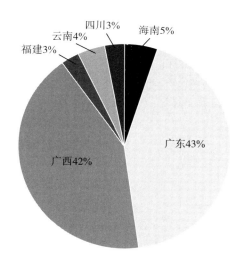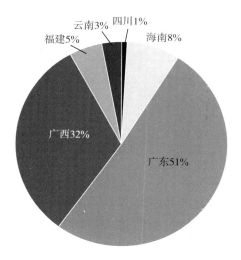

图1 2020年中国荔枝各主产区面积和产量构成情况

数据来源：国家荔枝龙眼产业技术体系。

（三）加工流通

荔枝加工业是产业中的重要一环，荔枝罐头曾一度风靡，但随着消费习惯的改变，罐头行业加工业开始不景气，荔枝加工业也逐渐走下坡路，每年加工鲜果15万～20万吨，加工率不足20％，加工企业规模小且散。近年来，在各地政府支持下成立了荔枝产品研发中心，研发生产了荔枝干、荔枝酒、荔枝醋、荔枝饮料等，与超市及电商合作向市场推广。

（四）进出口

2020年我国鲜荔枝进口量2.4万吨，较上年减少64.2％，其中从越南进口2.395 4万吨，占进口总量的98.1％，从泰国进口460吨，占总进口量的1.9％；鲜荔枝出口量1.8万吨，较上年增长143.2％，主要出口到我国香港、澳门地区。我国荔枝进口来源地高度集中于越南，主要是因为越南生产成本低。

（五）市场价格

2020年全国荔枝呈现丰产，产地市场价格较去年同期均有所下跌。据荔枝龙眼产业技术体系监测，2020年荔枝综合平均价格为16.2元/千克，较上年下跌5.0％。2020年首批荔枝上市时间较2019年有所提前，最早上市品种褐毛荔于4月9日上市，妃子笑于4月下旬上市，白蜡、黑叶于6月初上市，桂味、糯米糍于6月上旬上市，晚熟品种四川荔枝于7月下旬上市，全国荔枝上市期是4月初至8月中下旬，5—6月是上市高峰期，大宗品种妃子笑、黑叶、怀枝由于增产且上市期集中，销售压力较大。4月，海南荔枝最早上市，批发市场均价高达24.3元/千克，5月，除白糖罂外，其他品种市场价格均下跌，妃子笑地头价下跌19.74%，收购价下跌13.64%，批发价下跌31.61%，零售价下跌21.90%；三月红地头价上涨4.70%，批发价下跌27.35%，零售价下跌29.82%；褐毛荔地头价下跌15.91%，零售价下跌18.03%（图2）。

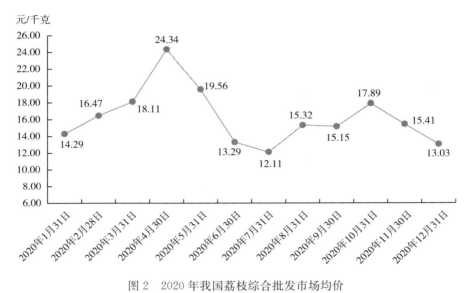

图2 2020年我国荔枝综合批发市场均价

数据来源：中国农业信息网。

（六）成本收益

近年来，由于荔枝种植在单产、品质、农艺等方面的提升，种植效益也逐渐提升，由2 400元/亩增加至3 500元/亩。种植成本也在上升，其中人工成本及农资费用仍是影响总成本的两大重要因素。据广东农业农村厅统计，2020年规模化荔枝基地中，糯米糍亩均效益最高，亩均成本2 783元，亩均效益达11 851元；其次是桂味亩均成本3 134元，亩均效益9 939元；妃子笑亩均成本3 259元，亩均效益5 325元；白糖罂亩均成本3 731元，亩均效益4 485元；黑叶、怀枝亩均效益较低，不足2 000元。

二、荔枝产业发展存在的问题和面临的风险

（一）主要问题

1. 产期重叠度高导致销售压力较大。 我国荔枝品种多元化，市场常见的荔枝品

种就有十几种，以广东、广西品种最为丰富，能够满足不同层次的消费需求。我国荔枝上市期从 4 月持续至 9 月底，可达 159 天，最早熟的为三月红，于 4 月 10 日前后上市，最晚熟的为马贵荔，于 8 月 15 日前后上市，广东、广西荔枝于 6 月上旬至 7 月上旬集中上市，1 个月内上市量多达百万吨，如广东、广西的妃子笑、黑叶产量高，上市期高度重叠，优质的桂味、糯米糍上市时间也较为接近，而荔枝保鲜期只有 3～5 天，销售难度较大，农户往往惜价而售。

2. 上市时间短及采后贮运保鲜仍是荔枝产业发展瓶颈。 荔枝上市期集中、保鲜难度大、货架期极短等，我国在荔枝采后处理与贮运保鲜上已有许多研究成果，但产业应用成本过高，采后处理与贮运保鲜基础设施建设不足，断链现象较为普遍，技术推广不到位，保鲜储运技术难以转化成生产力。如大部分北运荔枝仍以冰块贮存保鲜，每年因果品变色甚至腐烂变质而造成的损失约占总产量的 20%。

（二）风险分析

1. 检疫手段缺失，消费风险和疫病风险加大。 荔枝行业作为病虫害高发的产业，在国际贸易中一直都是检疫的重点。随着我国荔枝消费需求增大，荔枝进口也在增加，虽然我国海关检疫部门加强了对热带水果的检疫力度，但部分病菌或者有害生物也可能随着不合格产品进口，从而影响荔枝生产的生态环境，甚至可能与本地病害形成交叉感染，形成有害生物入侵等不良后果。

2. 进口冲击越来越大。 在国内旺盛的市场需求下，可以预见我国荔枝的进口量还将持续增加。目前，进口主要来自越南，越南荔枝上市时间早，且劳动力成本低，价格优势明显。

三、荔枝产业发展前景展望

（一）荔枝产业保持增长态势

随着标准化产业示范园的建立，荔枝园区基础设施不断完善，管理新技术得到推广及应用，荔枝在单产以及品质上总体提升，农业科技支持政策力度也将加大，产业增长方式正趋向高质量产业发展。

（二）品种结构不断优化趋向合理

近年来，国家荔枝龙眼产业技术体系不断推荐荔枝品种间、区域间的结构调整，如解决特早熟桂早荔、褐毛荔核大、肉质粗、中熟桂味、糯米糍稳定性差、不耐贮存，优质桂味抗病性差，妃子笑、紫娘喜储运性差等问题，增强了区域间的合理布局，减少了同质竞争。

（三）"互联网十"荔枝新模式推动产业发展

现阶段荔枝销售是以外地收购商收购、包园、合作社等销售方式为主，疫情给产业的线上发展带来空前机遇，各地政府以及荔农纷纷利用抖音、淘宝、微信等电子商务平台销售荔枝，让消费者直观感受荔枝采摘的过程，不仅增加了销售量，又推广了荔枝品牌。

四、政策措施建议

（一）建立完善的荔枝全产业链监测预警体系

制定荔枝产业信息标准规范，建立荔枝生产流通信息监测系统；研判荔枝产业运行情况，发布荔枝产业监测报告，稳定市场预期；在主产区建立荔枝产业大数据服务平台，为荔枝产业高质量发展提供决策支持。

（二）利用错峰上市提高经济效益

受各地气候、生产条件、控梢催花等生产方式和市场需求的综合影响，推广应用控梢催花技术，在荔枝各产区形成不同的上市时间，更好地利用市场空间，避免集中上市带来的不利影响，提高生产和营销的经济效益，促进丰产丰收。

（三）加快推动荔枝加工业发展

加大对荔枝加工业的扶持力度，将国内加工技术优势与东南亚等国的原料生产优势相互结合，以高新技术为核心竞争力，开发具有独特优势的荔枝加工品。在广东、广西两大产区建设区域性的荔枝加工园区，大力支持龙头加工企业发展，形成辐射带动效应。

（四）深化品牌战略

建立荔枝品牌目录管理系统，实现企业品牌、区域公用品牌数字化监管。通过线上培训和直播间的形式开展品牌申请、认证、运营培训，建设荔枝品牌数字化专区，联合新媒体，助力产业帮扶。

（五）挖掘荔枝文化内涵，延长产业链

将农业与旅游业结合起来，建立荔枝生态观光旅游路线，挖掘和保护荔枝古树，

定期举办各类型荔枝旅游文化节，开发荔枝文创产品，营造荔枝产业文化氛围。

报告撰写人：

丁　莉　中国热带农业科学院科技信息研究所　助理研究员

我国龙眼市场与产业分析报告

　　龙眼为无患子科龙眼属的亚热带常绿果树。世界龙眼主产国有中国、泰国和越南等，我国龙眼面积和产量占世界的 50％以上。主要分布在广东、广西、福建、四川、海南等省（自治区），在云南和长江中上游河谷也有少量栽培，主要品种以石峡、储良、福眼、乌龙岭、广眼和大乌圆等为主。泰国为世界上第二大龙眼生产国，鲜龙眼的年产量 50 万～80 万吨，主要分布在清迈、南奔、清莱、帕夭、达府、尖竹汶府，主要种植品种为伊多。

一、龙眼产业发展现状

（一）生产

　　2019 年，我国龙眼收获面积达到 345.02 万亩，总产量 177.2 万吨，均排名世界第一位。当年龙眼总产值 146.31 亿元。广东、广西、福建三个主产省（自治区）的龙眼收获面积分别为 140 万亩、124.5 万亩、39.5 万亩，合计占全国龙眼收获面积的88％，年产量分别达到 90.3 万吨、50.7 万吨和 20.3 万吨，合计占龙眼总产量的91％。2020 年各主产区龙眼的产量比上一年有所增加，广东省龙眼当年产量达到93.10 万吨，比上一年增长 3.1％。其中，茂名市的龙眼产量高达 47.08 万吨，占广东省当年龙眼总产量的 50.57％。福建省的龙眼年产 22 万吨，比上一年增长 8.6％。海南省的龙眼当年产量为 6.09 万吨，比上一年增长 10.93％，其中，乐东、陵水和保亭这三个龙眼主产市县的产量分别占比 28％、19％和 17％。

（二）消费

　　世界龙眼的产地及消费市场集中在亚洲国家和地区。我国龙眼的年均消费量在200 万～220 万吨，以鲜食为主，约占消费总量的 80％。广东的鲜龙眼主要销往我国香港、澳门、珠三角地区，以及广东周边的湖南和四川等省份，龙眼干等制品则销往长三角地区，由于运输成本和保鲜问题，较少销往北方省区。2020—2021 年，为了进一步提高龙眼影响力，争取抢占北方市场份额，广东省的高州市举办了龙眼品鉴会、文化节和全国龙眼产业大会等一系列推介活动。

（三）加工流通

龙眼的加工产品除了龙眼干、桂圆肉和各类糕点之外，还能入药，精深加工成口服液、胶囊和保健茶饮等。广西的龙眼加工产品主要有桂圆干、桂圆肉、桂圆糕、桂圆酒等，多年前就形成了"一产带三产，三产促一产"的发展模式。广东高州开发了龙眼小微制干加工模式，年加工量15万吨，研发了龙眼茶、饮品、龙眼肠粉以及网红的龙眼五仁月饼和桂圆芝麻酥皮月饼等产品。成功入选国家农产品产地冷藏保鲜整县推进试点名单之后，成立了田头小站运营中心高州分中心，可实现田头即刻预冷，有效降低鲜龙眼的运输成本和提高运输效率，科学地解决了龙眼等热带鲜果的采后保鲜问题。

（四）进出口

我国龙眼的进出口贸易以鲜果为主，其次是龙眼干、龙眼肉和龙眼罐头，泰国和越南是我国龙眼进口的两大主要来源国。

2020年，我国鲜龙眼进口量34.68万吨，进口额4.90亿美元，龙眼干和龙眼肉的进口量为13.32万吨，进口额1.80亿美元。龙眼和龙眼干的进口大于出口，呈贸易逆差状态。龙眼罐头出口量515.24吨，出口额80.70万美元，龙眼罐头的出口大于进口，呈贸易顺差。

我国鲜龙眼和龙眼产品的主要进口来源国是泰国。2020年，从泰国进口的鲜龙眼占总进口的98.68%，其中龙眼干和龙眼肉99.93%从泰国进口，龙眼罐头全部从泰国进口。

我国的龙眼干和龙眼肉主要出口到新加坡、中国香港、马来西亚、日本和印度尼西亚等国家和地区，占龙眼干和肉出口总量的96.41%；龙眼罐头主要出口到马来西亚，占龙眼罐头出口总量的65.42%，其次是销往文莱、印度尼西亚、意大利、荷兰、澳大利亚等国。

（五）价格

2020年初，我国龙眼主产区大多干旱少雨，成花期总体提前了15天，广东龙眼成花率85%，广西龙眼成花率近90%。龙眼批发价格在13～15元/千克波动，与2019年相比小幅度下跌，但总体仍处于高位。1—3月上市的是反季节龙眼，量少价高。海南正季龙眼是早熟品种，在全国范围内最早上市。2020年6月底，广东茂名、广西南宁龙眼20元/千克，海南海口16.4元/千克。7月初之后，各大龙眼主产区的鲜龙眼进入较为集中的上市期，北方省区的其他时令水果品种也陆续上市，加之泰国龙眼大量进口，国内龙眼价格小幅下跌（图 1）。

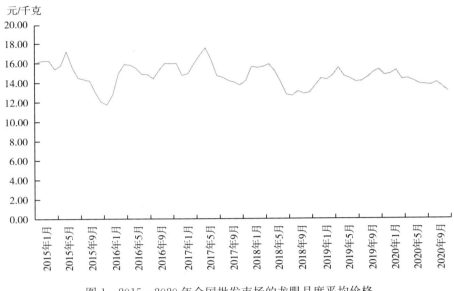

图 1　2015—2020 年全国批发市场的龙眼月度平均价格

数据来源：中国农业信息网全国农产品批发市场价格信息系统。

（六）成本收益

2019 年，我国龙眼平均单产 513.5 千克/亩，广东龙眼单产 644.9 千克/亩，排全国第一，福建龙眼 512.9 千克/亩，广西龙眼 407.6 千克/亩，海南龙眼 545.3 千克/亩。中等规模的龙眼果园亩均产值为 3 000～5 000 元/亩，主要成本包括农药、化肥、农家肥、种苗、工人工资（雇工人，负责果园的整修、环割、施底肥、除草、打药、追肥、灌溉、疏花、疏果、摘果等）、土地地租、果园水电费、农具等其他支出，减去成本之后的平均收益达到 1 500～2 000 元/亩。不同产区和不同品种的龙眼果园种植的经济效益相差较大。海南龙眼果园每亩可以种植 30～40 株果树，比广东和广西的龙眼果园密度高，亩均产值略高于两广地区。广东的中大型龙眼果园成本主要投入在雇佣工人，工资约占总投入的 45%～55%，其次是购买农药和肥料，最后是水电等杂项和地租等费用。

二、龙眼产业发展存在的问题

（一）新冠肺炎疫情影响鲜果消费方式

2020 年初在全球范围内暴发的新冠肺炎疫情至今仍在影响着农产品的生产经营，

疫情对龙眼的鲜果和加工制品销售市场影响并不大，但对居民的生鲜产品消费方式转变影响很大。电商、直播和社群等新兴销售渠道发展迅速，地方政府更加重视特色农产品的品牌建设和产业融合，采取线上线下联动的方式举办龙眼文化旅游节和采摘节等活动，如广东龙眼主产区茂名高州举办了燊马龙眼新品发布会，龙眼文化节等系列以龙眼为主题的活动；广西平南和四川泸州等地区也相继举办龙眼节等活动，帮助农户打开外地市场，特别是积极开拓北方省区的市场，争取"南果北上"，销售龙眼鲜果的同时，也带动了当地的乡村旅游、现代物流和电商行业，更积极有效地应对新冠肺炎疫情对水果消费的冲击。

（二）品种单一，产期集中

我国龙眼产业大而不强、产品多而不优、品牌杂而不亮等问题一直困扰业内。储良和石硖品种的产期集中在5—8月，特早熟龙眼品种在3月前上市，超晚熟龙眼可以延迟到9—10月上市，但特早熟和超晚熟的品种毕竟量少，满足不了当季的市场需求，我国龙眼的货架期不够长且上市相对集中，这是制约龙眼产业发展的短板之一。

（三）部分产区基础设施和采后保鲜设施较落后

龙眼生长发育对生态条件及全程技术管理要求很高，在广东和广西山区的龙眼老果园，基础设施薄弱，缺乏专业化的农机设备，特别是灌溉和施肥设施较落后，果园管理自动化、机械化和现代化水平都有待提升。龙眼鲜果采后易失水、褐变及腐烂，如果冷链物流等保鲜设施跟不上，长途运输损耗很大，制约了南果北上，对开拓北方市场非常不利。

三、龙眼产业发展前景展望

（一）龙眼产量将稳中有增，种植面积有所缩减

随着我国龙眼主产区全面推广产期调节技术，龙眼的大小年现象逐渐弱化，加之果园精细化管理水平提高，预计我国龙眼的总产量将稳中有增，而部分省区缩减了龙眼果园的规模，种植面积将有所缩减。

（二）鲜龙眼进口持续大于出口，龙眼产品出口潜力大

"零关税"政策实施和"南向通道"开通，使我国可以更加便捷地从泰国进口龙眼，而泰国龙眼的面积不断扩大，鲜果可全年供应上货架，挤占了我国本土龙眼的市场份额，我国鲜龙眼和龙眼干肉的进口将大于出口。

（三）龙眼消费将持续增长

世界龙眼生产和消费高度集中在亚洲国家，我国鲜龙眼的产量难以满足鲜食和加工的市场需求，随着龙眼在保健品和药用上的价值开发，我国鲜龙眼的消费量将持续增加。

报告撰写人：

卢　琨　中国热带农业科学院科技信息研究所　副研究员
郑　倩　中国热带农业科学院科技信息研究所　助理研究员

我国火龙果市场与产业分析报告

中国是世界第二大火龙果生产国，据调研，2020 年产量 142.45 万吨。火龙果主要以鲜果消费为主；产地批发价格、地头收购价格和市场零售价格有所下跌；出口持续增长，呈现贸易逆差。未来 3～5 年，预计我国火龙果产量与种植规模仍会增加，高端优质火龙果供应量将增加，精深加工量增加，出口增长。

一、火龙果产业发展现状

（一）生产状况

1. 种植面积和产量稳步增长。据调研，2020 年，我国火龙果种植和收获面积分别为 100.03 万亩、86.04 万亩，较上年分别增加 15.64％、22.56％，位居世界第二，仅次于越南。全国火龙果产量 145.45 万吨，单产 1 424.07 千克/亩。

2. 火龙果主栽品种及分布情况。主栽品种包括"金都一号""大红"等。不同主产区主栽品种有所不同。

（二）消费状况分析

1. 消费量波动增长。2020 年火龙果消费量 205.02 万吨。一二三线城市产地销售分别占总消费量的 45％、30％、25％。

2. 消费地区范围进一步扩展。火龙果消费最初集中在广东、广西、海南及香港、澳门等南方地区。近些年，市场得到拓展，北京、上海、广州、深圳、湖南、浙江、重庆、黑龙江、吉林、辽宁、内蒙古等地区对火龙果需求越来越多。除国内消费外，也出口到马来西亚、俄罗斯、泰国等国家。

3. 消费模式及消费趋势发生变化。消费模式发生转变，精品红心火龙果被认为是中高端水果，金都一号品种是市场上认可度最高品种，越来越多消费者认可高价位非正季果。

（三）加工流通情况

火龙果以鲜食鲜销居多，深加工技术还不尽完善，深加工产品量不大，2020 年全国火龙果加工量占鲜果总产量的 1.2%，较 2019 年火龙果加工量有所增加，主要加工成火龙果酒、冻干片、火龙果原浆等。

（四）进出口情况

1. 火龙果进口波动下降。 2021 年 1—11 月，我国鲜火龙果累计进口量 54.14 万吨，较上年减少 2.84%，累计进口额 48 406.48 万美元，较上年减少 8.32%。

2. 火龙果出口稳步增加。 2021 年，出口量 0.85 万吨，较上年增加 34.1%，出口额 1 405.79 万美元，较上年增加 36.3%。全年进出口贸易仍然表现为巨大的贸易逆差，表明我国对火龙果需求巨大。主要出口到马来西亚、俄罗斯、泰国、马尔代夫、哈萨克斯坦、荷兰、菲律宾、蒙古国、意大利、加拿大等国家以及中国香港、中国澳门，其中，超半数出口到中国香港地区。

二、火龙果产业发展存在的问题

（一）规模化产业化需进一步扩大

火龙果主产省份施水施肥施药仍以人力劳作为主，全程机械化施水施肥施药普及率不高，随着国内劳动力短缺以及人工费用上涨，火龙果生产的成本越来越高，高成本的生产模式必将逐渐被机械化取代。部分火龙果种植户对标准化种植缺乏清晰概念，为追求高产，用药、用肥过多，长期将造成土壤板结、土壤通透性变差、土壤地力减弱，影响果品、果相和口感。

（二）技术水平较为落后

一是没有建立良种健康种苗培育体系，某些种植地区未引进与筛选良种或因地制宜购买合适种苗，对气候适应性较弱。病虫害防控措施力度不够，火龙果受溃疡病影响大。二是我国火龙果生产过程的标准化技术实施力度不足，标准化种植观念仍没有形成，未能全面实现火龙果产业科技在田间的普及应用，限制了火龙果产业的全面发展。三是大红系列火龙果面积过大，果品同质化严重，产品多样化不足，且缺乏优良专用型加工品种，高附加值加工产品种类少，产业链延伸不充分。

（三）营销观念陈旧

火龙果行业电商已形成一定规模并快速发展，仅海南省 2017—2020 年就催生出了一大批为微商、电商做代购的火龙果供应商，更促使生产第一线的农民有了售后危机感和责任感。而多数火龙果产区没有火龙果综合收购批发市场和统一销售平台，销售渠道不通畅，对外销售规格、包装、物流、销售服务不统一，果农销售压力较大；果农无法实时掌握火龙果市场行情，许多地区的火龙果生产者，尤其是边远山区生产者，营销观念陈旧，营销模式单一，仍然依靠收果商到田间地头收果，直接影响火龙果上市时间和新鲜程度，无法将火龙果经济效益最大化。

三、火龙果产业发展前景展望

（一）生产增速有所减慢

在地方政府优惠政策支持和鼓励下，随着火龙果种植技术与冷链物流设施不断创新与完善，以及反季节和夜间补光催花技术不断推广，火龙果种植规模将会继续扩大，但受新冠肺炎疫情影响，增速将有所减慢。

（二）消费仍将进一步增长

随着标准化、绿色化生产，火龙果分级越来越严，消费群体对中高端果需求量增多，火龙果制品越来越受欢迎，火龙果消费将进一步增长。

（三）国际市场占有率将进一步增加

我国加大了火龙果生产投入，提高了火龙果生产管理和贮藏水平，果肉口感明显提升，长期依赖国外进口的现状将有所改变，特别是从越南进口量会有所减少，出口份额增多，国际市场占有率将进一步增加。

四、政策措施建议

（一）构建国家级火龙果产业技术体系，提高产业规模化水平

一是鼓励"公司＋基地＋农户"的经营模式，以基地为载体、企业为主体、生态安全为根本，规范火龙果园的种植标准，对施肥、施药的种类严格把关，鼓励并支持火龙果种植户、企业、合作社使用水肥全自动电脑控制滴喷灌设施，提倡生态循环农业技术，运用物理防病防虫措施，减少化肥、农药的使用和施用量，提升果品质量，促进产业可持续发展和绿色发展。二是通过实施火龙果品牌战略，打造国内甚至国际火龙果知名品牌，提高中国火龙果知名度和影响力。

（二）加大科技服务投入力度，强化全产业链专业培训

地方政府应引导种植户、企业及合作社加强与火龙果种植、加工、销售等相关科研院所的沟通与联系，细化当地火龙果协会和其他市县火龙果协会的职责，对种植户、企业和合作社开展针对火龙果生产、种植、水肥高效利用、"三品一标"、火龙果产品质量溯源、加工、销售、病虫害管理等专业培训，提升火龙果全产业链技术创新水平。

（三）转变传统营销模式及观念，提高种植收益

火龙果种植户、企业、合作社应尽早转变传统的营销观念，增强对电商平台的认识，掌握电商营销技能，充分整合国内火龙果主要种植市县产业资源，提升火龙果产业电商应用水平，拓宽火龙果销售渠道，延伸产业链条，增强国内外竞争力，促进产业转型升级，将火龙果销售引入相对稳健的渠道，为火龙果产业创造更大的经济效益和社会效益。

报告撰写人：

徐磊磊　中国热带农业科学院科技信息研究所　副主任
丁　莉　中国热带农业科学院科技信息研究所　助理研究员
尹　峰　中国热带农业科学院科技信息研究所　副所长

我国槟榔市场与产业分析报告

槟榔是我国极具特色的热带经济作物，主要用于中药制品、保健食品和咀嚼食品制作。近年来，国内咀嚼槟榔食品消费需求快速增长，槟榔产业发展迅猛，全产业链产值超 800 亿元，极大地推动了主产区海南的槟榔种植户增收。但槟榔致癌问题亦广受社会关注，槟榔深加工企业生产许可证面临到期的问题，存在槟榔深加工被迫暂停，槟榔青果无人收购，危及百万农民生计的风险。未来，槟榔产业发展仍面临黄化病问题突出、食用槟榔身份难界定、产品单一、存在价格"过山车"现象等问题。建议从加强科技研发投入、重点突破黄化病防治技术、加强产业集聚发展和建立健全槟榔价格形成机制等方面，推动产业高质量可持续发展。

一、槟榔产业发展现状

槟榔原产于马来西亚，在亚洲热带地区广泛栽培，我国引种栽培槟榔约 1 500 年历史，主要种植在海南省、云南省及台湾省等热带亚热带地区。

（一）生产

2020 年，我国槟榔种植面积达 196.9 万亩，其中，海南种植面积和产量均占全国 95％以上，槟榔种植涉及海南 70 多万户 230 多万农民，是海南万宁、琼海、屯昌等槟榔主产区市县农民的主要经济来源。此外，鉴于我国槟榔产业官方统计数据缺失，本报告以海南槟榔产业数据为例，分析我国槟榔产业发展情况。

1. 种植面积和产量稳步提升，单产水平波动。2001 年，海南槟榔种植面积和产量分别为 44.78 万亩和 4.19 万吨，到 2020 年，分别增长至 187.03 万亩和 28.33 万吨（图 1），年均增长率分别为 7.8％和 10.6％。单产方面，最低水平为 2001 年的 200.56 千克/亩，最高为 2009 年的 265.21 千克/亩，2020 年的单产水平为 213.50 千克/亩。海南槟榔种植单产水平 2010—2020 年整体呈波动下降态势（图 2）。

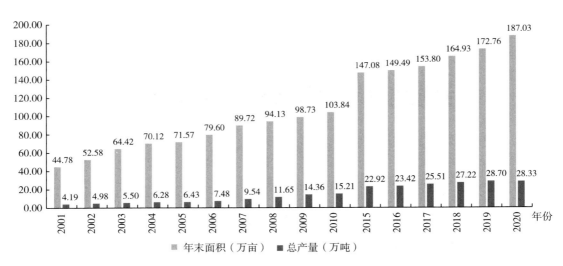

图1 2001—2020年海南槟榔种植面积及产量

数据来源：海南统计年鉴。

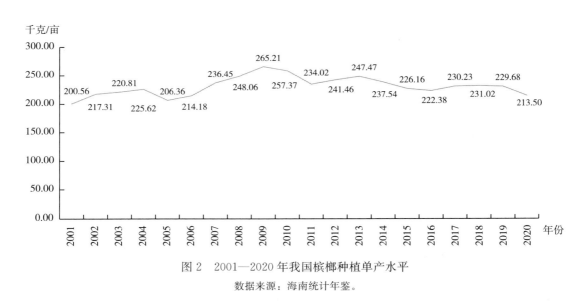

图2 2001—2020年我国槟榔种植单产水平

数据来源：海南统计年鉴。

2. 产区分布较为集中，单产水平区域间差异较大。海南槟榔种植主要集中在琼海、万宁、屯昌、琼中、定安、保亭等市县，2020年上述市县的槟榔种植面积均超10万亩，合计占全省种植面积的66.8%。但海南槟榔种植单产水平区域间差异较大，2020年单产水平最高的三亚高达345.93千克/亩，单产水平最低的屯昌低至147.23千克/亩，相差超1倍。另外，海南槟榔主产市县的单产水平并不高，种植面积超10万亩的市县中，最高的是保亭单产水平为276.08千克/亩，与三亚相差69.85千克/亩（图3）。

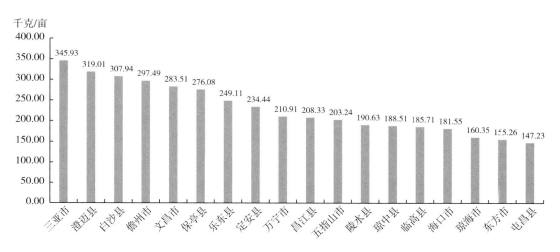

图 3 2020 年海南各市县槟榔种植单产水平

数据来源：海南统计年鉴。

3. 引导槟榔规范种植，种植规范化水平显著提升。 近年来，海南推动槟榔种植规范化，一是明确槟榔适宜种植区，将昌江西部、海口北部、澄迈北部、临高西部及北部、文昌东部及北部，以及海南中部和南部山区海拔 450 米以上的山地列为欠适宜区，引导农民避开上述区域种植。二是加强槟榔种苗培育管理和病虫害防治，做好槟榔苗圃植物检疫，培育健康种苗，各市县采用政府购买服务方式开展槟榔种植病虫害综合防治工作，集中财力、物力和人力提高黄化病等病虫害防治水平，着力提高槟榔抗、耐病虫害能力。

（二）消费

槟榔消费以咀嚼食品为主，中药原料为辅。据不完全统计，全国咀嚼槟榔消费人群达 6 000 万人，其中，湖南湘潭槟榔消费史长达数百年，部分人群平均每年每人消费槟榔达 0.5 千克，多者可达数十千克。由于槟榔消费人群庞大，槟榔深加工企业已建立遍布全国的销售终端网络，并在淘宝、京东、拼多多等电商平台建立了完善的线上销售体系。在销售价格方面，槟榔加工企业开发了不同价位的槟榔食品，售价由 10 元/包、15 元/包、25 元/包至数百元/包不等，覆盖低、中、高端不同的消费群体。槟榔作为重要的中药原料，已被广泛应用于健胃消食丸、舒肝健胃丸、化积口服液、消积止咳口服液、跌打损伤丸、木香顺气丸和槟榔四消丸等几十种中药制品制剂中。

（三）加工流通

槟榔加工流通主要发生在海南与湖南之间。海南作为槟榔主产区，是我国槟榔初加工环节聚集地，据不完全统计，全省有槟榔初加工企业 400 余家，该类企业主要将鲜果加工成干果，年加工槟榔干果约 20 万吨，大部分集中在万宁、琼海、定安和屯昌等地。在槟榔深加工方面，我国槟榔深加工产业链主要集中在湖南，企业数量达上百家，其中，产值超过 10 亿元的有 7 家。海南省槟榔深加工企业有 4 家，2020 年，海南槟榔深加工产值约 35 亿元。

在槟榔运输流通环节，主要包括槟榔种植户、槟榔收购商、槟榔初加工企业和槟榔深加工企业等主体。槟榔种植户采摘槟榔后卖给收购商或初加工企业，收购商将槟榔卖给初加工企业或深加工企业。海南槟榔初加工企业一般通过冷库等冷藏设施对采摘后的槟榔青果进行保鲜贮存，槟榔青果经初加工企业加工为干果后，再通过陆运、空运等方式，运往湖南的深加工企业，在湖南深加工后的槟榔快消食品再通过陆运、空运等方式销往全国各经销网点。

（四）进出口

我国槟榔对外贸易以进口为主，出口量较小，整体规模较小，2017—2019 年维持在数百吨规模，2020 年和 2021 年攀升至数千吨级别，主要原因是近两年国内槟榔需求骤增，既推动了槟榔进口量增长，也拉动了槟榔价格上涨。我国槟榔进口来源地主要是印度尼西亚和我国台湾，少部分来自缅甸和越南，出口目的地主要是中国香港、马来西亚、新加坡、日本等国家和地区。槟榔进出口单价均上涨，尤其是槟榔出口单价由 2020 年的 1.91 万元/吨增长至 2021 年前 10 月的 27.47 万元/吨，表明国内市场需求增长拉高了出口单价。2019—2021 年前 10 月我国槟榔进出口量和进出口额见图 4、图 5。

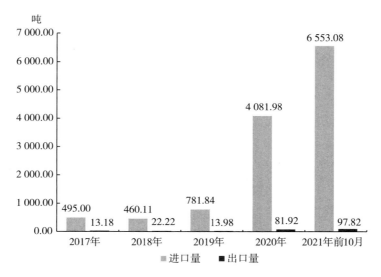

图 4　2017 年至 2021 年前 10 月我国槟榔进出口量

数据来源：中国海关总署。

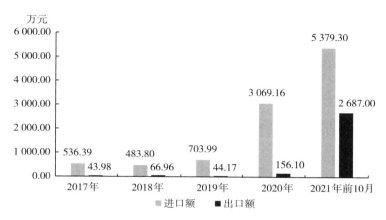

图5 2017年至2021年前10月我国槟榔进出口额
数据来源：中国海关总署。

（五）市场价格

根据槟榔青果收购价格监测数据，近年来槟榔青果收购价格总体较好，2018年收购价格基本维持在15～20元/千克的区间，2019年收购价格回落且维持低位，全年价格基本未超过10元/千克，2020年收购价格维持在20元/千克以上，2021年基本维持在40元/千克以上。

（六）成本收益

按精细化管理标准，种植成龄槟榔投入约22 500元/公顷（不含地价），按产量11 250千克/公顷计，不考虑财务和管理成本，槟榔生果卖到4元/千克就可保本[①]。2015—2020年，槟榔生果最低价格分别为6.5元/千克、8.54元/千克、15.62元/千克、5.10元/千克、3.52元/千克和17.04元/千克，2020年最高价格达44.8元/千克。近年来的槟榔种植收益比较可观，尤其是2020年和2021年槟榔青果价格基本维持在30元/千克以上，已成为海南农民增收的重要保障。

二、槟榔产业发展前景展望

（一）槟榔价格行情高位运行，槟榔种植规模持续增长

近两年，槟榔青果价格保持在30元/千克以上，高价格提高了槟榔种植户的收入

---

① 数据引自：叶庆亮，胡小婵，赵松林.海南槟榔产业发展前景预测与分析［J］.农产品市场，2019（19）：52-57.

水平，刺激各地跟种、增种现象。根据海南统计年鉴数据，2018 年、2019 年和 2020 年槟榔年末实有面积分别为 164.93 万亩、172.76 万亩和 187.03 万亩，预计 2021 年全省槟榔种植面积会进一步扩大。

（二）槟榔科技研发水平提升，相关技术瓶颈有望突破

受槟榔致癌舆情和食用槟榔难界定等问题影响，海南高度重视槟榔科技研发投入，批准了省重大科技计划项目"槟榔黄化灾害防控及生态高效栽培关键技术研究与示范"，对槟榔黄化现象进行系统性研究。针对槟榔"致癌"问题，开展"食用槟榔人群流行病学调查"和"食用槟榔产品毒理学及安全性评价研究"项目。此外，海南省农业科学院深入研究槟榔纤维软化技术和传统卤水制作技术，取得关键技术成果，并在槟榔深加工企业实际转化应用，可有效减轻槟榔咀嚼对口腔黏膜的损伤。在多个重大科研项目同步推动下，槟榔相关技术瓶颈有望突破。

（三）槟榔市场需求保持旺盛，进出口贸易持续增长

近年来，咀嚼槟榔食品已成为庞大消费人群的嗜好快消品，槟榔深加工企业在全国建立了庞大的销售网络渠道。槟榔市场需求有望保持较高水平，槟榔进出口贸易将在旺盛的市场需求下持续增长。

三、槟榔产业发展存在的问题

（一）种植环节粗放，槟榔黄化病问题突出

海南槟榔种植长期存在种质来源混杂现象，除海南本地种外，越南种、泰国种类型槟榔均有栽培。槟榔种苗生产个体户和企业缺乏繁育技术标准，缺少严格的种源监管和质量把控，大量劣质种苗流入市场，而种苗引种是槟榔黄化病扩散原因之一，种质来源混杂加剧了槟榔黄化病的传播扩散。此外，槟榔价格高位运行，农户受利益驱使在非适宜区盲目扩种，槟榔连片种植进一步加剧病虫害大面积蔓延。黄化病在海南各种植区域不同程度发生，较为严重的是万宁、琼海和保亭 3 个市县，轻者减产 10%～20%，重者减产 50%～60%，局部地区造成毁种绝收。

（二）槟榔致癌舆情不断，食用槟榔身份难界定

世界卫生组织于 2003 年将槟榔列入一级致癌目录，国内媒体广泛报道"大多口腔癌患者长期大量咀嚼槟榔"，槟榔致癌舆情不断，产业发展长期遭受致癌舆情压力。

此外，食用槟榔尚未被国家卫健委列入药食同源目录和新食品原料目录，无法适用食品管理制度，市场监督管理部门无法向槟榔深加工企业发放生产许可证，而现有槟榔深加工企业均面临生产许可证到期问题，如不能尽快解决食用槟榔身份问题，槟榔深加工生产许可证无法续签，影响企业正常生产，槟榔生果无人收购，危及数百万槟榔种植农民的生计。

（三）加工环节产品单一，产业链韧性有待强化

槟榔产业发展主要依赖单一的咀嚼槟榔市场，槟榔药用及旅游文化产品开发不足，潜力尚待挖掘。就咀嚼槟榔产业而言，存在着初加工与深加工"两地割裂"现象，海南集聚了槟榔种植和初加工环节，95％的槟榔初加工干果销往湖南深加工，产业链集聚度不高。

（四）槟榔价格波动较大，价格形成机制待完善

在槟榔全产业链条中，若"高价收"槟榔青果，将给槟榔加工企业造成巨大资金周转压力，不利于企业研发投入和转型升级，若"低价收"，将严重挫伤槟榔种植户积极性，导致作物改种。但我国槟榔价格形成机制尚未建立，政府部门对槟榔价格大幅波动的干预措施有限，尤其是应对槟榔价格骤跌的储备政策不足。

四、政策措施建议

（一）规范槟榔种植管理，重点解决槟榔黄化病问题

进一步做好槟榔苗圃植物检疫，引导企业培育健康种苗，对经检疫合格的种苗给予适当销售补贴，提高合格健康种苗市场竞争力和推广率。加强槟榔病虫害监测，做到早发现、早防治。积极组织技术人员指导农民开展病虫害防治，准确诊断病虫害，做到对症下药、精准施药，提高农民规范种植槟榔的意识，减少化学农药、化肥使用。

（二）进一步论证槟榔致癌机理，解决生产许可问题

研究论证槟榔致癌机理，组织口腔医学、药理学、毒理学、农学、加工等研究方向专家进行系统基础研究。开展槟榔风险评估应急研究，摸清槟榔主要有害物及变化规律，完善《槟榔》标准中有害物的限量值和判定方法，提高槟榔产品质量安全性；借助立法解决生产许可和身份问题，在槟榔风险评估等研究基础上，开展槟榔立法调研和论证工作，利用自由贸易港政策优势，加强制度创新，争取出台《海南省槟榔特

色产品管理条例》。

（三）推动槟榔产业集聚发展，依托科技强化产业韧性

支持海南发展槟榔深加工业，加快推动海南槟榔加工产业园区建设，对布局分散的槟榔初加工企业进行整合、搬迁，引导槟榔深加工企业积极利用自贸港政策增加布局在琼产能，推动海南槟榔全产业链集聚发展。支持开展槟榔黄化病、药用价值、保鲜等专项研究。开展槟榔初加工设备研发，推进加工技术、工艺和关键装备等升级改造。建设海南槟榔行业"一袋一码"监管溯源平台，实现槟榔产品质量全过程全链条可追溯，依托科技树立健康高品质的食用槟榔形象，强化产业科技支撑和发展韧性。

（四）建立槟榔价格形成长效机制，制定储备价格工具

建立海南槟榔市场信息平台，全面采集槟榔种植、采购、库存、加工等全流程信息，健全槟榔价格信息发布机制，及时准确公布市场供求和价格信息，引导市场预期。积极总结槟榔价格保险试点成效，适时拓展试点范围，分散农民种植风险。制定有效举措，依法打击投机炒作、散布槟榔价格信息和利用不正当手段操纵槟榔价格的行为。

报告撰写组成员：

代昆豪　中国热带农业科学院科技信息研究所　硕士
孟　猛　中国热带农业科学院科技信息研究所　副研究员

我国柑橘市场与产业分析报告

我国是世界柑橘生产和贸易大国，柑橘产业已成为我国南方丘陵山区、库区和革命老区的支柱产业。近年来，我国柑橘种植面积和产量持续稳定增长，并保持世界首位。其产品主要以柑、橘和橙为主，占国内柑橘类水果总产量85%以上。消费以传统生鲜消费为主，加工能力相对薄弱；价格波动与种类、品种、质量、季节等有较大关系，成本效益差别显著。在气候变化与新冠肺炎疫情等挑战下，产业面临的形势较为严峻。

一、柑橘产业发展现状

（一）生产

1. 面积稳定增长，产量不断攀升。我国柑橘种植面积和产量均位居全球第一。2015—2019年，我国柑橘园种植面积从3 344.7万亩增长到3 926.0万亩，增长17.4%，年均增长4.3%（图1）。2015—2020年，我国柑橘产量从3 617.5万吨提高到5 121.9万吨，产量提高41.6%，年均增长率8.3%（图2）。2015—2019年，我国柑橘单产从1 909.5千克/亩增加到2 179.7千克/亩，单产增幅14.2%（图3）。

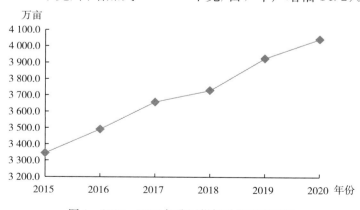

图1　2015—2020年我国柑橘种植面积情况

数据来源：2015—2019年种植面积源自中国国家统计局，2020年种植面积源自中商情报网。

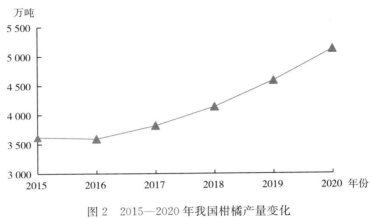

图 2　2015—2020 年我国柑橘产量变化

数据来源：中国国家统计局。

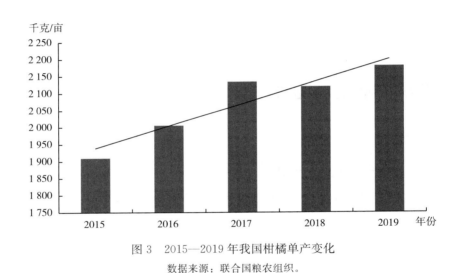

图 3　2015—2019 年我国柑橘单产变化

数据来源：联合国粮农组织。

2. 品种多样，南方分布广泛。我国柑橘种类众多，几乎涵盖世界所有种类品种，主要有柑、橘、橙和柚四大类，其中柑、橘和橙的产量约占 87%，柚 12%，其他 1%。我国柑橘集中分布在南方丘陵山区，主要分布在广西、湖南、湖北、广东、四川、江西、福建、重庆等省份（图 4）。

3. 经营主体多样化，销售渠道网络化。伴随着新冠肺炎疫情暴发，传统的线下销售渠道受阻，"小程序、短视频、微商场"等销售形式异军突起。在传统零售渠道之外，京东、天猫等电商平台和微信小程序订购等网购渠道快速兴起。

（二）消费

1. 消费总量稳步增长。近年来，我国柑橘的消费总量均呈现递增趋势。中商情

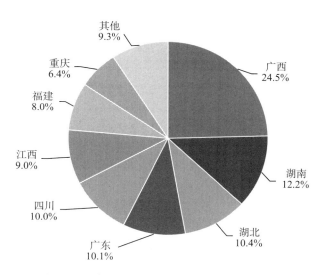

图 4　2019 年我国柑橘主产省份产量占全国比重

数据来源：《中国统计年鉴（2020）》。

报网数据显示，2016—2020 年，柑橘消费量从 3 527.7 万吨增加到 4 822.5 万吨，消费量年均增幅为 9.2%。

2. 消费以鲜食为主。我国柑橘消费主要以鲜果产品消费为主，占国内柑橘消费量的 90% 左右。目前，橘类赶超橙类成为消费主导品种。

（三）加工流通

1. 罐头加工产业优势明显，果汁加工产能不足。我国柑橘以鲜食为主，加工量仅占 10%，主要加工产品是橘子罐头和橙汁。橘子罐头占柑橘加工量的 30% 以上，主要销往美国、日本、欧盟、东盟等国家和地区，但果汁产量远不能满足国内需求，主要依靠进口。据联合国商品贸易统计数据库（UN Comtrade）统计，2020 年我国各类柑橘果汁进口量 8.18 万吨，出口量仅 0.38 万吨。

2. 流通模式多样。生产者、经纪人、龙头企业、零售商共同构成供应链，分别承担生产、收购、运输、仓储、加工、销售等功能，物流配送、连锁超市、电子商务等现代流通体系逐步确立。

（四）进出口

1. 进口量受疫情影响，但稳中有升。2015—2019 年我国柑橘进口量逐年增加，分别为 21.5 万吨、29.6 万吨、46.7 万吨、53.3 万吨和 56.7 万吨。2020 年，受国外疫情影响进口量为 43.1 万吨，进口额 4.9 亿美元，进口来源国主要为南非、埃及和澳大利亚等国家（表 1）。

表 1   2020 年我国柑橘主要进出口情况

类别	国家	量额（吨）	贸易值（万美元）
进口	南非	173 796.6	17 517.3
	埃及	119 871.3	9 647.4
	澳大利亚	47 961.4	9 160.3
	美国	33 917.0	4 784.0
	泰国	7 648.8	1 407.8
出口	越南	295 963.9	54 703.4
	菲律宾	117 251.5	6 106.1
	泰国	96 939.3	17 406.9
	缅甸	86 705.9	12 419.7
	马来西亚	69 818.1	11 195.3

数据来源：联合国商品贸易统计数据库（UN Comtrade）。

2. 出口量略有波动，流向较集中。 2017 年，我国柑橘出口量最少 77.2 万吨。2018 年柑橘出口量达到 123.1 万吨，金额 15.4 亿美元。2019 年柑橘出口量为 101.4 万吨，比 2018 年下降 17.6％。2020 年柑橘出口量为 104.5 万吨，出口国家主要为越南、菲律宾、泰国、缅甸等东南亚国家（表 2、图 5）。

表 2   2015—2020 年我国柑橘进出口额

单位：亿美元

类别	2015 年	2016 年	2017 年	2018 年	2019 年	2020 年
进口	2.7	3.5	5.5	6.3	5.9	4.9
出口	12.6	13.0	10.7	15.4	12.7	15.8

数据来源：中国果品流通协会。

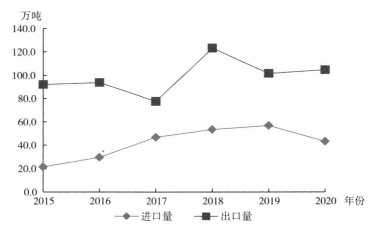

图 5   2015—2020 年我国柑橘进出口量
数据来源：中国果品流通协会。

（五）市场价格

1. 收购价格因品种不同差异明显。 以脐橙和蜜橘为例，2018—2019 产季我国脐橙上市初期平均收购价相对较高，但后期收购价格暴降。2020 产季，我国脐橙上市收购价有所降低，但稳定期有所延长（图 6）。蜜橘平均收购价格与脐橙价格比较相对较低，但在单个产季基本能保持稳定，并且收购价格具有缓慢上涨趋势（图 7）。

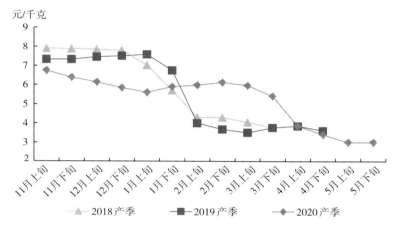

图 6　2018—2020 产季脐橙全国收购平均价格

数据来源：中国果品流通协会。

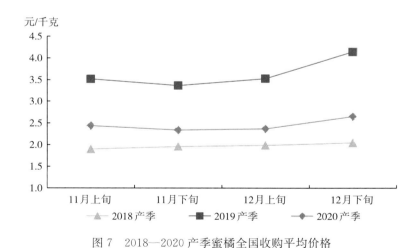

图 7　2018—2020 产季蜜橘全国收购平均价格

数据来源：中国果品流通协会。

2. 后期批发价格上涨。 2019 产季脐橙平均批发价格后期有所下降，2020 产季脐橙上市初期全国平均批发价格比前两个产季有所降低，但在后期有上涨势头（图 8）。2018—2020 产季，蜜橘上市初期批发价格较为平稳，上市后期缓慢上涨。2020 产季初期，市场批发价格相对往年较低，但在后期上涨到 5.6 元/千克（图 9）。

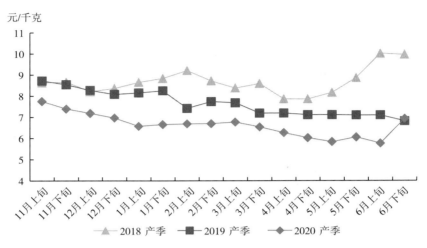

图 8　2018—2020 产季脐橙全国批发平均价格

数据来源：中国果品流通协会。

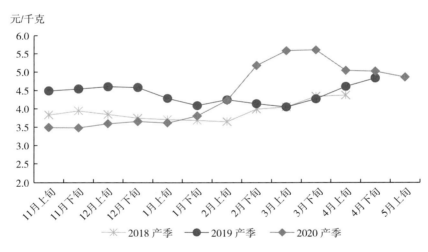

图 9　2018—2020 产季蜜橘全国批发平均价格

数据来源：中国果品流通协会。

（六）成本收益

1. 柑生产成本略有增加，橘生产成本呈现下降。2019 年柑生产总成本为 3 795.3 元/亩，比 2015 年增加 186.0 元/亩，增长 5.2%，比 2018 年减少 206.2 元/亩，下降 5.2%。其中，物质与服务费比 2015 年减少 0.7%，比上年减少 16.5%；土地成本比 2015 年增长 59.8%，比上年增长 38.5%；人工成本比 2015 年增长 7.0%，比上年增长 4.3%。从成本构成看，物质与服务费及人工成本所占比重相当，人工成本和土地成本比重均有上升趋势（表 3）。

表 3 2015—2019 年柑橘生产总成本及构成

年份	总成本（元/亩）	物质与服务费（元/亩）	占总成本比重（%）	土地成本（元/亩）	占总成本比重（%）	人工成本（元/亩）	占总成本比重（%）
2015	3 609.3	1 720.3	47.7	123.6	3.4	1 765.4	18.9
2016	3 393.2	1 705.2	50.3	130.6	3.8	1 557.4	45.9
2017	3 610.9	1 772.6	49.1	146.7	4.1	1 691.6	46.8
2018	4 001.5	2 046.8	51.1	142.6	3.6	1 812.2	45.3
2019	3 795.3	1 708.3	45.0	197.5	5.2	1 889.5	49.8

数据来源：《全国农产品成本收益资料汇编（2016—2020）》。

2019 年橘生产总成本为 2 603.0 元/亩，比 2015 年下降 27.6%，比上年下降 11.1%。其中，物质与服务费比 2015 年下降 10.3%，比上年增长 2.3%；土地成本比 2015 年下降 18.9%，比上年下降 6.3%；人工成本比 2015 年下降 40.8%，比上年下降 22.6%。从成本构成看，物质与服务费与土地成本所占比重在逐步增加，而人工成本比重在缓慢下降（表 4）。

表 4 2015—2019 年柑橘生产总成本及构成

年份	总成本（元/亩）	物质与服务费（元/亩）	占总成本比重（%）	土地成本（元/亩）	占总成本比重（%）	人工成本（元/亩）	占总成本比重（%）
2015	3 596.2	1 346.0	37.4	294.7	8.2	1 955.5	54.4
2016	3 112.0	1 213.5	39.0	273.6	8.8	1 624.8	52.2
2017	3 351.9	1 290.9	38.5	251.8	7.5	1 809.2	54.0
2018	2 929.1	1 180.1	40.3	254.8	8.7	1 494.3	51.0
2019	2 603.0	1 207.7	46.4	238.8	9.2	1 156.5	44.4

数据来源：《全国农产品成本收益资料汇编（2016—2020）》。

2. 柑生产效益趋减，橘生产效益呈现上涨趋势。2019 年柑净效益为 1 903.8 元/亩，比 2015 年下降 51.5%，比上年下降 36.3%。2019 年每 50 千克柑果产品净效益为 56.6 元，比 2015 年减少 23.5 元，下降 29.3%，比上年减少 19.6 元，下降 25.7%（图 10）。

2019 年橘净效益为 1 661.7 元/亩，比 2015 年增长 42.9%，比上年下降 10.9%。2019 年每 50 千克橘果产品净效益为 57.1 元，比 2015 年增加 22.8 元，增长 66.4%，比上年减少 3.2 元，下降 5.3%（图 11）。

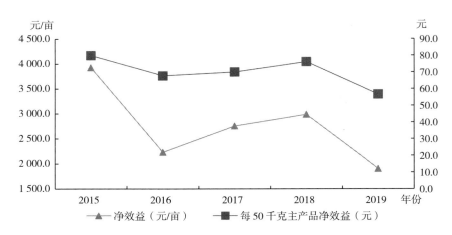

图 10　2015—2019 年我国柑生产效益变化情况

数据来源：《全国农产品成本收益资料汇编（2016—2020）》。

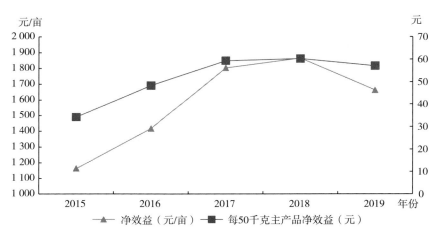

图 11　2015—2019 年我国橘生产效益变化情况

数据来源：《全国农产品成本收益资料汇编（2016—2020）》。

二、柑橘产业发展存在的问题

（一）气候变化异常，果品量、质难以保障

柑橘是亚热带果树，其产量和品质与气象因素关系密切。近年来多地出现异常气候，对柑橘产量和品质造成重大影响。

（二）缺乏专业管理，成本与质量风险俱增

果园易受病虫危害，加上果园管理不够科学，施药不合理，导致果品品质受影

响，柑橘生产成本和质量风险大幅提高。

（三）国内疫情零星散发，果品产、销受影响

新冠肺炎疫情冬季多处于零星散发状态，正值我国柑橘果园冬管清园和中熟、中晚熟品种的采销季，区域人流管控措施易使销售受阻，引起果品积压，挤占春节后陆续成熟的晚熟及中晚熟柑橘的销售市场，市场价格波动较大。

（四）加工产业水平低，存在问题突出

柑橘加工企业生产水平低，产业融合发展乏力，产后商品化能力不强；柑橘罐头节水技术尚未大规模应用，传统工艺污染环境，影响产品质量安全；柑橘汁加工业工艺技术落后，影响风味与营养、出汁率低，产品缺乏国际竞争力。

（五）出口市场及来源地集中，抵御风险能力差

柑橘出口市场主要为越南、菲律宾、泰国、缅甸等东南亚国家，出口产品的国内来源地主要集中在我国福建、广西、广东等省份，出口市场及源地集中，抵御风险能力较差。

三、柑橘产业发展前景展望

（一）面积与产量持续增加，产业结构转型加快

规模化经营将逐渐成为发展模式，产量将继续向广西、湖南、湖北、广东、四川、江西、福建、重庆等主产省份集中。在保证供应量的基础上，重点转向调整产业结构，提高品质，实现由求生产速度向求高质量转移。

（二）加工品消费持续增长，加工产业快速发展

产品消费不再局限于鲜果消费，深加工力度加大，各类高附加值产品获得市场青睐，产品呈现多元化。随着自动控制节水系统的开发和生物酶法去皮脱囊衣等新技术在柑橘罐头工业中的产业化应用，产品的品质不断得以提高，将进一步提升国内柑橘罐头加工产品的国际市场优势。

（三）进出口稳步增长，市场竞争更加激烈

随着国内新冠肺炎疫情防控形势的稳定，我国柑橘仍将以国内市场为主，出口市场仍主要以东南亚国家为主，进口量、进口市场与疫情发展态势紧密关联。在柑橘国

际贸易上，发达国家的市场竞争力较强，必将加剧国产与进口产品之间的市场竞争。

（四）市场价格波动上涨，收益仍有增长空间

近年来，因自然灾害、病虫害等现象频发，导致产季产量不确定性较大，产品价格波动上涨。不同品种产品生产成本差异较大，通过科学管护、合理布局等方式提高产品质量，满足消费市场需求，柑橘产业效益仍有较大的增长潜力。

报告撰写人：

王克晓　重庆市农业科学院农业科技信息研究所　助理研究员

欧　毅　重庆市农业科学院农业科技信息研究所　所长、研究员

周　蕊　重庆市农业科学院农业科技信息研究所　副研究员

虞　豹　重庆市农业科学院农业科技信息研究所　助理研究员

黄　祥　重庆市农业科学院农业科技信息研究所　农艺师

我国百香果市场与产业分析报告

百香果是著名的果汁型热带水果，原产于安的列斯群岛，广植于热带和亚热带地区。在我国主要分布于广西、广东、贵州、海南、福建、云南等地。百香果因有当年种植当年收获、经济效益高的特点，近几年在国内发展迅速，种植规模和产量均呈现逐年上升趋势，成为国内热带地区乡村振兴的重要抓手。随着百香果产量和销售量的增加，其在水果中的地位不断上升，线上消费不断加强，加工产业逐步发展。2020年受新冠肺炎疫情影响，产地收购价波动较大；进口减少，出口增加，贸易逆差收窄。未来1～2年，预计百香果种植面积及产量还将继续增加；百香果鲜食比例将降低，进入新式茶饮市场空间巨大，贸易逆差进一步缩小。

一、百香果产业发展现状

（一）生产

1. 种植面积、产量持续增长。 百香果由于其当年种植当年结果、多批开花、长期挂果、经济效益较高的特点，被我国热区各地政府大力推广，种植规模快速扩大（图1）。2020年全国种植面积达111.9万亩，较上年增长23.5%；产量达99.3万吨，较上年增长36.4%；产值达84.7亿元，较上年增长27.1%。单产水平也在不断提高，2020年，单产为1 015.9千克/亩，较上年增加53.1千克/亩。

2. 种植区域分布集中。 我国百香果主产区主要有广西、福建、贵州、广东、云南等省（区）（图2）。其中广西种植面积最大，2020年面积和产量分别占全国的38.6%、36.4%；其次为福建，分别占全国的22.3%、30.2%；后起之秀贵州省发展迅猛，从上一年的第五位赶超广东挤进前三，面积和产量分别占全国的15.6%、12.3%。

3. 产业组织程度不断提高。 围绕百香果种植、初加工、市场销售等环节，主产区涌现出"公司＋农户＋基地""公司＋合作社＋农户"等生产经营方式，通过与农户签订返租认种合同，公司负责种苗提供、技术指导及回收等模式，使企业在实现自

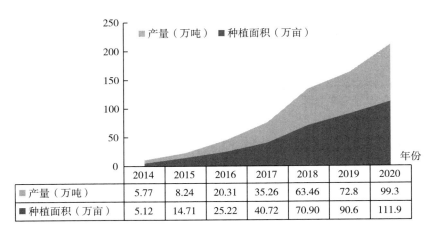

图1　2014—2020年我国百香果生产基本情况

数据来源：根据产业监测和调研数据整理。

	2014	2015	2016	2017	2018	2019	2020
产量（万吨）	5.77	8.24	20.31	35.26	63.46	72.8	99.3
种植面积（万亩）	5.12	14.71	25.22	40.72	70.90	90.6	111.9

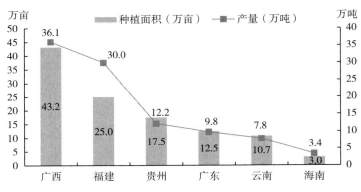

图2　2020年我国百香果主产区生产情况

数据来源：根据产业监测和调研数据整理。

身发展的同时，促进劳动力就业，真正让百香果产业成为农户增收致富的新门路，有效带动当地产业经济发展。

（二）消费

1. 电商带动线上消费。我国百香果消费以鲜食为主，在销售端，线上渠道成为百香果销售的重要手段。通过淘宝、天猫、京东、抖音、快手等主流电商平台宣传推介和销售。如广西全区电商企业超过300家，平均日接单量超过10万件。此外，据阿里巴巴数据显示，2020年8—10月，通过阿里数字农业供应链，淘宝、天猫、盒马等阿里平台的云南百香果销售额，每月环比增长均超200％。

2. 消费需求与日俱增。近几年，随着互联网和电商的普及，越来越多的人对百香果功效有了更多的了解。随着水果消费结构的不断升级，消费者对优质优价果品的需求与日俱增，黄金百香果因其独特的风味及高营养价值，受到消费者青睐。

（三）加工流通

1. 加工产业逐步发展。 在百香果种植规模不断增长情况下，各地百香果加工企业投产增长迅速。如最大产区广西的百香果加工业主要集中在南宁、柳州、钦州、北海、贵港和北流，加工主要以百香果为主料或辅料，用于生产浓缩汁、饮料、冷冻浆、果脯、饲料等。通过深加工，不断延伸产业链条，提升产品附加值。

2. 流通渠道日趋完善。 近年来，随着百香果种植规模的不断扩大，各地流通体系不断健全。如福建省龙岩市武平县强化营销体系建设，实行线上线下联动，打造"百香果＋电商平台＋新物流"的模式助力百香果销售，目前全县已建成百香果分拣中心两家，从事百香果产销、加工、包装、运输就业人员达几千人。

（四）进出口

1. 2020 年贸易量下降，贸易逆差收窄。 据国际贸易中心数据，2012—2019 年，我国百香果汁进出口量和进出口额呈不断增长趋势，而到 2020 年我国百香果汁进出口贸易总量和总额分别降低到 9 902 吨和 1 790.5 万美元，较上年分别下降 37.8％和 37％，主要是由于受全球新冠肺炎疫情影响，我国百香果汁进口量减少（图 3）。进口方面：一直以来我国百香果汁以进口为主，鲜少出口。2020 年百香果汁的进口量和进口额分别为 9 794.5 吨和 1 774.8 万美元，较上年分别下降了 38.4％和 37.4％。出口方面：2020 年百香果汁出口量和出口额分别为 107.5 吨和 15.7 万美元，较上年分别增长了 264.4％和 106.6％。贸易逆差比去年同期缩减 37.8％，降到 1 759.1 万美元。

2. 形成了以越南为主的进口市场和以荷兰为主的出口市场。 我国百香果汁进口主要来源于越南，2020 年我国从越南进口 9 622.5 吨，占世界总进口量的 98.2％，其他少量来源于荷兰、以色列和中国台湾省等国家及地区；主要出口地为荷兰，2020 年我国出口至荷兰百香果汁为 98.3 吨，占我国总出口量的 91.5％，其他少量出口至加纳、澳大利亚等国家。2018—2020 年，我国 95％以上百香果汁进口均来源于越南，基本形成了以越南为主的进口市场。2012—2020 年，我国 90％以上的百香果汁基本出口到荷兰、新西兰和加纳等国家，其中基本每年均有出口至荷兰或新西兰，个别年度出口至加纳。随着百香果种植面积扩增，栽培技术及加工技术的日益完善，促进了我国百香果汁向国际市场的出口。

（五）市场价格

受天气变化和新冠肺炎疫情暴发的影响，2020 年百香果产地收购价总体呈下滑

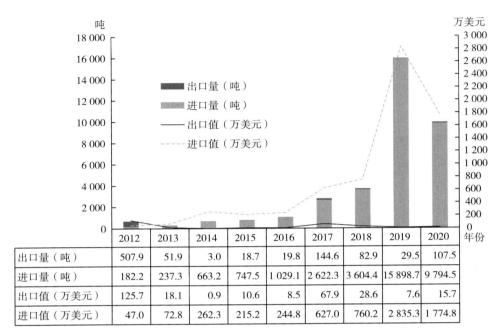

图 3　2012—2020 年百香果汁进出口贸易走势

数据来源：根据国际贸易中心数据整理。

趋势。2020 年全国百香果综合地头平均收购价 10.1 元/千克，与上年持平。从品种来看，台农和紫香平均地头价也与去年一样，为 6.9 元/千克；黄金百香果平均地头价 13.3 元/千克，较上一年的 13.9 元/千克同比下降 4.4%。从月份来看（图 4），2—3 月基本为空档期，4—6 月有少量果陆续上市，地头平均收购价较高，此后的各月份地头价整体呈下降趋势。

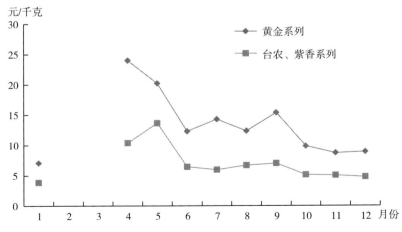

图 4　2020 年全国百香果地头收购月平均价走势情况

数据来源：根据百香果产销平台及调研数据整理。

从产区情况来看，2020年海南百香果地头综合平均价格最高，达10.9元/千克；其次为广西和福建，为9.3元/千克和8.6元/千克。各省区2020年月度平均地头综合价格呈季节波动态势（图5）。

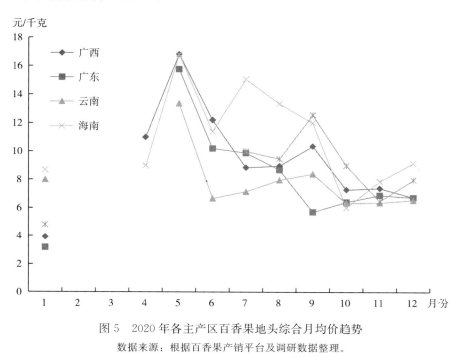

图5　2020年各主产区百香果地头综合月均价趋势

数据来源：根据百香果产销平台及调研数据整理。

（六）成本收益

百香果对种植地的环境要求不高。种植成本各地有差异，主要包括土地租金、种苗、农资投入品等。据测算，土地租金（以广西为例）每亩为1 200元左右，种苗成本每亩600元左右，肥料、支架等农资投入品每亩1 000元左右，人工每亩1 000元左右，种植成本合计3 800元左右。按照南方最低亩产和价格20元/千克测算，每亩平均产值约16 000元，净收益每亩可达12 000元左右。

二、百香果产业发展前景展望

（一）种植规模继续增长，但增速放缓

百香果比较效益高，百姓种植百香果的热情高，预计种植面积还会增长，但由于百香果价格不断下滑，种植面积快速增长的势头将有一定的缓和。随着种植技术提高，单位产量不断提高，预计百香果总产量仍处于增长态势。

（二）百香果新式茶饮市场应用空间巨大，鲜食比例降低

目前，百香果除了鲜食以外，已经在调制复合饮料、果茶等领域占据一定份额，国内饮料加工市场对百香果汁的需求量巨大。随着国内加工技术日益完善，用于加工的百香果数量明显增长，鲜食比例降低，未来新式茶饮将成为百香果下游产业的一个重要市场。

三、百香果产业发展存在的问题

（一）主要问题

1. 种植管理精细化与标准化水平有待提高。目前百香果种植以个体农户或小规模的生产经营居多，种植户各自为营，品控无法标准化。种苗生产混乱，造成源头品种不纯与带毒苗数量较多。由于缺乏技术指导，田间管理粗放，搭架不规范，病虫害防治不到位，不少地方的果园疫病、茎基腐病、病毒病等发生普遍，导致百香果开花结果时间参差不齐，产量低、品质低、卖相差等问题。

2. 深加工比较薄弱。随着百香果种植面积的增加及单产水平的不断提高，百香果的产量将大幅提升，但目前百香果鲜果价值低且保藏期短，传统的保鲜技术落后、贮存能力不足，缺乏大品牌、大型企业带动，仅发展果汁、果脯等粗加工，产业链条较短。

3. 品牌意识不强。作为一种新兴的水果，大部分生产者缺乏专业技术和经营理念，品牌建设意识和质量意识相对比较淡薄，缺乏创建品牌的长远规划。流通基础设施落后，分级分类标准缺乏，很多产地没有分拣及包装中心，销售半径受制，难以解决千家万户小生产与千变万化大市场的矛盾。

（二）风险分析

1. 生产环节风险。主要是自然灾害风险、种苗风险和病虫害风险。南方地区洪涝、台风、霜冻等自然灾害频繁，遇到自然条件不好的年份，产量和品质影响很大；百香果目前普遍存在种源不清、育苗市场不规范的现象；种苗带毒常导致病毒病、疫病、茎基腐病发生严重。

2. 加工环节风险。百香果在加工过程可能存在技术不过关、产品质量安全监控不严、管理不到位等问题，导致存在质量安全隐患。

3. 市场流通风险。受新冠肺炎疫情影响，企业生产经营活动受限，产品流通受阻，销货量下降。产地收购价格波动大，如紫果地头价高的时候达到 8 元/千克，低的时候只有 2 元/千克，由于产品开发不足，导致面对市场风险能力差。

四、政策措施建议

（一）加强健康种苗培育，强化生产技术支撑

各主产区加强与科研单位的技术合作，引入先进的种苗繁育技术和种植技术，加强与企业合作，建立高标准无病毒种苗基地，推进百香果无毒苗的产业化培育，保障健康苗木充足供应。强化种植管理技术的培训，为果农提供优良品种、无病毒优质种苗、标准棚架、整形修蔓、催花授粉、病虫防控、水肥管理等方面技术指导，提高种植管理水平。

（二）推进百香果深加工业发展，提高产业综合效益

发展百香果产业，不能一味扩大种植规模，要提前预估潜在的产销矛盾。因此，在扶持百香果加工企业的同时，重点提高与种植业相配套的深加工水平，引导其构建"企业＋基地＋农户"的经营体系，打通百香果产销链条，保证种植与加工两端不脱节。推进果汁饮料、果酱、果醋、果冻、香料等深加工系列产品的研发，形成从种植到加工的完整产业链，提高百香果产业综合效益。

（三）注重品牌谋划，推进品牌打造

随着国内百香果种植面积的增加，南方各省区可根据地区特色优势挖掘当地百香果亮点品质，发展如高山百香果、富硒百香果等，积极培育区域公用品牌，突出绿色、优质、营养等特质，加强"三品一标"认证，深化提升区域特色品牌，实现品牌溢价。

（四）加大宣传，推进"互联网＋"营销模式的发展

通过政府搭台、企业唱戏的方式，借助农产品展示交易会、展销会、商贸会以及农业信息网络等平台，加大产品推介力度。规划建立集产品收购、贮藏、分拣、包装、线上销售、线下销售、技术普及为一体的产后商品化处理中心。

报告撰写人：

李玉萍　中国热带农业科学院科技信息研究所　研究室主任、研究员
梁伟红　中国热带农业科学院科技信息研究所　副研究员
叶　露　中国热带农业科学院科技信息研究所　副研究员
王丹阳　中国热带农业科学院科技信息研究所　研究实习员

我国草莓市场与产业分析报告

草莓，又称红莓、洋莓、地莓，色、香、味俱佳，营养价值丰富，被称为"水果皇后"。近年来，随着草莓种植技术的提高与推广，以及市场需求的增加，我国草莓产业发展迅速，已成为世界上最大的草莓生产国和消费国。草莓产业发展，在促进农业增效、农民增收方面有显著成效。"十四五"期间，我国草莓产业在技术创新、品牌建设、产业附加值提高等方面仍有较大的提升空间，需要进一步加强草莓产业相关技术攻关、强化品牌建设、推动一二三产融合发展。

一、草莓产业发展现状

（一）生产

近年来，我国草莓播种面积和产量整体保持增长态势。具体来看，2010—2015年，我国草莓播种面积由 106.6 万亩增加至 163.1 万亩，年平均增长 8.9%，产量由179.9 万吨增加至 281.2 万吨，年平均增长 9.3%；2016 年播种面积与产量均有明显下降，分别降至 154.4 万亩、268.8 万吨，环比分别下降 5.3%、4.4%；2017—2019年呈现恢复性增长，2019 年播种面积 189.2 万亩，产量 322.2 万吨，分别比 2016 年增长 22.5%、19.9%。我国草莓种植主要集中在山东、江苏、辽宁、河北、安徽、河南、浙江、四川等地。2018 年，山东、江苏、辽宁、河北草莓产量分别为 54.85 万吨、52.38 万吨、39.83 万吨、28.16 万吨，合计占全国总产量的 57.3%（图1、图2）。

（二）消费

草莓消费以鲜食为主，呈现多样化、优质化、品牌化趋势。据中国园艺协会草莓分会统计，新鲜草莓占零售市场销售总量的 85%，冷冻草莓和草莓干占 15%。随着电商和物流行业的快速发展，草莓销售渠道日益丰富，线上线下相结合的销售方式提高了草莓购买的便利性。消费者更加注重草莓的品质，草莓消费结构逐渐向多样化、优质化、品牌化转变。

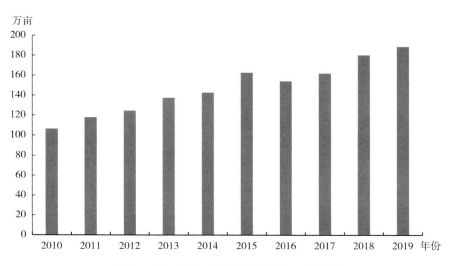

图1　2010—2019年我国草莓播种面积情况

数据来源：联合国粮农组织数据库。

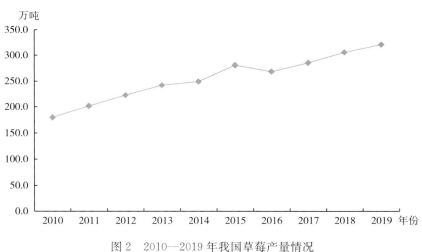

图2　2010—2019年我国草莓产量情况

数据来源：联合国粮农组织数据库。

（三）加工流通

草莓加工产品种类较多。加工产品包括速冻草莓、草莓酱、草莓粉、草莓汁等。发展草莓加工产业，不仅有利于草莓的存储、运输，也提高了产品附加值。近年来，我国草莓加工产业发展迅速。如河北省保定市满城县已培育建设草莓深加工龙头企业10余家，年加工能力达到2万吨，加工产品为速冻草莓、草莓罐头、草莓酱、草莓汁、草莓酒等，主要出口东南亚、日本、西欧等国家。

（四）进出口

2020 年草莓进出口均有增加。我国草莓出口产品主要是鲜草莓、冷冻草莓、其他制作或保藏的草莓。2020 年草莓出口量 7.14 万吨，较上年增长 14.1%，出口额 1.37 亿美元，较上年增长 1.4%，出口额增幅明显小于出口量增幅，主要是受冷冻草莓出口价格下跌的影响，出口国主要是日本、泰国、越南等。进口以冷冻草莓、其他制作或保藏的草莓为主。2020 年进口量 2.25 万吨，较上年增长 15%，进口额 0.41 亿美元，较上年增长 15.3%，进口来源国主要是埃及、智利、摩洛哥。

（五）市场价格

草莓上市期一般是当年 10 月至翌年 4 月。2021 年受前期不利天气影响，辽宁丹东地区早期草莓苗生长形势不好，加之新冠肺炎疫情影响流通，草莓集中上市期较 2020 年有所推迟。据北京新发地批发市场商户介绍，目前草莓上市量较 2020 年同期减少约 1/4，批发价格较 2020 年同期上涨 5~8 元。

不同销售渠道草莓市场价格差异明显。据上海市瓜果产业技术体系监测，2018—2019 年上海市草莓线上销售价格为 45 元/千克左右，高于线下。多种线下销售方式中，采摘及田头直销价格最高，为 40 元/千克左右，其次是门店（配送），价格为 25~30 元/千克，批发市场价格最低，为 12~15 元/千克。

二、草莓产业发展存在的问题

（一）产业技术创新有待加强

草莓产业在育种育苗、病虫害防治、栽培方式、贮藏保鲜等方面的技术水平均有待提升。草莓种植过程中受病虫害影响较大，白粉病、灰霉病等严重影响草莓产量。栽培方式仍以大棚内地面种植为主，长期耕种影响土壤肥力和草莓质量。草莓不耐贮存、易损伤，与其他水果相比运输销售半径较小。

（二）产业品牌建设有待加强

果农及种植园品牌意识不强，草莓知名度不高，难以形成全国知名的草莓产业品牌，品牌对种植效益的促进作用不显著。随着城乡居民消费加快升级，对优质无公害草莓、有机草莓等产品的需求量持续增加，但是优质草莓市场供应能力仍显不足。

（三）产业附加值有待提高

当前草莓产业主要由个体农户进行小规模生产，分散的家庭经营模式导致生产盲目性、随意性，难以有效组织和管理。草莓价格变化不能在生产、流通、零售各环节的主体上均衡传导，市场价格波动频繁，种植户利益得不到保障。草莓精深加工和以草莓采摘为主题的第三产业发展仍处在初级阶段。

三、政策措施建议

（一）加强技术攻关，促进草莓产业增产增效

充分发挥科技创新作用，推动草莓良种良苗技术攻关，加大对亢病性、抗逆性好的优质品种的引进培育和示范推广力度；加大病虫害防治技术研发力度；加强草莓栽培方式创新，推广操作难度低、劳动力使用少的栽培方式；加强草莓贮藏保鲜技术攻关，提升草莓贮存时间，扩大鲜食草莓销售物理半径。

（二）强化品牌建设，提升草莓产业价值

鼓励和引导更多草莓品种开展农产品地理标志品牌培育和产品认证工作，加快商标注册、专利申请。充分发挥国家地理标志产品认证的品牌效应，支持更多草莓主产区开展国家地理标志产品保护示范区建设。发展草莓电商，借助大数据、云计算、移动互联等现代信息技术，拓宽品牌流通渠道，推动草莓产品出村上行。

（三）推动一二三产业融合，促进草莓产业现代化、高效化发展

加快推动草莓生产规模化、组织化水平提升，推广"公司＋合作社＋农户"的生产经营模式，推动生产与市场有效衔接。开发草莓酱、草莓果汁、草莓酸奶等高附加值产品，提升草莓加工水平。发展草莓相关的采摘体验、休闲旅游等第三产业，培育草莓产业的产前产后服务机构。

报告撰写人：

熊　露　中国农业科学院农业信息研究所　助理研究员

赵俊晔　中国农业科学院农业信息研究所　研究员

我国蓝莓市场与产业分析报告

我国是全球 58 个蓝莓生产国之一。蓝莓商业化栽培始于 2000 年，历经了研究阶段（1983—1998 年）、规模化种植试验示范阶段（1999—2005 年）和快速发展阶段（2006 年以后），栽培范围遍布全国从南到北、从东到西 27 个省（自治区、直辖市），形成了长白山产区、辽东半岛产区、胶东半岛产区、长江流域和西南产区五大优势产区。

一、蓝莓产业发展现状

（一）蓝莓栽培面积和产量

1. 栽培面积和产量。 截至 2020 年底，全国栽培面积 6.64 万公顷，总产量 34.72 万吨，鲜果产量 23.47 万吨。其中栽培面积为 4 000 公顷及 4 000 公顷以上的省份有 7 个，依次为贵州（15 000 公顷）、辽宁（7 800 公顷）、山东（7 333 公顷）、四川（6 667 公顷）、安徽（6 667 公顷）、云南（5 000 公顷）、吉林（4 000 公顷）；总产量为 1 万吨及 1 万吨以上的省份有 9 个，依次为贵州（8.5 万吨）、四川（5 万吨）、安徽（4 万吨）、辽宁（3.5 万吨）、山东（3.3 万吨）、云南（3 万吨）、吉林（1.5 万吨）、湖北（1.1 万吨）、江苏（1 万吨）。由于各产区蓝莓的栽培品种与生产目的不同，鲜果比例差异较大。贵州省以兔眼品种为主，鲜果比例只有 30%；四川省和安徽省以加工为目标的'蓝美 1 号'快速发展，鲜果比例为 60%；而山东、辽宁和云南几乎全部为鲜果产出（图 1、图 2）。

2. 设施生产面积和产量。 日光温室和冷棚栽培模式的应用实现了蓝莓优质早熟鲜果的供应。截至 2020 年底，全国日光温室栽培面积 2 010 公顷，产量 15 185 吨。其中，辽宁省位居第一，栽培面积和产量分别占全国的 63.0% 和 56.6%；山东省位列第二，面积和产量分别占全国的 27.0% 和 32.0%；江苏省位列第三，面积和产量分别占全国的 6.6% 和 6.5%。全国冷棚栽培面积 705 公顷，产量 7 510 吨。山东省位居全国第一，产量和面积分别占全国的 71.0% 和 66.6%；辽宁省位居第二，面积和产量分别占全国的 17.7% 和 20.0%（图 3、图 4）。

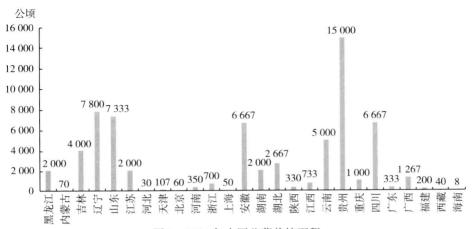

图 1　2020 年中国蓝莓栽培面积

数据来源：中国园艺学会小浆果分会统计数据。

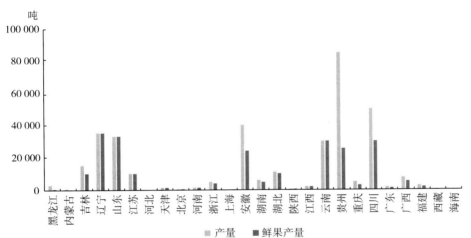

图 2　2020 年中国蓝莓产量

数据来源：中国园艺学会小浆果分会统计数据。

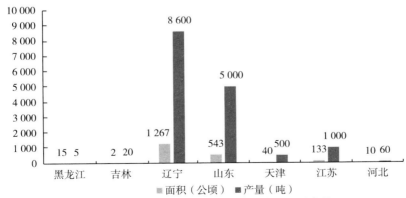

图 3　2020 年中国日光温室蓝莓栽培面积及产量

数据来源：中国园艺学会小浆果分会统计数据。

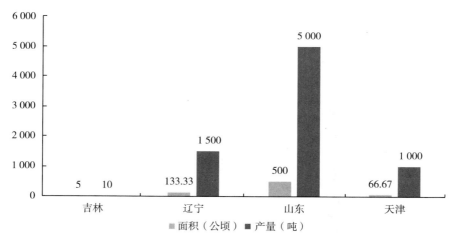

图4　2020年中国冷棚蓝莓栽培面积及产量

数据来源：中国园艺学会小浆果分会统计数据。

（二）蓝莓品种结构和果实成熟期

1. 品种结构。南方产区栽培蓝莓品种涵盖南高丛、兔眼和北高丛三个品种群。南高丛品种有奥尼尔、密斯梯、雷格西、绿宝石、珠宝、明星、卡米尔、苏西兰、蓝雨、蓝美1号、天后、法新、云雀、盛世、追雪、布里吉塔、奥扎克兰，国外企业种植L系列和OZ系列。兔眼品种有灿烂、沃农、顶峰、泰坦、巴尔德温、园蓝、乌达德和粉蓝。利用高海拔地区北方气候特征种植的北高丛品种有公爵、蓝丰、醉婆、雷格西和利伯蒂。北方地区蓝莓品种经过十几年的优化，逐渐稳定成熟。辽东半岛和胶东半岛露地生产的品种为瑞卡、北陆、公爵、醉婆、蓝丰、雷格西和利伯蒂。长白山产区为瑞卡、蓝金、公爵、北陆和醉婆。北方设施栽培的主要品种有公爵、蓝丰、雷格西、奥尼尔、绿宝石、薄雾和H5。

2. 果实成熟期。云南产区利用不同海拔区域的气候条件变化，实现了蓝莓常绿品种、南高丛品种和北高丛品种种植。该地区生长期长、生长速度快，种植当年或第二年丰产，紫外线强，果实品质好，成为全球范围内蓝莓最佳优势产区，并实现了单一产区从11月到翌年6月果实成熟的目标。我国利用不同品种以及温室、冷棚和不同区域露地生产实现了11月到翌年8月底全年10个月的蓝莓鲜果供应期。特殊的地理条件和生产模式，使我国成为全球唯一一个能够全年生产鲜果的国家。中国各个产区蓝莓成熟期模式见图5。

（三）进口情况

我国蓝莓鲜果进口从2012年的499吨增加到2020年的22 045吨，7年间增加了

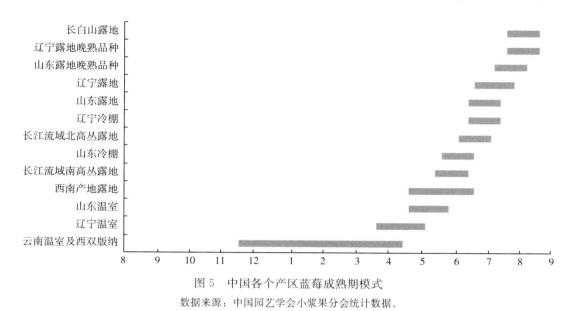

图 5　中国各个产区蓝莓成熟期模式

数据来源：中国园艺学会小浆果分会统计数据。

44 倍，其中以智利和秘鲁为主。我国 2016 年从秘鲁进口的蓝莓只有 1 吨，2017 年骤然增加到 4 998 吨，2019 年达到 11 919 吨。秘鲁蓝莓鲜果进口量剧增的主要原因是：9—12 月为我国本土蓝莓鲜果的空窗期，智利蓝莓鲜果供应时间为 12 月中旬到翌年 3 月，秘鲁是我国 9—12 月蓝莓市场的唯一供应国（表 1）。

表 1　2010—2019 年我国历年蓝莓鲜果进口量

单位：吨

国家	2010 年	2011 年	2012 年	2013 年	2014 年	2015 年	2016 年	2017 年	2018 年	2019 年
智利	0	0	481	1 687	3 661	6 081	7 472	6 288	9 657	10 049
朝鲜	194	835	193	726	1 503	373	1 198	775	0	0
加拿大	0	0	0	0	0	3	67	155	55	70
秘鲁	0	0	0	0	0	0	1	4 993	5 657	11 919
韩国	0	0	0	0	2	2	0	0	0	0
美国	0	0	18	0	2	0	0	0	0	0
阿根廷					0	0	0	0	2	6
墨西哥					0	0	0	1	1	1
乌克兰					0	0	0	0	0	1
总计	194	835	692	2 413	5 168	6 459	8 738	12 217	15 372	22 045

数据来源：中国海关总署统计数据。特别说明，表中朝鲜进口蓝莓为冷冻果。

（四）市场价格

目前，国内蓝莓鲜果依据果实横径大小分为 4 级，依次为特级果、大果、中果和小果。分级标准因栽培模式不同而异。全年种植园销售价格为特级果 50～270 元/1.5 千克，大果 45～240 元/1.5 千克，中果 30～150 元/1.5 千克，小果 40～110 元/1.5 千克（价格范围去除因贮运原因果实损坏导致的过低单日价格和特殊过高单日价格）。全年价格先高后低，品质好的鲜果价格较高（图 6）。

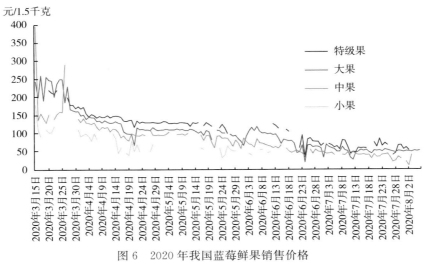

图 6　2020 年我国蓝莓鲜果销售价格

数据来源：中国园艺学会小浆果分会统计数据。

不同产地蓝莓鲜果价格差异较大，云南产区果实成熟期是 3 月初至 5 月中旬，3 月销售价格最高，区域早熟优势明显。辽宁省果实成熟期是 4 月初至 7 月下旬，比较发现 4 月辽宁省和云南省同一时期鲜果价格差异不大。山东省露地生产果实成熟期为 6 月初至 7 月中旬，前期价格较高，7 月份价格最低。河南、湖北和安徽果实成熟期为 5 月下旬至 6 月上旬，处于较高价位。7 月下旬以后，同一时期吉林蓝莓鲜果价格高于辽宁、辽宁高于山东，主要原因是果实成熟交叉时期头茬果与尾果质量差异。

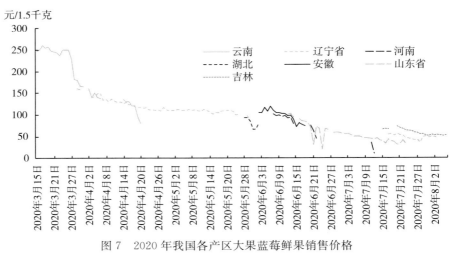

图 7　2020 年我国各产区大果蓝莓鲜果销售价格

数据来源：中国园艺学会小浆果分会统计数据。

二、蓝莓产业发展前景展望

（一）我国成为全球蓝莓产业发展的新兴产区和新动力

根据国际蓝莓协会 2021 年统计，2020 年我国蓝莓栽培面积和产量分别是 6.047 万公顷、28.5 万吨（数据与本报告统计数据略有出入），并超越美国，栽培面积和产量跃居全球第一位（图 8）。据预测，满足中国市场需求至少需要 100 万吨产量，巨大的生产潜力和市场需求使中国已经成为全球范围内的蓝莓生产中心和市场中心。然而，我国蓝莓单位面积产量仅为 4.74 吨/公顷，不足全球平均单产的 2/3，更远远低于排名第一位的葡萄牙 21 吨/公顷的水平。

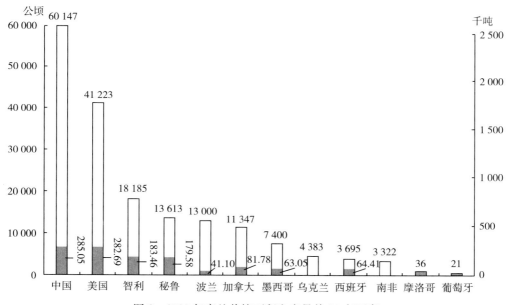

图 8　2020 年高丛栽培面积和产量前 10 名国家

数据来源：中国园艺学会小浆果分会统计数据。

（二）以优质鲜果生产为目标

尽管我国蓝莓栽培面积和产量达到了全球第一位，但是鲜果的产量仅排在全球第三位，鲜果占总产量的比例仅为 46.15%，远低于世界平均 70% 左右的水平，更低于南美等国家 90% 以上的水平。导致我国蓝莓鲜果产量低和占比低的主要原因有三个：一是专门以加工为目标的种植面积的增加，如'蓝美 1 号'和东北地区早期发展的矮丛蓝莓品种'美登'；二是早期发展做鲜果品质较差的品种仍然占据生产的主导地位，如占长白山产区80％种植面积的'北陆'品种，占据贵州产区70％以上的兔眼蓝莓系列品种；三是由于栽培管理不善和最近2年主要产区如胶东半岛、长江流域采收期降雨过多导致的鲜果品质和比例下降。

（三）发挥自然资源优势，实现蓝莓种植区域化和优势化

我国自然资源丰富，所有蓝莓类型品种均能生长，已经形成了长白山、辽东半岛、胶东半岛、长江流域和西南地区五大产区及日光温室、塑料大棚（冷棚）与露地生产相结合的生产模式。但在全国范围和五大产区内，均存在不同程度的盲目发展问题。根据我国目前蓝莓生产和不同类型品种对环境条件的要求，可以将我国蓝莓生产规划为以下三个"区域化优势产区"。

云南优势产区：云南省不同地区随着海拔高度气候条件差异变化很大，形成了小区域内亚热带和温带不同特征的小气候条件，适宜南高丛和北高丛所有蓝莓品种生长。海拔高度2 000米以下的低海拔地区结合露地生产和设施生产种植低冷温或无冷温需要量的南高丛和常绿品种，可以实现11月至翌年5月采收鲜果的目标；海拔高度2 000米以上的地区露地种植南高丛和北高丛品种，可以实现5月中旬至7月中旬采收蓝莓鲜果的目标。由于特殊的地理条件，在一个省内能够实现11月至翌年7月全年9个月的鲜果供应期，使云南省成为我国乃至全球蓝莓生产的"最佳优势产区"。

胶东半岛和辽东半岛蓝莓设施生产与露地生产优势产区：胶东半岛和辽东半岛是我国传统的水果优势产区，也是我国蓝莓的优势产区之一。最近10年来，2个产区的日光温室和塑料大棚（冷棚）生产由于具有提早成熟、果实品质佳和鲜果商品率高等特点得以快速发展，设施栽培种植面积和产量占据了全国90％以上（不包括云南的设施生产）。在此区域内，日光温室种植南高丛和常绿品种，塑料大棚（冷棚）和露地种植北高丛品种，可以实现2—7月下旬供应蓝莓鲜果的目标。但在此区内的设施生产与云南产区存在市场竞争的问题。

长白山露地生产"区域晚熟"优势产区：长白山区是我国野生蓝莓的主要原产地，也是我国蓝莓产业的发源地。酸性和有机质含量高的土壤、雨热同季、降雨均匀充沛和昼夜温差大的自然资源为蓝莓提供了最佳的风土条件。特别是由于所处的地理位置，露地种植北高丛蓝莓可以实现7月下旬至8月下旬采收蓝莓鲜果，成为我国蓝莓规模化生产最佳的"区域晚熟"产区，具有不可替代和复制的优势。

（四）实现蓝莓生产良种化

2021年国际蓝莓协会（IBO）报告中指出，中国是目前唯一一个还在利用"低档次品种"种植生产的国家。如东北产区早期发展的'北陆'品种，具有早熟、高产和管理容易等优点，成为2015年之前大面积发展的主导品种，目前依然占据东北地区

生产面积的 60% 以上。但是由于果实小、果肉软和耐贮运能力差，最近 5 年来价格一路下滑，鲜果农场批发价仅相当于优质鲜果品种'公爵'的 1/3～1/2。建议根据我国不同产区的自然条件，选育出替代传统老品种的鲜食优良品种，特别是培育具有自主知识产权优良品种，实现老品种的更新换代和生产的良种化。

三、蓝莓产业存在的问题

（一）优良品种滞后、研发投入不足和技术落后

近年来，国外育种科研单位和跨国企业培育的新育种均申请了知识产权保护。过去 15 年间颁布的 300 多个新品种中 80% 申请了美国或欧盟的品种权。随着中国加入国际知识产权公约，国外育种单位和企业开始申请中国植物新品种保护，2013—2020 年共申请中国蓝莓植物新品种权 223 项，获批 87 项。获批的 87 项蓝莓植物新品种权中，国外相关机构获批 39 项，占总获得新品种权数的 44.8%，国内获批 48 项，占 55.2%。国外品种申请知识产权保护对于我国蓝莓新品种引种和使用造成极大地制约。2020 年，国内企业获得国外品种使用专利权的费用 1 个品种高达 3 000 万元，知识产权壁垒已经成为制约我国蓝莓等小浆果产业的"卡脖子"技术。

（二）国外跨国公司垄断技术和市场

截至 2020 年，全球超过 25 家跨国企业到中国投资蓝莓规模化种植生产，合计种植规模超过 30 000 亩。国外企业规模化种植，以鲜果市场为目标，用企业自有的专利品种和高效益的基质栽培技术形成垄断性生产。2015—2020 年，跨国企业在我国蓝莓鲜果市场占比从 1% 提高到 10%。跨国企业在中国的规模化种植，垄断性生产经营将极大地削弱国内企业竞争力。

四、政策措施建议

（一）建立稳定的育种体系

2009 年以来，吉林农业大学、大连大学、云南省农业科学院等单位陆续开展蓝莓育种，先后配置了杂交组合 500 多个，获得杂交后代 15 万余株，杂交优良单株 1 000 余个，决选优良品系 100 余个，申请植物新品种保护权 40 多个，获批 15 个。果树育种是一项长期、耗力和费钱的工作。建议加大科技育种经费投入，建立长期稳定的育种体系，创制培育具有自主知识产权和重大影响力的新品种，增强我国蓝莓产

品市场竞争力。

（二）培育一批具有市场竞争力的全产业链企业

2020 年，全国蓝莓企业种植规模超过 5 000 亩以上的有 10 家，超过 1 000～5 000 亩的企业达到 100 家以上，种植规模在 100～500 亩的中小型种植企业或合作社超过 500 家以上。规模化种植面积占据全国的 80％以上。但生产企业缺少自主知识产权品种，产前（如新品种研发）、产中（栽培生产关键技术）和产后（采收后贮藏、分级、包装和运输）等核心技术缺乏，产量低、品质差。建议开展培育一批规模化种植且能够带动中小型种植户和农户共同发展、具有企业或区域品牌、产品贮藏、包装、加工、物流和市场竞争力的全产业链生产企业，从而提高我国蓝莓产业的生产水平和市场竞争力。

报告撰写人：

李亚东　吉林农业大学　教授
陈　丽　吉林农业大学　讲师
孙海悦　吉林农业大学　副教授

第四篇

特色蔬菜

我国特色马铃薯市场与产业分析报告

特色马铃薯是指载入当地县志或在当地种植历史超过 20 年的地方自有品种，中国西北、西南地区是马铃薯种植大区，也是特色马铃薯的品类富集区和种植集中区。近几年西南地区的马铃薯种植规模迅速扩大，2021 年国内马铃薯价格高开低走，波幅较大，部分薯农出现弃收的情况影响到中国特色马铃薯产业发展。总体看，我国特色马铃薯各区域发展不均衡，在科技和产业融合加持下的地区抗风险能力突显；特色马铃薯产业应与农业全产业协同发展，应"求大同（产业发展的共性）、存小异（因地制宜）"，用好 5G、大数据、物联网等新兴科技，有组织、有计划地推进产业可持续发展。

一、特色马铃薯产业发展现状

（一）生产

中国引入马铃薯种植的历史有 300 余年，目前，国内马铃薯种植面积常年保持在 8 000 万亩左右，年产量保持在 10 000 万吨左右，位居世界第一，总体呈上升趋势（图 1）。

2015 年后，马铃薯生产重心逐渐向西南转移，西南一二季混作区和西北一季作区马铃薯生产地位不断上升，成为全国最大生产区（图 2）。2020 年，贵州、四川、云南马铃薯种植面积分别达到 1 240.3 万亩、1 025.4 万亩、859.5 万亩，分别较上年增长 5.72%、0.6%、18.4%。

各省种植大县马铃薯种植等基本情况如下。

凉山彝族自治州（简称凉山州）是四川省特色马铃薯的主要种植区之一，种植规模稳定，2020 年马铃薯种植规模 242.77 万亩，2021 年为 244 万亩，微增 0.50%；凉山州地方政府提早布局马铃薯三产融合发展的路径，在安宁河谷地带和部分高山地区开展连片种植，建设"万亩薯田"原料基地，通过"公司＋农户""公司＋合作社＋农户"模式实施订单农业，开展种薯区—菜用区—加工区的分区种植，有效稳定了马

189

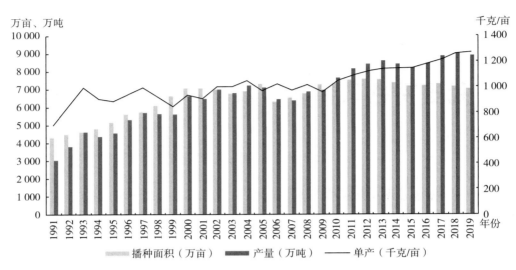

图1　1991—2019年我国马铃薯种植及产量情况

数据来源：中国国家统计局、中国知网。

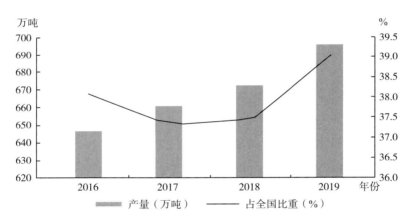

图2　2016—2019年云南、贵州、四川三省马铃薯产量及占全国比重

数据来源：中国国家统计局、中国知网。

铃薯价格。德宏傣族景颇族自治州（简称德宏州）是云南省特色马铃薯主要种植区之一，2020年该地区马铃薯购销两旺，2021年种植规模迅速扩大。

（二）消费

近年来，中国马铃薯消费总体呈逐步增长态势。从消费结构来看，马铃薯消费以鲜食为主，各区域平均占比保持在60%左右，最高占比达69%，但逐年整体呈现下降趋势；各区域饲用占比不均衡，个别区域最高时期达23%；种用占比小幅上升，加工总体呈波动上升趋势。西南地区鲜食菜用约占65%、加工约占13%、饲用约占

10%，种薯约占 12%。

（三）加工流通

传统的马铃薯产品流通渠道多为农贸批发市场，近年来，多多买菜、美团优选等生鲜电商发展迅猛，电商平台以购买者满意度为主要评价依据，对马铃薯质量验收要求严苛，也加快了产区分选、包装等初加工流通环节的标准化进程，通过电商平台购销总量迅速增长。种植水平较高的区域商品化率通常在 85% 以上，部分地区马铃薯商品率偏低，如四川省凉山州平均为 60.4%，最低至 40% 左右。

西南混作区马铃薯加工率在 13% 左右，低于全国的 17%。四川省凉山州有规模以上加工企业 14 个，中小加工企业 120 个，年鲜薯加工能力达 130 万吨以上，因凉山州马铃薯主产区大多处在交通运输不便的区域，马铃薯外运量非常有限。甘肃省定西市是马铃薯精深加工密集地区，特色马铃薯品种新大坪是优质的马铃薯精深加工原料，淀粉含量高达 20.19%。

（四）进出口

2015—2020 年我国马铃薯出口额从 2.65 亿美元增加到 3.68 亿美元，增长38.87%，以鲜薯出口为主，鲜薯出口额占我国马铃薯总出口额比例的 80% 左右（表 1）。2021 年，受马铃薯内贸价格波动影响，中国马铃薯出口量增大，截至 2021年 11 月末，经云南河口口岸出口的鲜食马铃薯交易量超过 12 万吨。

表 1　2015—2020 年马铃薯及其制品国际贸易

单位：亿美元

项目	2015 年	2016 年	2017 年	2018 年	2019 年	2020 年
出口额	2.65	2.7	3.27	3.06	4.53	3.68
进口额	2.39	2.25	2.14	2.66	2.03	1.95
贸易总额	5.04	4.95	5.41	5.72	6.56	5.63
贸易顺差	0.25	0.45	1.13	0.40	2.50	1.73

数据来源：罗其友等，"十四五"我国马铃薯产业高质量发展战略路径。

（五）市场价格

西南混作区：云南省德宏州 2021 年 3 月初马铃薯上市价格为 2.8 元/千克，到4 月初价格跌到 1.6 元/千克，跌幅达 42.9%；之后云南省文山与红河马铃薯上市，4月末的价格跌至 0.8 元/千克，整体跌幅达 50%；到 5 月底，红河、文山因为采挖成本过高，不少农户以 100～150 元/亩的价格净地出售，收货商雇佣人工采挖的成本约

0.30 元/千克，大大超过净地价格。本年同一时段，四川省凉山州小春马铃薯商品薯均价 1.90 元/千克，与上一年基本持平；湖北恩施特色马铃薯均价保持在 2.10 元/千克左右，与近几年 2.20 元/千克的基地均价基本持平。湖北农知鲜农业有限公司2021 年采购云南马铃薯价格情况见表 2。

表 2　湖北农知鲜农业有限公司 2021 年采购云南马铃薯价格情况

采购时间	采购价格（元/斤）		备　注
	4 两①以上	4 两以下	
3 月 3 日	1.20	0.60	
3 月 6 日	1.08	0.45	
3 月 9 日	0.90	0.40	
3 月 19 日	0.84	0.38	4 两以上价格差异因箱装和袋装而区别
3 月 26 日	0.75	0.35	
4 月 1 日	0.62	0.32	
4 月 8 日	0.55	0.28	

数据来源：湖北农知鲜农业有限公司。

同期凉山州小春马铃薯商品薯均价 1.90 元/千克，与上一年基本持平；恩施特色马铃薯平均价保持在 2.10 元/千克左右，与近几年 2.20 元/千克的基地均价基本持平。

一作区：甘肃省定西市马铃薯秋季上市，2020 年种植规模 307.47 万亩，2021 年300.81 万亩，种植规模稳定，地头销售平均价格 1.4 元/千克，与上一年基本持平。

二作区：2020 年山东省滕州市（县级市）马铃薯种植规模 70 万亩，2021 年70.25 万亩，种植规模稳定，4 月下旬棚膜马铃薯上市，均价 3.0 元/千克，5 月开始大田马铃薯上市，5 月均价 2.0 元/千克，6 月均价 1.3 元/千克，与上一年基本持平。

（六）成本收益

新冠肺炎疫情发生后，马铃薯生产成本明显上升，其中，西南地区土地不能集中连片、交通不便，生产成本上升较快、盈利能力差（表 3）。从成本构成来看，人工成本上升最为明显，收获期人工成本按天气、按件计酬，25 千克包装基本人工成本2.5 元/袋，装车费 40 元/吨，约占种植投入 14%，生产全过程人工费占比达 48%；肥药等投入品价格也均有不同程度上涨。亩收益年度波动较大，马铃薯种植收益或进

---

① 两为非法定计量单位，1 两＝50 克。——编者注

入微利时代，影响薯农种植积极性。

表3　2010—2019年马铃薯生产成本

成本构成	2015年	2016年	2017年	2018年	2019年
亩生产成本（元）	1 164.82	1 238.96	1 260.28	1 297.56	1 472.71
千克成本（元）	0.81	0.91	0.90	0.90	0.94
亩人工成本（元）	527.40	607.49	630.03	663.77	593.21

数据来源：罗其友等，"十四五"我国马铃薯产业高质量发展战略路径。

二、特色马铃薯产业发展存在的问题和面临的风险

（一）存在的主要问题

1. 种植水平未能适应消费方式的转变。 当前特色马铃薯种植仍以传统方式为主，小规模种植导致上市时间、产品品质不统一，难以满足电商平台的要求。

2. 流通体系不健全。 马铃薯分选后最初的流通主要依赖于农贸市场，目前仍未建立与种植规模相匹配的加工流通产业体系，无法系统性消化马铃薯种植的过剩产能。

3. 抗风险能力弱。 缺少农业险种，无法防范自然灾害和市场价格波动带来种植亏损的风险；流通中存储库容匹配不足，无法防范马铃薯集中上市交易和损耗的供应链风险；加工能力不足，无法对冲马铃薯价格下行的风险。

4. 产业无数据，决策少依据，盲目扩张种植规模。 大部分地区还没有建立产业预警和产业融合发展的数据系统，不能实时掌握产业实际情况，难以做到科学规划、生产计划、产业协同，导致为了增加收益而盲目扩张种植规模。

（二）面临的主要风险

1. 产业风险。 一方面，薯贱伤种植，一产规模迅速萎缩；另一方面，薯贵伤加工，二产规模迅速萎缩。2021年，受消费方式转变和天气变化导致马铃薯价格大幅波动，部分地区在贮藏、加工环节较为薄弱，加剧了产业风险。

2. 种植风险。 种植投资主要以流动资金投入为主，马铃薯种植投资较大（每亩2 500元以上），且种植成本收益差距巨大，2021年西南地区马铃薯价格大跌导致马铃薯种植户收入大降。

三、特色马铃薯产业发展前景展望

（一）"专品专用"将成为生产和消费端的共识

针对不同渠道、不同诉求的下游端，开展目标明确、指标明确、技术明确的标准化种植将成为主流。

（二）原料与加工链条的连接更加紧密

二产将向一产提供更多资金、技术支持，一产将向二产输入原料资源。农产品价格高企时，二产通过对一产投入的资源获得稳定原料；农产品价格低迷时，一产通过二产获得工业品利润的再分配，一产二产均获取合理利润。

（三）新技术将促进产业升级

5G等新技术极大地支持了物联网、人工智能、区块链的发展，生产管理精准化、智能化、工厂化，上下游共享数据，最终实现"大计划（全国统筹）、小市场（技术竞争）"，带动地方马铃薯产业及农业整体发展。

报告撰写人：

郑　　健	内蒙古金珂投资管理有限公司（中国薯网）	高级经济师、常务副总经理
黄德林	中国农科院农村经济与发展研究所	教授、研究员
胡春莉	内蒙古金珂投资管理有限公司（中国薯网）	中级统计师、项目经理
江丽华	内蒙古金珂投资管理有限公司（中国薯网）	高级农艺师、总经理
王宗洪	四川省凉山彝族自治州农业农村局现代农业产业发展中心	
		高级农艺师、副主任
郭华春	云南农业大学农学与生物技术学院	院长、教授
张　　峰	甘肃省农业大学农学院	教授、马铃薯育种专家

我国甘薯市场与产业分析报告

中国是全球主要的甘薯生产国、消费国和出口国，2020 年甘薯生产总量占世界总量的 57％。整体看，2014—2020 年中国甘薯产量呈稳步增长态势，稳定在 7 000 万吨上；甘薯消费需求稳中有增，消费结构继续向饲用比例减少、鲜食和加工比例增加的趋势发展，以薯脯为代表的健康辅助食品消费量逐年上升。未来，甘薯产业将提高鲜食市场供应比例，适度发展休闲、保健和功能食品。

一、甘薯产业发展现状

我国甘薯种植分布广泛，种植总面积相对稳定，主产区相对集中，种植面积和产量始终稳居全球首位。

（一）生产

1. 种植规模相对稳定，主产区相对集中。中国是世界上最大的甘薯生产国，2011—2020 年甘薯种植面积和产量稳中略降，近 5 年来种植规模维持在 360 万公顷左右。

甘薯具有较广的适应性，全国范围内基本都可以种植，考虑气候条件、甘薯生态、行政区划、栽培面积、种植习惯等，一般将甘薯种植区划为三大区，即春薯区、夏薯区和秋冬薯区。总体而言，我国甘薯种植主要集中在淮海平原、长江流域和东南沿海各省，其中，种植面积较大的有四川、广西、河南、山东、重庆、广东、安徽等省（自治区、直辖市）。

2. 产量相对稳定，稳居全球首位。2014—2020 年，我国甘薯产量总体稳定在 7 000 万吨以上。随着育种、栽培技术的进步和利用，中国甘薯种植的单产水平显著提高，据联合国粮农组织统计，2020 年中国以全球 36.7％的甘薯种植面积贡献了 63.8％的产量，总体种植规模和产出水平均居世界第一，单产是世界平均水平的 1.74 倍。

3. 主要品种和生产模式。改革开放后，甘薯逐渐退出主粮地位。近年来，随着人们对其营养保健价值的认识深入，餐桌化的理念越来越深入人心，优质专用化品种正逐步取代传统品种。据国家甘薯产业技术体系产业经济固定观察点调查，当前我国鲜食型、淀粉型和紫薯型等3种类型甘薯的种植面积比例大约为48：46：6（图1）。据甘薯产业技术体系统计分析，淀粉型主栽品种有商薯19、济薯25、徐薯22等，食用主栽品种有烟薯25、普薯32、济薯26等，"一季薯干超吨栽培技术"支撑全国薯区大范围薯干稳步超吨，推动了商薯19、徐薯22、济薯25等为核心的淀粉型品种的推广应用（表1）。

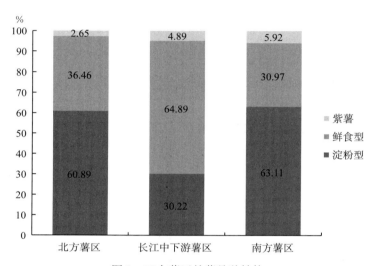

图1　三大薯区甘薯品种结构

数据来源：《我国甘薯种植业发展状况调查报告（2020年)》。

表1　主要甘薯品种

序号	品种	面积（公顷）	占比（%）
1	商薯19	580.15	28.30
2	广薯87	166.46	8.12
3	龙薯9号	87.54	4.27
4	徐薯8号	74.01	3.61
5	湘薯1号	68.88	3.36
6	普薯32	62.73	3.06
7	烟薯25	46.33	2.26
8	济薯26	43.66	2.13
9	徐薯25	38.54	1.88

数据来源：《我国甘薯种植业发展状况调查报告（2020年)》。

当前我国甘薯品种老化问题突出，品种更新替代呈加快趋势。因环保因素影响，甘薯淀粉加工企业减产，市场对淀粉型甘薯需求量减少，种植规模受价格因素传导势必下降。近年来，受国家粮食安全政策、健康饮食需求变化等因素的影响，鲜食型甘薯品种种植比例有所增长。除少量企业或园区规模种植外，大多以小而散的农户种植为主。

（二）消费

甘薯消费方式发生了较大变化。20世纪50、60年代主要以鲜食饱腹为主，所占比例在50%以上，加工比例为10%左右，饲用比例在30%左右。20世纪90年代初期，鲜食、饲用和加工比例各占1/3左右，此后以饱腹为目的的鲜食消费逐渐递减，加工比例上升。近年来，中国甘薯市场需求向高端化发展，以健康为目的的鲜食消费比例逐年增加，饲用比例持续下降，淀粉加工用原料基本保持稳定，食品加工用甘薯略有增加，重点表现在产品多样化、功能化、高端化。

（三）加工流通

1. 加工方式和加工工艺迅速发展。 甘薯是高产作物，近年来主要用于食品加工和工业原料。目前出现了发酵法和酶法等新的加工方式，产品种类和数量不断增加，保健品加工及保健食品加工工艺逐渐成熟，如甘薯叶保健茶、甘薯叶保健饮料等。

2. 流通渠道和方式。（1）薯农—加工企业：此类方式主要以淀粉型甘薯为主，薯农收获后直接将甘薯卖给加工企业，占淀粉型甘薯流通总量的95%以上。（2）薯农—经纪人—加工企业：薯农将生产出来的甘薯通过经纪人卖给企业进行加工。这种形式在甘薯主产区特别是加工集中区较常见。（3）薯农—网络零售商—消费者：网络零售商指网上商城、大型电商等。农民将甘薯出售给网络零售商，再将甘薯加工成产品后通过零售商或其他渠道供应给消费者。

（四）进出口

近年来，受新冠肺炎疫情影响，中国甘薯出口量呈下降趋势（图2）。2020年，我国出口甘薯（包括甘薯干、冷或冻甘薯、鲜甘薯等）3.18万吨，较上年下降20.0%，出口额为2 845.4万美元，较上年下降20.0%。中国甘薯主要出口至越南、日本、德国、荷兰等（表2）。

2010—2014年，中国甘薯进口来源国主要是印度尼西亚和美国，从印度尼西亚的进口量占比保持在70%以上。近两年，中国自美国甘薯进口量显著增加，少量进口甘薯来源于韩国、泰国、加拿大等。据联合国粮农组织统计，2020年全球甘薯出口量前10位的国家为美国、荷兰、中国、西班牙、越南、加拿大、埃及、英国、巴西、印度尼西亚等。

表2　2020年我国甘薯出口额前10的主要国家和地区

序号	国家和地区	出口额（10³美元）	占比（%）
1	中国香港	47 529	85.47
2	越南	1 825	3.28
3	日本	1 397	2.51
4	德国	1 300	2.34
5	荷兰	827	1.49
6	加拿大	773	1.39
7	英国	659	1.19
8	马来西亚	412	0.74
9	新西兰	201	0.36
10	韩国	160	0.33

数据来源：陆建珍，中国甘薯及其加工品进出口贸易现状分析。

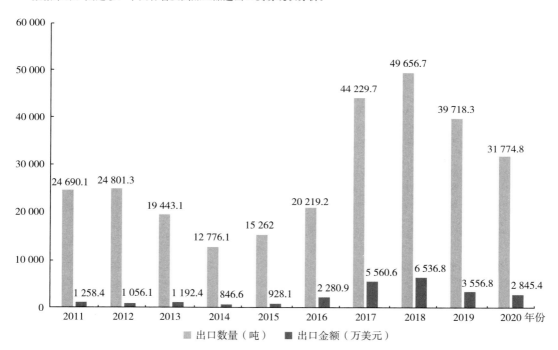

图2　2011—2020年中国甘薯出口数量和金额统计

数据来源：中国海关总署。

（五）市场价格

经调研，淀粉型品种价格相对稳定，一般为0.3～0.5元/斤，鲜食型因品种和产地差异，价格一般在0.5～2.0元/斤。从每年周期变化看，甘薯集中收获期价格普遍偏低，入库后多数价格随之上升。10 月底价格最低，元旦过后价格约为 10 月份的 2 倍，春节期间价格最高，6 月开始下降（表 3、表 4）。

表 3　6—10 月部分甘薯品种收购价格

单位：元/斤

年份	6 月	7 月	8 月	9 月	10 月
2017	1.4～1.6	1.2～1.4	1.0～1.2	0.7～0.8	0.5～0.6
2018	2.0～2.2	1.8～2.0	1.2～1.4	1.0～1.2	0.6～0.8
2019	1.2～1.4	1.0～1.2	0.8～1.0	0.6～0.8	0.5～0.7
2020	0.6～1.5	0.5～1.5	0.5～1.3	0.5～0.8	0.6～1.0

表 4　不同品种甘薯批发销售价格

单位：元/斤

年份	商薯 19	龙薯 9 号	烟薯 25	普薯 32	济薯 26
2017	0.35～0.40	0.50～0.60	0.80～0.90	0.70～0.80	0.60～0.70
2018	0.35～0.50	0.60～0.80	1.00～1.20	0.90～1.10	0.80～1.00
2019	0.40～0.50	0.50～0.70	0.80～1.00	0.70～0.90	0.70～0.90
2020	0.30～0.50	0.45～0.70	0.50～1.40	0.60～1.00	0.50～0.90

数据来源：壹亩田（http：//hangqing.ymt.com/chandi/）。

（六）成本收益

据河南、山东、重庆等甘薯主产区调研，甘薯每亩成本在 1 000～1 500 元，其中，肥料约 220 元，农药约 60 元，机械约 120 元，人工约 400 元，薯苗约 400 元，灌溉、地膜等约 300 元。

二、甘薯产业发展存在的问题

甘薯品种更新慢、种薯种苗市场不规范、病虫害威胁等问题限制了甘薯产业的健康发展。甘薯深加工水平整体较低，产品附加值有待提升。

1. 病虫害成为制约甘薯生产的重要因素。近年来甘薯种植中的黑斑病、疮痂病、根腐病及薯瘟病等有蔓延的趋势，危害大且缺乏有效的治疗手段，病虫危害越来越成为制约生产的重要因素。

2. 品种更新慢，制约加工业发展。综合性状优良突出的品种少，产量品质和抗性突出的品种少。新品种推广速度慢，可用于不同加工用途的甘薯品种少、品质差，制约了加工业发展。

3. 新产品研发力度不足，企业品牌意识不强。甘薯加工主要以淀粉加工及生产粉丝、粉皮等传统食品为主，技术含量低，初加工制品多，深加工产品少，企业品牌意识薄弱，产业链有待进一步优化。

4. 种薯种苗市场不规范。甘薯脱毒种薯种苗繁育体系不健全，脱毒种薯种苗的应用率不足10％。种薯种苗繁育技术不规范，不能严格按照规范化操作技术进行，脱毒种薯种苗以次充好。种薯种苗繁育基地不稳定，隔离措施不严格。种薯种苗质量监督标准缺失。跨区域调种导致一些检疫性病虫害传播日益严重，如南方虫害蚁象，近年来在北方薯区多处发生，对甘薯产业造成严重威胁。

5. 新冠肺炎疫情对甘薯销售产生较大影响。主要体现在三个方面：一是影响种薯销售，新冠肺炎疫情防控期间，公路和乡村设卡影响车辆通行，且运费升高。种薯出窖后，需要大量工人挑选、分装，疫情导致用工紧张。二是影响鲜食甘薯电商销售。疫情后一些村镇封路，物流停运，产区出不去，电商销量严重下滑，影响甘薯产业正常运转。三是甘薯贮藏的适宜温度是11～14℃，3月气温回升后，甘薯容易发芽，种薯贮藏困难。

三、甘薯产业发展前景展望

（一）种植面积相对稳定，单产及价格稳步提高

预计鲜食品种种植面积将略有增加，淀粉型品种略有下降，总体种植面积相对稳定。未来一段时期内，受国家粮补政策、市场价格以及消费需求拉动影响，甘薯种植面积将保持稳定。随着育种、栽培技术的进步，我国甘薯种植单产水平显著提高，2020年中国单产达到22 381千克/公顷，已经从20世纪60年代接近世界水平，提升至世界平均水平的1.96倍。同时，随着保健意识和消费需求的不断增长，甘薯新品种增加和加工品类的多样化，价格将进一步提高。

（二）加工比例继续上升，深加工业初具规模

据中国淀粉工业协会甘薯淀粉专业委员会不完全统计，2020年中国甘薯加工产品主要包括淀粉、粉条粉丝、全粉、甘薯干（条、片、脯），其总产量分别为27.07万吨、23.14万吨、0.36万吨和31.44万吨。我国甘薯消费结构中，深加工量占总产量的50％以上，且所占比重稳中有升，尤其是精淀粉和休闲食品加工占比将进一步上升。

（三）产业区域布局渐趋形成，区域产业优势进一步突显

未来将形成北方淀粉和鲜食用甘薯优势区、西南加工和鲜食用甘薯优势区、长江

中下游食品加工和鲜食用甘薯优势区及南方鲜食用和食品加工用甘薯优势区等四大甘薯产业区域。

（四）生产规模化、组织化程度将显著提高

随着种植大户、专业合作社以及生产企业的发展，甘薯生产、加工及销售规模将进一步扩大，甘薯产业结构和组织化程度也将显著提高。

报告撰写人：

张　超　山东农业大学农业大数据研究中心、山东农业大学信息科学与工程学院
　　　　副主任、副教授

柳平增　山东农业大学农业大数据研究中心、山东农业大学信息科学与工程学院
　　　　主任、副院长、教授

张　艳　山东农业大学农业大数据研究中心、山东农业大学信息科学与工程学院
　　　　副教授

孟宪勇　山东农业大学农业大数据研究中心、山东农业大学信息科学与工程学院
　　　　副教授

刘　彭　山东农业大学农业大数据中心、山东农业大学信息科学与工程学院
　　　　讲师

喻　杰　山东农业大学农业大数据研究中心　讲师

我国香菇市场与产业分析报告

香菇营养丰富、土地产出率高、资源利用率高和劳动生产率高，其作为特色优势农产品在推进乡村振兴战略，稳步实现农民共同富裕中发挥了重要作用。我国香菇占全球香菇总产量95％以上，但近年来，我国香菇市场总体供大于求，种植农户收益下降。预计短期看，受新冠肺炎疫情影响，我国香菇产业出现一定程度萎缩，长期看，随着居民康养意识提升和国际市场需求恢复，消费将呈现快速增长趋势，生产经营结构将不断优化。建议针对产业发展中的薄弱环节，优化资源配置，促进香菇产业高质量稳步发展。

一、香菇产业发展现状

（一）生产

1. 产量快速增长。2020 年，香菇产量达到 1 188.2 万吨，较上年增长 2.9％。香菇产量占食用菌总产量的比重也从 2005 年的 21.4％增加到 2020 年的 29.3％，成为我国产量最大的食用菌产品（表 1）。

表 1　中国香菇产量、消费量和出口量的变化

年份	食用菌总产量（万吨）	香菇产量（万吨）	占比（％）	消费量（万吨）	占比（％）	出口量（万吨）	占比（％）
2003	1 038.7	222.8	21.4	202.8	91.0	20.0	9.0
2005	1 334.6	242.5	18.2	215.6	88.9	26.9	11.1
2010	2 201.2	427.7	19.4	379.5	88.7	48.2	11.3
2015	3 476.3	766.7	22.1	687.4	89.7	79.3	10.3
2016	3 480.1	835.4	24.0	742.1	88.8	93.3	11.2
2017	3 712.0	925.1	24.9	794.9	85.9	130.2	14.1
2018	3 791.7	1 043.1	27.5	906.0	86.9	137.1	13.1

（续）

年份	食用菌总产量 （万吨）	香菇产量 （万吨）	占比 （%）	消费量 （万吨）	占比 （%）	出口量 （万吨）	占比 （%）
2019	3 933.9	1 155.9	29.4	1 059.7	91.7	96.2	8.3
2020	4 061.4	1 188.2	29.3	1 127.6	94.9	60.6	5.1

数据来源：中国食用菌协会、中国海关总署《中国海关统计年鉴》。

2. 生产区域不断扩大。 随着大量适宜菌种的成功驯化、代料栽培技术的日益成熟，加之东南沿海地区劳动力成本上涨和段木资源日趋紧缺等原因，香菇产区由沿海向全国扩展，目前形成了以山西、河北和东北为代表的北方产区，以福建、浙江为代表的南方产区及以河南、湖北、陕西为主的中原香菇产区，基本实现了对大中城市的全年供给。2020 年，河南香菇产量 365.1 万吨，位居全国第一，其次是河北（166.7 万吨）、福建（128.8 万吨）、湖北（97.2 万吨）和辽宁（72.2 万吨）。

3. 优良菌种显著增加。 随着育种领域的维权意识显著提高，申请香菇菌种植物新品种保护的主体增加。2020 年年底，全国共有 37 个香菇新品种申请了植物新品种保护，较 2019 年增长 117.6%，其中国内科研院所 21 种，国内企业 7 种、国外企业 9 种。另外，符合消费市场需求的富硒、高多糖含量的功能性菌种相继问世，液体菌种也已进入实用推广阶段。

4. 机械化水平显著提升。 手工装袋方式已基本被半自动或全自动化机械制袋替代，部分企业研发了香菇精细栽培智能化体系，引入物联网和大数据信息系统技术，通过各种传感设备对空气温湿度等数据进行采集，实现了终端远程控制。如山东七河生物科技有限公司投产使用香菇菌棒成套智能化装备，按照年产 2 300 万个菌棒计算，用工量减少了约 75%，极大降低了劳动强度，提升了生产效率。

5. 生产模式不断创新。 随着香菇产业化水平提升，各地出现了由农业产业化龙头企业、农民合作社或农村集体经济组织等新型农业经营主体购置机械设备，承担香菇菌棒生产，小农户负责出菇管理的"集中制棒＋分散出菇"的两段式生产模式。这种模式既克服了"小规模、分散化"家庭经营品质不高等问题，又通过统一品种、统一配方、统一农资等"N 统一"模式提供全产业链服务，降低了生产成本，改善了香菇品质。据中国乡镇企业协会食用菌产业分会统计，截至 2019 年年底，我国香菇菌棒工厂化生产企业有 416 家，其中年产 500 万棒以上的企业超过 50 多家。

（二）消费

随着经济快速发展和城乡融合速度加快，我国居民购买能力和消费量显著提高。

2003 年我国香菇消费量[①]为 202.8 万吨，2020 年增加到 1 127.6 万吨，成为我国消费量最大的食用菌品种。同期，我国人均年香菇消费量由 1.6 千克增加到 8.0 千克[②]，远超过日本和韩国总和，已成为世界第一的香菇消费大国。

（三）出口贸易

香菇是我国重要的出口农产品，主要有鲜香菇和干香菇两种商品形式。受新冠肺炎疫情影响，2020 年海外市场需求萎缩，我国香菇出口量[③]为 60.6 万吨，较上年下降 37.0%，其中，供餐饮市场的干香菇出口量下降 37.6%，供家庭消费的鲜香菇下降 6.1%。鲜香菇主要出口到韩国、美国、日本、马来西亚和泰国，这 5 国占我国鲜香菇总出口量的 77.2%，平均出口价格为 2.42 美元/千克，较上年下跌 5.1%。干香菇主要出口到越南、泰国、日本、马来西亚和中国香港，这 5 个国家和地区出口量占我国干香菇总出口量的 81.2%，平均出口价格为 16.18 美元/千克，较上年下跌 4.2%。但近年来，我国部分出口企业推出"国内工厂化制作菌棒＋国外设施化出菇＋鲜菇就地上市销售"的新模式，既规避了国外进口壁垒，又提升了单位菌资收益率。2020 年我国共出口菌棒 14.7 万吨[④]，约合 5.3 万吨鲜香菇[⑤]，较上年增长 17.8%。

（四）市场价格

综合我国 84 家批发市场和部分生产基地数据（表 2），2011—2014 年，香菇供需基本平衡，价格全面上涨，同期鲜香菇平均批发价从 9.9 元/千克上涨到 12.3 元/千克，增长 24.2%。干香菇从 76.7 元/千克上涨到 98.9 元/千克，上涨 28.9%。2015 年之后，受到产业政策影响，全国香菇产量快速增长，香菇市场价格稳中有降，2020 年鲜香菇平均批发价为 11.5 元/千克，较 2014 年下跌 6.5%，干香菇 85.0 元/千克，较 2014 年下跌 14.1%。考虑到同期物价持续上涨等原因，实际香菇价格下跌幅度应更大。

（五）种植效益

香菇产量快速增加，市场趋于饱和，香菇经营效益下降。以传统香菇产区陕西省宁强县的某香菇合作社为例，2015—2020 年，木屑成本从每棒 0.9 元上涨到 1.2 元，

---

① 因中国不进口香菇，因此消费量按照生产量－出口量计算。
② 中国国家统计局，《中国统计年鉴 2021》。按 2019 年 141 212 万人计算，2003 年人口 129 227 万人。
③ 本文将出口干香菇以 1：10 的比例折算成鲜香菇后，与出口鲜香菇合并计算出口香菇数量。
④ 因海关没有设置香菇菌棒出口量统计，本文采用 06029010 蘑菇菌丝出口量计算。
⑤ 按每棒 1.8 千克，每棒可收获鲜香菇 650 克。

表2 2011—2020年我国鲜香菇和干香菇批发价格变动情况

年份	鲜香菇		干香菇	
	批发价格（元/千克）	增幅（%）	批发价格（元/千克）	增幅（%）
2011	9.9	—	76.7	—
2012	10.2	2.9	86.4	11.2
2013	11.0	7.3	88.8	2.7
2014	12.3	10.6	98.9	10.2
2015	11.5	−7.0	81.3	−21.6
2016	11.5	0.0	79.9	−1.8
2017	12.2	5.7	87.4	8.5
2018	10.7	−14.0	74.7	−17.0
2019	11.1	3.6	84.5	11.6
2020	11.5	3.1	85.0	0.6

数据来源：中国食用菌商务网（http：//mushroommarket.net）。

涨幅达到33.3%；菌袋、麸皮等其他菌用物资成本由每棒0.4元上涨到1.1元，涨幅达到175%；劳动力以妇女和老人为主，包三餐的日工资由每天60元上涨到80元，折算到菌棒上，每棒人工成本从0.8元上涨到1.1元，涨幅37.5%。以上三项成本合计由每棒2.1元上涨到3.4元，涨幅61.9%。受成本上涨和新冠肺炎疫情影响，2020年香菇批发价格下跌到近年来最低水平，香菇净利润从每棒1.72元的高位快速下滑，2020年为0.17元，降幅达90.1%。

二、香菇产业发展前景展望

（一）国内市场需求将持续增长

香菇含有丰富的多糖、蛋白质和膳食纤维，具有一定的增强免疫力、降血脂、抗血栓和预防佝偻病的功效。随着居民康养意识的不断增强以及香菇加工品的多元化发展，香菇内销市场规模将逐步扩大，但受到其他食用菌产品的替代效应影响，增幅将有所收缩。

（二）海外消费市场将快速扩张

短期内，新冠肺炎疫情对各国餐饮行业的冲击造成我国香菇出口全面下滑，但长期看，香菇消费已逐渐传播到世界各地，随着新冠肺炎疫情转好，预计以东南亚和美洲地区为主的国际香菇需求将进一步提升。

（三）精深加工产品将有所增加

香菇耐腐性较差，疫情期间产品滞销情况较为严重，初级产品已不能满足消费需求。今后，随着生活方式向便捷化、外食化发展，以香菇为原料的各类加工品将逐渐增加。

（四）机械化水平将快速提升

我国香菇生产劳动力紧缺、人力成本上涨问题日益突出，以资本和技术替代劳动力将成为未来发展趋势，手工作坊式的生产将逐渐被淘汰。其中"集中制棒＋分散出菇"种植模式，通过大量机械设备投入生产高质量菌棒，既符合节约劳动力和保障菌棒品质的市场需求，也满足了政策性资金向节点性规模化市场主体倾斜的诉求，将逐渐成为主要生产模式。

三、香菇产业发展存在的问题和面临的风险

（一）产业发展缺乏整体规划

香菇行业管理较为松散，还处于菇农、菌商、企业和市场自发发展的状态，产业做大、做强、做精、做优及快速发展缺乏系统性和前瞻性的政策引导，发展波动性较大，产量忽多忽少的现象长期存在。

（二）产业信息缺失

目前，香菇生产统计尚未被列入官方统计目录，完全依靠相关行业协会发动会员自愿上报，且大部分数据是地方政府和专家估算数据，存在漏报、错报等问题。另外，由于香菇品级较多，不同级别之间价格差异较大，各地批发市场品级标准大相径庭，可参考的官方数据难以支撑监测预警体系的建立。

（三）菌种市场混乱

菌种是影响香菇产业发展最为重要的生产资料，然而现行法律法规对菌种的保护力度较弱，育种机构维权成本高，市场无视育种机构利益，随意扩繁、重新命名销售的问题屡见不鲜，"同种不同名""同名不同种"乱象丛生。个别主产区甚至发生劣质菌种毁掉上千万菌棒的情况，造成重大经济损失。

（四）菌材匮乏

香菇产业对菌材林需求逐年增长，按照每生产 1 亿袋香菇，需要 7.5 万米^3 木材计算，我国现有的林木资源难以支撑香菇可持续生产。而且，出于保护环境的需要，部分山区县开始限制木材砍伐，进一步减少了菌材林的供给。

（五）适宜从业人口持续减少

大部分香菇产区难以看到 50 岁以下的中青年，"集中制棒＋分散出菇"种植模式可以缓解高强度的制棒压力，但出菇管理和采摘环节仍需农户承担，劳动力匮乏问题将长期困扰香菇产业发展。

四、政策措施建议

（一）加快行业信息化平台建设

加快"中国食用菌大数据中心"建设，通过互联网应用、大数据分析等信息化手段，为香菇生产、价格、交易、融资、技术和风险监控等提供服务。建立市场信息员制度，以主产地批发市场、销地批发市场批发商、大规模生产经营者为主体收集各地市场的不同香菇规格、数量和价格信息。建立香菇市场信息采集标准，提升信息和数据质量。推动把香菇生产统计列入官方统计的主要农作物目录，为产业发展提供必要的信息支撑。

（二）推动产业转型升级

依托我国资源特色，调整香菇产业转型升级、降本提效，以各类农业产业化龙头企业和农民合作社等新型农业经营主体为龙头，以香菇文化和科技创新为两翼，引领菇农共同发展。聚焦香菇工厂化生产企业、菌棒生产基地、新品种新技术研发等示范和推广项目，鼓励新型农业经营主体开展"集中制袋＋分散出菇"生产模式生产。

（三）完善菌种市场的营商环境

完善品种权保护制度，推动修订《植物新品种保护条例》工作，把品种权益范围由品种繁殖材料的商业生产和销售扩大到授权品种的收获物及其加工品、派生品。促进专业化规模化菌种生产企业组建研究院所，推动产学研相结合，参与制定菌种生产技术、工艺流程、评价标准。探索新技术新工艺在不同温型、不同基质和不同用途的定向育种和品质育种中的应用，培育出更多具有差异化特点的菌种。鼓励科研机构和企业依法自主取得植物新品种权，丰富我国香菇菌种数量和质量。

（四）推动一二三产业融合发展

鼓励发展香菇深加工产业，支持技术创新、熟化工艺和制定标准等环节，研发具有高附加值的香菇快消品、即食食品。加强香菇药用机理和功效基础研究及香菇保健品、医药品和化妆品等相关技术研究。推进农旅融合，依托自然资源、文化优势，建成集香菇生产、科普教育、避暑度假、养生休闲、餐饮文化相结合的香菇小镇，鼓励发展以香菇为载体的创意农业。

报告撰写人：

曹　斌　中国社会科学院农村发展研究所　　副研究员
高茂林　中国食用菌协会　　　　　　　　　会长
金东艳　中国农业科学院农业信息研究所　　副研究员
孔　鹏　中国食用菌协会技术指导部　　　　副主任

我国黑木耳市场与产业分析报告

黑木耳产业具有易栽培、见效快、资源利用率高等特点，是促进区域特色农业产值稳定发展和推动乡村振兴的重要抓手。我国是世界上第一大黑木耳生产国，产量占世界的90%以上。黑木耳作为我国特色优势农产品，在农业增效、农民增收等方面起到了重要作用。黑木耳主要以干品消费为主，消费量与产量基本匹配。黑木耳批发价2018年触底，之后反弹，2020年较2018年市场批发价格上涨了15.5%。出口保持贸易顺差，受新冠肺炎疫情等影响，2019年、2020年出口量下滑严重。未来3～5年，预计我国黑木耳产量与种植规模趋于稳定，优质黑木耳市场供应量将加大，精深加工量将增加，出口量将在经济回稳之后上升。

一、黑木耳产业发展现状

（一）生产

黑木耳是世界著名的四大食用菌之一，在我国栽培历史悠久，从20世纪70年代开始采用代料栽培方式。2014—2020年，我国黑木耳种植规模在115.82亿～150.37亿袋，黑木耳干品年产量在57.91万～75.19万吨，种植地区包括黑龙江、吉林、福建、浙江、陕西等地。

1. 2014—2020年我国黑木耳种植规模呈先增加后降低再反弹的趋势。一般黑木耳按照产量计算种植规模，以每袋菌包平均生产0.04～0.06千克干品进行折算。2014—2017年，受益于国家产业扶贫政策的推动，我国黑木耳种植规模为持续上升阶段，分别为115.82亿袋、126.74亿袋、135.91亿袋、150.37亿袋，年均规模增长约为10%，并于2017达到规模峰值。2018年开始，由于市场饱和及种植成本升高，农户种植积极性有所降低，2018年、2019年规模略有减少，分别为133.29亿袋、140.36亿袋。2020年生产规模小幅增长，达到141.28亿袋，较上年增长0.7%。

我国黑木耳产量与种植规模趋势一致。2014—2017年，我国黑木耳干品产量分别为57.91万吨、63.37万吨、67.95万吨、75.19万吨，其中2016—2017年的增速最大为 10.7%，并于 2017 年达到峰值；2018 年开始产量减少到 66.65 万吨，较上年下降 11.4%，2019 年、2020 年产量分别为 70.18 万吨、70.64 万吨，较上分别增长 5.3%、0.7%，黑木耳市场恢复性增长。

2. 重点种植区相对集中，福建省产量增速较快。我国黑木耳种植集中在东北及华东地区，包括黑龙江、吉林、福建、浙江等地。从 2014 年开始黑龙江省黑木耳产量连续 7 年位列全国第一，2020 年黑龙江省黑木耳产量 31.53 万吨，占全国总产量的 44.6%。2014—2020 年，吉林省黑木耳产量位居全国第二，产量呈现波动上升趋势，2020 年产量为 14.83 万吨，占全国总产量的 21.0%；福建省近三年黑木耳产量增速较快，2017—2020 年位居全国第三，2020 年产量为 4.89 万吨，占全国总产量的 6.9%；陕西省 2018 年、2019 年开始挤进全国第四位，2020 年跌至全国第五，产量 2.74 万吨；浙江省黑木耳产量从 2018 年开始进入全国第五位，2019 年产量 2.27 万吨，2020 年产量全国第六，为 2.34 万吨；江苏省 2020 年挤进全国第四，产量 2.95 万吨；其他省份黑木耳产量占比较小。

（二）消费

我国黑木耳年消费量与年产量基本匹配，主要以城镇居民消费为主，包括家庭消费和餐饮消费。消费区域比较广泛，全国各地均有销售，消费形式多以火锅、炒菜、凉拌、煲汤等，人均年消费 0.44～0.48 千克。2015—2017 年黑木耳消费呈现持续上升趋势，消费量在 60.88 万～67.23 万吨，2017 年达到峰值。随着产量的下降，2018 年黑木耳消费量下降到 65.2 万吨，2019 年随着人均蔬菜和食用菌食用量的再次降低，黑木耳的年均消费量也降至 62.57 万吨。未来，随着人口增加和膳食结构的改善，蔬菜和食用菌食用量的增加，黑木耳终端产品形式的多样化，预计黑木耳的消费量将有所增长。

（三）加工流通

黑木耳加工分为初级加工与精深加工，初级加工是将鲜木耳晾晒后制成干品进行销售。2014—2016 年，我国黑木耳初加工量分别为 54.43 万吨、59.57 万吨、63.88 万吨；2017 年加工量最高为 70.67 万吨；2018 年、2019 年下降到 62.65 万吨、65.97 万吨。黑木耳精深加工产品主要包括：黑木耳脆片、黑木耳冰激凌、黑木耳软糖等休闲食品；黑木耳超微粉、黑木耳菌草茶、黑木耳口服液等功能性产品；黑木耳糊、黑木耳航空等即食类产品。黑木耳精深加工产品的附加值较高，如 100 克黑木耳干品可制成 80～90 克黑木耳粉或 70 克左右的黑木耳超微粉，再通过添加制成其他食品，黑木耳附加值可增加 10～20 倍。目前，这些精深加工产品仍处于研发或刚投入市场阶段，消费量仍然有限。据估算，2014—2019 年我国黑木耳精深加工量为 3 万～4 万吨，占总产量的 6%。

　　我国黑木耳流通市场健全，全国有 5 个主要黑木耳大型批发市场，估计年交易总额 164 亿元。其中，牡丹江（东宁）木耳批发市场是农业农村部认定的国家级农产品批发市场（2012 年），黑木耳交易户 600 余户，该市场黑木耳年均交易额 60 多亿元、年均交易木耳 10 万吨。吉林蛟河黄松甸食用菌大市场 2020 年交易额为 55.7 亿元、黑龙江尚志苇河黑木耳大市场年交易额 100 亿元、浙江龙泉市浙闽赣食用菌交易中心年交易额 22 亿元。福建古田食用菌批发市场主要经销银耳、香菇、茶树菇、黑木耳等种类的食用菌，年交易额 9 亿元以上，其中黑木耳年交易额在 3 亿元左右。通常情况下，中间商从种植户手中采购黑木耳干品再分销到各级市场。大多数市场销售的黑木耳均为干品，在超市多以塑料袋包装或礼盒精装销售，批发市场以散装形式销售；部分加工企业将黑木耳干品进行 2 次泡发（也称泡发菜），以冷鲜品在超市或批发市场进行销售。目前，黑木耳销售以农产品批发市场、摊点零售、超市零售为主，部分企业和合作社通过微商、电商销售黑木耳。

（四）进出口

　　中国是黑木耳主产国，也是全球黑木耳的主要出口国，进出口一直保持贸易顺差。2014—2020 年我国黑木耳的出口量和出口额均呈先增加后下降的走势，2018 年出口量及出口额达到峰值，分别为 5 886.59 万千克和 93 433.52 万美元。2019 年下滑明显，2020 年受新冠肺炎疫情影响，黑木耳出口量和出口额更是大幅下降，仅为 1 918.33 万千克和 2 878.00 万美元，但价格与往年基本持平，维持在 15 美元/千克。

　　近年来，我国黑木耳主要出口到越南、中国香港、泰国、日本、马来西亚、韩国、美国、缅甸、印度尼西亚、新加坡等国家和地区。2017—2020 年，越南占总出口量的 45.2%，泰国占 18%，中国香港占 17%；对越南、泰国、中国香港的年均出口额分别为 26 310 万美元、10 231 万美元、10 229 万美元。我国黑木耳进口来源国家和地区主要是朝鲜与中国香港。从进口单价看，朝鲜木耳单价仅为中国香港的 17%，在价格上具有竞争优势。

（五）市场价格

　　2014—2021 年黑木耳批发市场价格呈 U 形波动走势。2015 年市场批发平均价最高，为 36.06 元/千克，随着黑木耳产量持续增加及市场供应的基本饱和，黑木耳市场价格逐渐走低，加之低温多雨等自然因素影响，黑木耳品质下降，价格下跌到 31.18 元/千克，2019 年、2020 年黑木耳价格逐步回涨，至 2020 年价格涨至 36.01 元/千克，2021 年因消费市场低迷、物流受阻等因素影响，价格下跌明显。黑木耳批发价格的季节性变化比较明显。1—5 月价格较高，8—12 月价格最低，市场零售价格在春节、五一劳动节及十一国庆节等节假日有所上涨。

（六）成本与收益

受生产成本趋高及市场价格趋低的影响，近 5 年各经营主体的纯收益持续下降。以黑龙江普通种植大户为例，2014 年黑木耳种植总成本为 2.1 元/袋，2018 年成本最高，为 2.7 元/袋；2014 年农户黑木耳纯收益为 1.2 元/袋，2015—2016 年保持在 1 元/袋以上，农户收益可以得到保障；但 2017 年下滑至 0.7 元/袋，2018 年纯收益继续降到 0.3 元/袋，收益大大降低，严重影响农民的种植积极性。2019 年有所回升，为 0.8 元/袋；2020 年黑木耳企业平均利润为 1.08 元，菌包平均成本 1.2 元，人工成本等其他成本平均 1.04 元，北方地区人工成本低而菌包成本高、南部地区菌包成本低而人工成本高。

二、黑木耳产业发展存在的问题

（一）生产模式和技术较为粗放

一是菌种标准化程度低。目前菌种的原材料成分以木屑为主，很多菌种没有经过认证部门审批许可就直接面向市场销售，同名异种和同种异名现象严重，没有质量保证，导致黑木耳减产或绝产，扰乱了食用菌菌种市场的正常秩序，加之缺乏有效的市场监管机制，菌种质量缺乏界定标准，导致菌种出现问题，农民难以维权。二是生产技术粗放，没有实现环境的智能化管控，凭经验管理，造成黑木耳产品等级低。

（二）产业链不完善

食用菌产业，尤其是黑木耳产业是农民增收致富的好项目，但一些地区没有经过充分论证和市场调研，就盲目投产，加之缺乏科学种植知识和管理意识，尤其是遇到气候异常变化和舆情等不利因素时，必然造成黑木耳产品质量不过关或减产甚至绝产，严重挫伤菌农积极性，对黑木耳产业的健康发展也造成了严重影响；另外，从产品结构和销量看，黑木耳生产仍处于种植较低利润阶段，初加工产品占比仍然很大，缺少精深加工产品，商品附加值很低，一定程度上制约了黑木耳产业的进一步发展。

（三）原材料资源匮乏

随着国家林木限伐、环保等方面政策的深入推进，以及受贸易政策的影响，一定程度上限制了食用菌生产原材料的来源，造成原材料市场价不断上涨，对黑木耳生产造成了一定的影响。

（四）资源环境制约发展

随着我国生态环境保护和商业性采伐全面禁止政策的出台，大量废弃菌渣及塑料袋的处理亟待解决，同时可用于生产的木屑原料减少，菌林矛盾日益突出，主产区菌包成本上升较快，限制了黑木耳产业的发展。

（五）价格持续走低影响产业发展

当前，黑木耳产业扶贫基本采取资金补助的方法，贫困户的投入只有普通耳农的一半或更低。由于投入少、成本低，部分贫困户因种种原因出售黑木耳的价格偏低，直接拉低了黑木耳行业价格，导致主产区的一些耳农不得不暂时退出黑木耳生产，影响了黑木耳产业的健康发展。

三、黑木耳产业发展前景展望

（一）生产规模和产量平稳发展，供需波动中保持平衡

随着黑木耳产业扶贫项目的平稳发展，未来3～5年，我国黑木耳种植规模与产量将呈现基本稳定的态势，产业重心向质量型转变。黑木耳产业向标准化、工厂化发展的模式是大趋势，生产规模受市场调节，供需会在波动中平衡。

（二）消费量将稳步增长，突破性消费取决于产品的开发

黑木耳因药食兼用而备受消费者喜爱，随着黑木耳功能型食品、即食食品、美容用品及医疗食药品的开发与利用，黑木耳加工消费量将会有较大提升。在消费区域上，经济发达的广东、山东、浙江、江苏、河南是消费的主要区域；中青年人群是线上消费主力军。

（三）竞争优势明显，贸易顺差格局稳定

中国黑木耳生产优势、科技优势明显，未来我国黑木耳在相关国家和地区的贸易量将保持稳定，拓宽国外市场取决于质优价廉的商品和对品牌的宣传。

（四）优质优价、野生特色产品更加有竞争力

从消费者"优质优价、产地直销"的新消费观念出发，产地农户通过微商、电商等方式出售黑木耳，将提升产地黑木耳的销售量及价格，农户收益会随之增多；从电商搜索数据看，干货、东北、野生、特产、包邮出现次数最多，原产地和野生产品更

加具有销售竞争力。

报告撰写人：

黄峰华	黑龙江省农业科学院农业遥感与信息研究所	科室主任、高级农艺师
孔　鹏	中国食用菌协会技术指导部	副主任
	中国食用菌协会黑木耳分会	秘书长
金东艳	中国农业科学院农业信息研究所	副研究员

我国黄花菜市场与产业分析报告

黄花菜是我国传统的特色蔬菜，又名"金针菜"，具有"食为菜，观为花，用为药"的多重价值，富含维生素 E、多糖、类黄酮、卵磷脂、类胡萝卜素、生物碱和酚酸类等多种功能物质，在安神解郁和促进泌乳方面具有显著效果。同时，我国也是黄花菜种质资源的分布中心，具有丰富的品种资源。目前，全国黄花菜生产主要分布在山西、陕西、甘肃、湖南、宁夏、四川等地，是当地发展特色农业和提高农民收益的重要经济作物。近年来，由于劳动力成本提高，产区呈现由南向北转移态势，产区内规模化生产加快，产业链条逐步延伸。消费市场以干菜为主辅以鲜菜销售，由于人们长期形成的饮食习惯，近几年市场年消费量表现稳定，消费地区为内销兼出口外销，流通模式以产地直销居多。黄花菜市场价格年内波动不大，年份间成周期性振荡。规模化种植的比较效益有下滑趋势。自 2017 年以来，出口量呈先增长后下降的走势。预计未来黄花菜种植面积和产量稳中有升，初加工农产品销量较为稳定，衍生产品蓬勃发展，消费方式仍以内销为主，同时更加多样化。建议加快黄花菜育种体系建设和产品研发投入，加强种植环节的机械化水平，提升黄花菜产业比较优势。

一、黄花菜产业发展现状

（一）生产

中国黄花菜种植地区主要集中分布在山西大同、陕西大荔、甘肃庆阳、湖南祁东、宁夏盐池和四川渠县等地，同时在其他地区也有零星分布。2020 年，全国黄花菜种植面积约 100 万亩。调研结果显示，2021 年，山西大同黄花菜种植面积 26.5 万亩，甘肃庆阳 16.3 万亩，陕西大荔 9 万亩，湖南祁东 16.3 万亩，宁夏盐池 16 万亩，四川渠县 10 万亩，合计 94.1 万亩（表1）。

目前，全国黄花菜栽培品种以地方品种为主，通过分株繁殖方式进行扩繁。全国大部分地区采收期集中于 6 月中旬至 8 月初。根据种植地区气候条件和栽培管理水平差别，每亩干菜产量为 160～300 千克不等。由于黄花菜的生理特性，采收时间通常从凌晨开始采摘至中午前结束，采收过程完全依靠手工，人均每天采收量约为 0.85 亩，折合 50～60 千克鲜黄花菜。

表 1 2021 年各黄花菜主产区生产情况汇总表

	面积（万亩）	鲜菜产量（万吨）	干菜产量（万吨）	鲜菜售价（元/千克）	干菜售价（元/千克）	全产业链总产值（亿元）	亩产（鲜菜，千克）	亩产（干菜，千克）	亩产值（元）
山西大同	26.5	14.1				30.28			
甘肃庆阳	16.3		2.3	11～12				69.4	
陕西大荔	9	12			52	12			
湖南祁东	16.3	38		5	30	26.8			
宁夏盐池	16	18	2.5		43	11			6 880
四川渠县	10				50		1 000	75～100	

数据说明：黄花菜童龄期较长，通常为 2～3 年，因此，新建产区产量未计入。表中所列面积为各产区黄花菜种植面积。

（二）消费

1. 以干菜为主，辅以鲜菜销售。据不完全统计，截至 2021 年 10 月，全国消费鲜菜 2.2 万吨，干菜 5.5 万吨。一般 7 克鲜菜可制出 1 克干菜，按此比例计算，鲜菜消费量仅为干菜的 5.7%。预计 2021 年干菜总消费量可达 6 万吨。

2. 消费方式南北各具特色。我国南方地区多将黄花菜煲汤食用，特别是福建、广东、浙江、上海、湖北、四川等地区，对黄花菜需求量较大。在我国北方地区，人们喜欢将黄花菜作为提味佐料熬制成卤汁制作打卤面、火锅等。由于黄花菜具有显著的催乳功效，各地均有将黄花菜与猪蹄炖汤用于帮助产妇产后泌乳的饮食习惯。鲜黄花菜则是经过焯水处理后凉拌食用。除此之外，各地也有种类丰富且独具特色的食用方式。

3. 鲜菜消费存在明显季节性，干菜需求量较为均衡。在每年 5 月下旬至 6 月，即采收季初始，鲜黄花菜作为当季蔬菜，消费量有明显增加。除此之外，全年基本以干菜销售为主，且全年无明显的季节性差异。

（三）加工流通

1. 初级加工产品以干菜为主。黄花菜主要有鲜黄花菜和干制黄花菜 2 种初级农产品。由于鲜黄花保鲜期短，保鲜难度大，只有少量流入产地的超市和饭店，大部分为制干产品进入市场内销和外销。黄花菜干制的主要环节为杀青和干制 2 个过程，其中杀青主要使用锅炉蒸汽蒸制，后经过日光晾晒或烘干设备完成干制步骤。

2. 基础设施建设逐步加强。具体包括黄花菜晾晒场、预冷库、初加工等设施建设。以山西大同为例，截至 2021 年年底，全市共建设黄花晾晒场 157 个，预冷库 131 座，初加工设施 78 个，较上年分别增长 12.1%、65.8% 和 41.8%。通过升级设施设备，缓解黄花采收后加工压力，产业基础不断夯实。

3. 集散流通方式趋向多元化。近年来，随着物流业发展和当地政府扶持，各产地初步实现生产、仓储和物流整合，即在产地完成直销或出口，对传统单一集散地的依赖性变小。另外，鲜黄花菜主要以山东和北京等地作为主要集散地，流通至全国市场。

（四）进出口

我国黄花菜市场以内销为主，外销为辅，近 5 年均无进口。以 2021 年为列，1—10 月出口量仅占国内同期消费量的 1.3%。出口产品主要销往东南亚各国、日本以及全球华人聚集区。中国海关总署公布数据显示，2017—2021 年，黄花菜单价持续上涨，但自 2019 年开始，出口贸易持续大幅度缩减，且单价涨速回落。预计 2021 年底，全年出口量将比 2017 年降低约 22%，降至近 5 年来最低点（表 2）。

表 2　黄花菜出口情况汇总

年份	出口量（千克）	出口额（元）	单价（元/千克）
2017	974 092	47 237 344	48.5
2018	1 114 609	63 595 500	57.1
2019	1 007 652	61 613 373	61.1
2020	959 603	73 522 158	76.6
2021 年 1—10 月	753 977	58 144 749	77.1

（五）市场价格

1. 年内价格较为稳定。除去新冠肺炎疫情因素，同一年份内，黄花菜价格并不存在"旺季"和"淡季"之分，全年表现平稳。产地来源和品质不同是造成同期黄花菜价格差异的主要因素。受疫情影响，各地经纪人频繁流动于各产区的过程中，多次受到疫情隔离，影响了干菜流通，致使 2021 年干菜价格持续走高。

2. 对市场增量敏感，年际呈周期性波动。不同年份间，黄花菜价格以 4～5 年为一个波动周期，呈周期性震荡波动。历年调研数据表明，全国 8 万吨干菜基本可以保持供需平衡。

（六）成本收益

1. 农资投入量稳定。以甘肃庆阳为例，农户中每种植 1 亩黄花菜，肥料和农药等农资费用为 850 元，而合作社种植需增加土地流转费，每亩成本增加至 1 000 元左右。总体而言，农资投入量稳定，农资市场价格上涨导致黄花菜种植成本相应增高。

2. 人力成本是推高黄花菜生产成本的主要原因。由于劳动力紧缺导致劳动力成本持续上扬。以大同地区为例，2018 年每千克黄花菜中劳动力成本为 1.6～2.0 元，2020 年增长至 2.0～2.4 元，2021 年持续增长至 2.4～3.0 元。

3. 规模化种植主体比较优势下滑。与玉米、小麦等大田作物相比，农户种植黄花菜的比较优势依然存在，但对于合作社等规模化种植主体，由于人力劳动成本快速增加，比较优势有下滑趋势。

二、黄花菜产业发展面临的问题

（一）主产区品种单一、新建产区品种混杂

黄花菜育种研究基础薄弱，目前缺少针对性的黄花菜育种与种质管理工作，导致黄花菜始终未能建立起有效的育种体系。黄花菜育种仍然停滞于自然条件下优异种质的挖掘与扩繁，育种工作存在盲目性和随机性。各产区选用品种仍以当地农家种为主，新兴产区依靠引种和移栽扩繁，造成品种性状退化，成为产业可持续发展的瓶颈问题，品种提纯复壮和创新种质工作亟待加强。

（二）人力成本高，机械化程度不足

在黄花菜采收期，为采集单重最大、外观最优、品质最好的黄花菜花蕾，大量人力于凌晨至田间徒步背袋采收，劳动密集且效率不高。特别是随着劳动力成本的增加，采收成本已经成为黄花菜生产过程中投入最大的生产环节。

（三）现有消费方式单一，需求量基本饱和

由于长久以来人们普遍认为"新鲜黄花菜中含有秋水仙碱，因而不能生食，不能多食"，这一误区在一定程度上限制了黄花菜的消费量，再加上黄花菜的烹饪方法单一，一般仅作为配菜使用，黄花菜的初级农产品市场趋近饱和，需求量较难在短期内提升，创收增效能力变缓。

（四）产业化程度较低，功能产品开发不足

目前全国黄花菜产区中家庭自产自给的传统农业种植方式仍占据相当一部分比例，农业规模化生产程度较低，限制了黄花菜产业的二三产融合发展，与其他蔬菜种类相比，产业链条延伸缓慢。以大同市为例，2020 年山西大同产区黄花菜加工产品

与黄花菜干菜销售量的比值为 3∶7。近两年虽然已研发出即食黄花菜、黄花饼、饮料等黄花菜系列产品，但没有全面推向市场形成规模效应。目前对关键物质的作用机理和代谢通路尚不明确，也在很大程度上限制了黄花菜精深加工产品的开发和利用。

三、黄花菜产业发展前景展望

（一）产地向优势产区聚集，市场需求量有所增加

由于黄花菜耐旱、耐贫瘠，在全国多地均有较大面积种植。但是，我国各地自然气候和社会经济发展程度存在显著差异，南方地区昼夜温差小，采收季节降雨量较大，黄花菜易霉变，造成干物质积累相对减少，干菜出菜率降低，加之人力成本不占优势，产业比较效益被进一步压缩。因此，未来黄花菜产业有向优势产区集群聚集的趋势。同时，伴随人们饮食结构调整及对黄花菜食药保健功能认识的提高，消费市场有望迎来显著提升，相应对产量要求有所提高。

（二）黄花菜产业规模化为主要发展方向

受产业发展程度制约，从成本和能耗两个角度出发，短期内黄花菜产区仍表现为规模化和分散生产的双重格局。但随着市场回报反哺产业升级后，如在采收、灌溉、植保等全生产环节实现机械化操作，大大促进生产效率提高，缓解人力成本压力，实现黄花菜产业节本增效。

（三）培育引导新产品，增加产业附加值

一方面，培育错季开花、产量高、功能物质含量高的黄花菜新品种，以缓解采收压力和拉长花期支撑农业与文旅产业融合；另一方面，一批正在研发及培育的系列精深加工产品将陆续面世，包括黄花饼等休闲食品类、药茶和保健食品类、黄花啤酒等酒类饮料类以及黄花菜面膜等系列化妆品类，积极响应新兴市场消费需求，增加产业附加值。

（四）强化市场营销，线上线下抓突破

针对黄花菜货架期短、不耐贮运的特点，拓展直营销售模式，在全国主要城市建立直营店，并积极探索和尝试家庭式配送、社区服务、小范围团购、合作单位推广等多种策略。适应新零售和新业态的快速发展，充分发挥移动互联网的积极作用，利用网络直播、短视频等形式。通过减少流通环节，降低物流损耗来提高农民收益，也为消费者带去更新鲜的产品，达到供需双方受益的目的。

（五）组建全国产业协会和信息平台，制定产业技术标准

以国内骨干企业为基础，联合各产区种植基地、加工企业和销售公司等黄花菜产业组织，依托国家级行业（产业）协会，组建全国性的黄花菜产业协会。积极争取国家和各省市政府相关部门支持，牵头制定黄花菜产业相关技术标准，规范产业行为，在五大产区内建立国内外市场信息平台，以其权威性和实用性吸引产业内企业加入，为黄花菜产业的发展提供全链条服务。

报告撰写人：

李　森	山西农业大学园艺学院	副院长、教授
	大同黄花产业发展研究院	副院长
武　江	山西农业大学园艺学院	助理研究员
侯非凡	山西农业大学园艺学院	高级实验师
邢国明	山西农业大学园艺学院	教授
	大同黄花产业发展研究院	院长

我国高原夏菜市场与产业分析报告

高原夏菜又称冷凉蔬菜，是夏季利用西北高原独特的气候资源优势生产的优质蔬菜。种植区主要集中在甘肃、宁夏、青海等省（自治区），其中甘肃省是高原夏菜的主产区。从生产状况看，2017—2020年高原夏菜种植面积与产量稳步上升；从加工与流通情况看，高原夏菜以简单包装鲜菜为主；从进出口情况看，以出口外繁种子、辣椒、番茄和洋葱为主；从市场运行情况看，高原夏菜每年价格周期波动，10月至翌年4月价格普遍偏高；从成本收益分析看，设施蔬菜利润普遍高于露地蔬菜，但因种植成本与收益不稳定，利润呈现波动。

一、高原夏菜产业发展现状

（一）生产

1. 主产区种植面积稳步上升，其他产区略有浮动。2017—2020年高原夏菜主产区种植面积呈逐年上升态势（图1），宁夏、青海等其他产区变化不大（表1）。相较2019年，2020年新冠肺炎疫情对三省区种植面积影响不大，主产区甘肃省种植面积增加31.2万亩。

表 1　2017—2020 年高原夏菜种植面积

年份	地区	种植面积（万亩）
2017	宁夏	201.30
	青海	75.36
2018	宁夏	182.70
	青海	65.94
2019	宁夏	196.80
	青海	66.59
2020	青海	202.50
	宁夏	65.33

数据来源：宁夏回族自治区国民经济和社会发展统计公报、青海省国民经济和社会发展统计公报、甘肃省国民经济和社会发展统计公报。

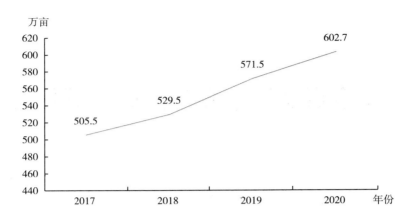

图1　2017—2020年高原夏菜主产区种植面积

数据来源：宁夏回族自治区国民经济和社会发展统计公报、青海省国民
经济和社会发展统计公报、甘肃省国民经济和社会发展统计公报。

2. 主产区产量增幅明显，其他产区略有浮动。如图2所示，2017—2020年高原夏菜种植产量递增幅度差异明显，2018年受价格影响种植面积略有减小，但总产量差异不大。2019年随着种植面积增加，总产量增幅较大，为112.9万吨。作为高原夏菜主产区，甘肃省2017—2020年的产量稳步提升（图2），其他产区除2018年受上年价格影响种植面积下降、产量跌幅明显外，其余年份产量变化不大。2019年主产区产量增幅最大，为96.2万吨。相较2019年，2020年新冠肺炎疫情对各省份产量影响不大，疫情期间主产区产量也增加了96.2万亩。

图2　2017—2020年高原夏菜产区产量

数据来源：宁夏回族自治区国民经济和社会发展统计公报、青海省国民经济和社会发展
统计公报、甘肃省国民经济和社会发展统计公报。

3. 产业布局不断优化，主产区逐步走向规模化、标准化、集约化。作为主产区的甘肃省已形成河西走廊、陇东南、中部沿黄灌区3大高原夏菜优势产区；宁夏回族自治区高原夏菜种植区主要集中在银川市、石嘴山市、吴忠市、固原市和中卫市等地；青海省高原夏菜主要集中在河湟流域西宁、海东两市及柴达木盆地德令哈周边区域、海南藏族自治州贵德县、海北藏族自治州门源县、黄南藏族自治州尖扎县等设施蔬菜特色区。另外，主产区借助高原夏菜产业联盟，推动产业向项目化、园区化、集约化发展，通过加强产业链上下游配套合作，逐步构建了集生产、加工、销售于一体的全链条产业体系。

4. 高原夏菜以农户分散种植和小规模种植为主。高原夏菜生产组织经营模式包括"农户自产自销""合作社＋农户""经销商＋农户""公司＋合作社＋农户""合作社＋基地＋农户""龙头企业＋专业合作社＋基地＋农户"等多种形式，初步形成了以农业企业、专业合作社、种植大户为主，转包、出租、互换等多种流转方式并存的农村土地承包经营权流转格局，但依然以农户分散种植和小规模种植为主。

（二）消费和贸易

高原夏菜主要销往粤港澳大湾区、长三角、成渝地区和周边省份，部分出口哈萨克斯坦、越南、孟加拉国等国。主产区已形成河西走廊和以兰州为中心的沿黄河灌区两大出口新鲜蔬菜优势产区，截至2020年，主产区已培育5个播种面积超过30万亩的蔬菜产业大县，年调出量1 000万吨以上，总产值超过700亿元。2020年上半年疫情期间，主产区高原夏菜主要出口市场为哈萨克斯坦、越南、孟加拉国三个国家，三国的出口额占全省高原夏菜出口额的97％；从品种看，主要是辣椒、番茄和洋葱三类，出口额占全省高原夏菜出口额的98％。

（三）加工流通

高原夏菜以简单包装鲜菜为主。目前，高原夏菜产品大部分以生鲜或者简单包装鲜菜为主，少部分是速冻蔬菜、脱水蔬菜、蔬菜汁、蔬菜粉末以及膨化蔬菜等初级加工产品，还有一小部分是高原夏菜尾菜的深加工品，如花椰菜青贮饲料、纤维素，娃娃菜韩式泡菜，叶蛋白，芹菜叶绿素、芹菜粉等。

线上线下结合实现产销对接。在销售方面，作为西北蔬菜生产、供应和批发集散地，主产区初步形成了以榆中定远为集散中心，以肃州、甘州、永昌、凉州、红古、永登、武山等为主的高原夏菜外销区域集散地。重点主产区形成了从田间地头市场到产地批发市场再到集散中心的冷链物流体系和市场网络体系。受疫情影响，企业借助电子商务线上平台对接市场、联系企业，形成了线上线下相结合的销售模式，"云上商贸洽谈"已日渐成为海内外企业沟通的主要方式。

（四）市场价格

高原夏菜价格呈年周期性波动特征。2019年10月至2021年5月，从兰州20种高原夏菜（青椒、豇豆、尖椒、莲花菜、油菜、番瓜、大白菜、韭菜、青笋、芹菜、洋葱、花椰菜、白萝卜、蒜薹、马铃薯、茄子、番茄、黄瓜、胡萝卜和豆腐）价格波动情况可以看出，每年 10 月至翌年 5 月蔬菜价格普遍偏高。受节日及疫情双重影响，2020 年 2 月环比增幅最高，增幅为 0.96 元/千克（图 3）。

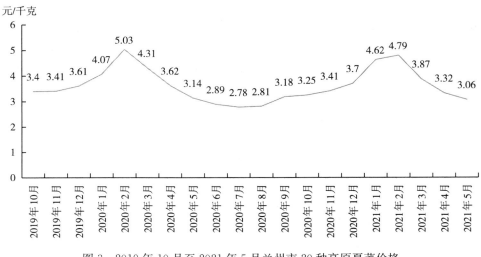

图 3　2019 年 10 月至 2021 年 5 月兰州市 20 种高原夏菜价格

数据来源：甘肃省发展和改革委员会官网。

（五）成本收益

高原夏菜种植成本与收益不稳定，利润呈现波动。设施蔬菜亩利润平均 6 622.86 元，露地蔬菜亩利润平均 2 482.01 元，设施蔬菜亩利润较大，是露地蔬菜的 3～4 倍，但设施蔬菜成本较高，亩成本平均 9 573.68 元，露地蔬菜亩成本 2 835.32 元。2016—2019 年高原夏菜种植亩成本与亩收益最高大多在 2018 年，分别为 5 838.74 元、11 466.74 元，亩利润为 5 628.00 元。受价格、气候等因素影响，高原夏菜成本、收益与利润年际均不稳定（表 2）。

表 2　2016—2019 年青海高原夏菜种植成本与收益分析

单位：元

地域	品种	年份	亩成本	亩收益	亩利润
青海（湟中、湟源、平安、乐都、互助、格尔木、德令哈）	露地大白菜	2016	3 011.12	4 650	1 638.88
		2017	2 469.14	2 780	310.86
		2018	3 065.38	4 175.6	1 110.22
		2019	3 123.89	3 047.33	1 051.71

（续）

地域	品种	年份	亩成本	亩收益	亩利润
青海（湟中、湟源、平安、乐都、互助、格尔木、德令哈）	露地甘蓝	2016	2 512.12	4 549.65	2 037.53
		2017	2 748.76	4 748.91	2 000.15
		2018	3 048.34	5 530.46	2 482.12
		2019	2 603.64	5 050.61	2 446.97
	露地豆角	2016	2 632.584	2 484.09	148.5
		2017	2 904.53	7 235.17	4 330.64
		2018	2 943.7	12 729.48	9 735.78
		2019	2 960.66	5 401.47	2 410.81
	设施番茄	2016	9 733.27	16 529.94	6 796.67
		2017	10 088.17	18 031.1	7 942.93
		2018	10 043.44	18 614.51	8 571.07
		2019	10 522.46	14 172.86	3 650.4
	设施黄瓜	2016	8 323.95	11 983.31	3 659.36
		2017	8 719.1	16 323.15	7 604.05
		2018	10 092.85	16 283.66	6 190.81
		2019	9 066.18	17 633.8	8 567.62

数据来源：青海省发展和改革委员会官网。

二、高原夏菜产业发展存在的问题

（一）主要问题

1. 种植水平不高、新品种和新技术推广力度不足。农户大多依靠经验进行蔬菜种植生产，对农业科学技术不够了解。农技推广与农民教育培训力度不足，缺乏对农民在政策、技术、信息等方面的教育与引导，新品种和新技术推广体系覆盖面不广，农技推广人员数量不足，限制了高原夏菜产业发展水平的提高。

2. 废旧农膜回收率、尾菜利用率低，高原夏菜生态循环处理能力亟须提升。高原夏菜收获后产生的废弃农膜，对土壤质量造成严重影响。同时，高原夏菜每年在采收、加工、运输、销售等环节产生的百万吨废弃叶茎，多丢弃在田间地头腐烂变质，容易造成资源浪费与农业环境污染，已成为高原夏菜产业持续发展面临的重要问题。

3. 产业链条短，农产品加工转化率低。目前，高原夏菜的加工主要集中在冷冻、保鲜、干制等初加工上，腌制品、罐头制品、汤制品、复合制品等精深加工产品和二次增值产品较少。高原夏菜的流通产品大部分以生鲜或者简单包装鲜菜为主，少部分是速冻蔬菜、脱水蔬菜、蔬菜汁、蔬菜粉末以及膨化蔬菜等初级加工产品，导致高原夏菜加工产业链条短，严重制约了高原夏菜产业竞争力。

4. 新冠肺炎疫情影响。一是种植成本不断攀升，影响农民种植积极性。受国际大宗商品供应紧张、价格上涨的影响，加之新冠肺炎疫情限制商品流通，农药、化肥等生产资料价格大幅上涨，比如尿素相比往年价格增长了一倍，明显提升了农民的种植成本，削弱农民种植积极性。二是运输受阻影响了高原夏菜外运效率。受新冠肺炎疫情影响，特别作为高原夏菜主产区的甘肃，疫情高发时洋葱还未采收，外运司机每天需要进行核酸检测，加之有些司机需要隔离，导致洋葱等高原夏菜外运困难。

（二）风险分析

1. 价格不稳定，产业可持续发展风险大。高原夏菜价格频繁大幅波动，直接影响种植户的切身利益和产业可持续发展。市场经济条件下，蔬菜价格过高，种植户获得利润的同时会引发盲目跟风扩种，直接带来下年度的效益风险；同样，价格波动也会给企业和中间商带来高价收购低价出售的经营风险。

2. 蔬菜连作种植，产量和质量风险大。蔬菜连作种植，土壤有害微生物增加，土传病害加重，土壤理化性状劣化，严重影响着高原夏菜产量和品质。目前，我国高原夏菜主产区种植相对集中，受有限的土地资源和生产栽培条件等因素影响，连作面积和连作时间日趋加大、加长，大面积长期连作致使高原夏菜产量和质量受到影响，已经成为制约主产区高原夏菜产量和质量的关键因素，夏菜产量和质量风险不断加大。

3. 缺乏信息共享平台，盲目种植风险大。目前，高原夏菜种植缺乏信息化普及，只是在一些农业现代园区有一些应用，产前产中产后的衔接和互通比较滞后，尤其是产前信息没有共享平台，造成盲目种植现象频发。

三、高原夏菜产业发展前景展望

（一）区域布局将进一步优化

随着土地流转连片种植的发展和农业机械水平的提高，高原夏菜大片种植已成趋势。伴随种植技术水平提升和市场网络发展，新的蔬菜品种会代替销量过低的老品种，内销菜向出口创汇菜转变，将进一步加快高原夏菜品种结构调整，提升市场层次和产品档次，打造形成自然资源充分利用、核心竞争力突出、特色鲜明的优势区域。

（二）蔬菜品质将明显提高

随着高原夏菜质量标准、农产品产地环境标准、农产品生产技术规范的修订和完善，通过加强高原夏菜品质评价体系、产地环境监测评价体系、质量安全追溯体系建设，逐步建立与国际接轨的标准体系，打造高原夏菜绿色、天然有机的品牌效应，利于提升蔬菜品质和品牌打造。

（三）生产规模和消费需求将稳定增长，国际蔬菜市场需求量加大

随着粤港澳大湾区"菜篮子"流通体系建设，将有更多高原夏菜走出甘肃，走入更多地区超市与餐桌。中欧班列的开通，为高原夏菜产区与"一带一路"沿线国家搭建了沟通桥梁，加快了高原夏菜"走出去"的步伐，使更多的高原夏菜走出国门。

报告撰写人：

张　艳　山东农业大学农业大数据研究中心　副教授

柳平增　山东农业大学农业大数据研究中心　主任、副院长、教授

张　超　山东农业大学农业大数据研究中心　副教授

孟宪勇　山东农业大学农业大数据研究中心　副教授

刘　彭　山东农业大学农业大数据研究中心　讲师

喻　杰　山东农业大学农业大数据研究中心　讲师

我国大蒜市场与产业分析报告

我国是全球最主要的大蒜生产国、消费国和出口国，出口额占世界出口总额的一半以上。从产量看，2014—2020 年，我国大蒜产量呈波动上升趋势，2020 年达到历史最高点 2 402.8 万吨；从消费情况看，大蒜主要以鲜食和初加工为主，功能性产品需求呈上升趋势；从市场运行看，大蒜价格频繁大幅波动，市场稳定性差；从农业特色品牌建设看，截至 2021 年 6 月，与大蒜相关的农产品区域公用品牌仅有 8 个，品牌建设亟须加强；从贸易看，大蒜出口总量呈波动上升趋势，2020 年出口总量达到历年最高点 217.15 万吨。从未来发展前景看，我国大蒜产业的精深加工、多样化及品牌化，将为大蒜产业发展带来新的机遇。

一、大蒜产业发展现状

（一）生产

1. 种植面积相对稳定，种植区域相对集中。 我国大蒜种植区域分布广泛，主产区主要集中于山东、河南和江苏 3 个省份，种植面积占全国总面积的 50% 以上，主产省内大蒜种植区域相对集中。2014—2020 年，大蒜种植面积基本在 1 200 万亩上下波动（表 1）。大蒜是越冬作物，在 2020 年新冠肺炎疫情暴发前就已经完成种植，疫情并没有对大蒜的种植面积产生影响。2021 年秋分过后，大蒜主产区受大雨影响，大蒜种植时间推迟了近半个月，但在寒露节之前基本种植完成，2021 年全国总种植面积为 1 203 万亩。

表 1　2014—2020 年大蒜主产省种植规模

单位：万亩

省份	2014 年	2015 年	2016 年	2017 年	2018 年	2019 年	2020 年
山东	299.8	292.9	295.1	393.3	306.2	364.9	271.8
河南	175.5	196.5	182.3	225.8	153.3	186.4	167.4
江苏	157.4	149.0	148.8	161.4	119.1	153.6	164.5

（续）

省份	2014 年	2015 年	2016 年	2017 年	2018 年	2019 年	2020 年
河北	52.3	52.1	53.5	60.6	48.5	35.5	24.60
甘肃	15.2	15.1	14.5	14.2	13.4	14.9	14.9
其他	474.8	470.4	474.8	584.7	439.5	527.8	538.3
合计	1 175	1 176	1 169	1 440	1 080	1 283.1	1 182

数据来源：《中国农村统计年鉴（2014—2019）》，2020—2021 年数据来自课题组遥感测量。

2. 产量波动上升。近 5 年，我国大蒜产量呈现波动上升趋势，总产量稳居全球首位。自 2018 年的 2 222 万吨，下降到 2019 年的 1 966 万吨，2020 年又上升至 2 402.8 万吨，整体呈现上升趋势（图 1）。我国大蒜总产量自 2010 年以来始终占全世界总产量的 75％以上，2020 年中国大蒜产量占亚洲比重为 92.21％，占全球比重达 75.09％。

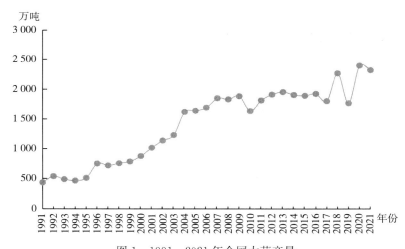

图 1　1991—2021 年全国大蒜产量

数据来源：联合国粮农组织、布瑞克数据库。

3. 经营模式以自产自销为主。我国大蒜种植区域分布广泛，大多以小而散的农户生产种植为主。种植模式主要有大蒜与玉米、水稻轮作以及与辣椒、棉花套种等。生产组织模式有农户自产自销、公司＋农户、公司＋合作社＋农户、合作社＋农户等，其中农户自产自销为主，其他经营模式为辅。

（二）消费

1. 消费量稳步增长。国内大蒜市场需求和人均消费量均呈现增长态势。按照表观消费量（总产量减去库存量和出口量）简单估算，我国大蒜消费总量由 2001 年的 735 万吨上升至 2020 年的 1 713.49 万吨，增长 2.33 倍。

2. 南北方消费差异性明显。北方大蒜消费以食用鲜蒜为主，南方一般将大蒜作为佐料。从消费来源看，多数城市消费者会选择从超市或者农贸市场购买大蒜，乡村消费者一般是自产自用和从集市购买。

3. 深加工消费需求潜力大。随着快餐业发展，调味蒜泥、蒜粉等产品需求量大增。随着医药保健业兴起，蒜汁饮料、蒜素微胶囊等保健品需求量快速增长，同时以大蒜为原料的美容美发产品也将有很大市场需求。

（三）加工流通

1. 国内大蒜以初加工为主。当前国内大蒜产品以原料和初级加工品为主，初级加工品包括蒜粉、蒜片、蒜泥、蒜米、糖醋蒜、盐渍蒜、大蒜脆片等；还有以大蒜中功能物质为主的深加工产品，如黑蒜、大蒜素、蒜油、蒜氨酸、大蒜多糖、抗氧化活性物质等。经二次加工的产品，涉及保健食品、饮料、酒、调味食品、医药产品、化妆品及饲料等多个领域，目前深加工产品比例较小。

2. 流通主体和环节较多，线上销售渐成规模。从事大蒜流通的主体既有蒜农、农民经纪人、批发商、零售商，又有大蒜加工企业、农民专业合作社等大型经济组织，流通主体较多。大蒜流通环节一般包括：蒜农—农民经纪人—大蒜批发商—零售商—消费者，流通环节较多，流通成本一般占总成本的20%～40%，近年来线上销售渐成规模。

（四）进出口

1. 中国是全球最重要的大蒜出口国。中国大蒜出口量占世界总量的80%以上，出口市场相对稳定。2004—2020年，中国大蒜出口量和出口金额呈波动上升趋势（图2）。2020年由于海外新冠肺炎疫情持续蔓延，大蒜出口总量239.31万吨，较上年增长27.3%。

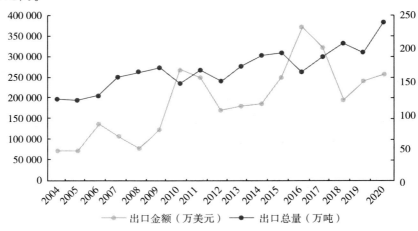

图2 2004—2020年我国大蒜出口量及出口额

数据来源：中国海关总署。

2021年大蒜出口较上年下滑明显（图3），主要原因是新冠肺炎疫情加上苏伊士运河货轮搁浅事件的影响，货柜一柜难求，运费高涨。2021年4—5月每周运费上浮1 000美元左右。

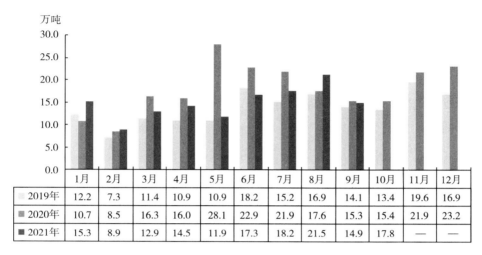

万吨	1月	2月	3月	4月	5月	6月	7月	8月	9月	10月	11月	12月
2019年	12.2	7.3	11.4	10.9	10.9	18.2	15.2	16.9	14.1	13.4	19.6	16.9
2020年	10.7	8.5	16.3	16.0	28.1	22.9	21.9	17.6	15.3	15.4	21.9	23.2
2021年	15.3	8.9	12.9	14.5	11.9	17.3	18.2	21.5	14.9	17.8	—	—

图3　2019—2021年鲜或冷藏蒜头出口月对比

数据来源：中国海关总署。

2. 出口市场需求稳定增长。我国出口大蒜主要以鲜或冷藏大蒜、干大蒜、醋蒜及盐水大蒜等初级产品为主，主要出口东南亚、巴西、中东和欧美等地区，国际市场需求相对稳定。2021年我国大蒜出口量靠前的国家分别是印度尼西亚、越南、马来西亚、菲律宾、泰国及巴基斯坦，合计出口量占出口总量的64%（图4）。

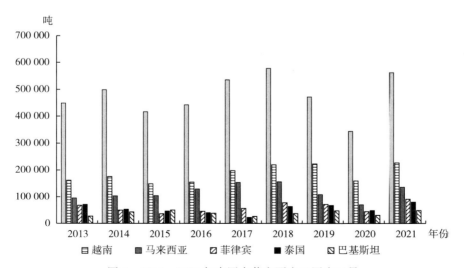

图4　2013—2021年中国大蒜主要出口国出口量

数据来源：中国海关总署。

（五）市场价格波动分析

1. 大蒜价格波动较大。金乡是大蒜主产区之一，近年来金乡大蒜市场批发价格波动明显（图5）。2013年上半年价格持续下降；2013年6月至2021年期间出现了两次波峰。具体来看，2015年1月至2017年4月，大蒜价格呈波动上升趋势，2017年4月大蒜价格达到了峰值，之后出现断崖式下跌；2018年大蒜价格一直处于低迷的状态，2019年大蒜价格出现回升，并于2019年6月达到波峰；2020年4—5月出现一次快速下跌，2020年5月至2021年12月大蒜价格都保持一个较低的状态，但总体呈现上升趋势。

图5　2013—2021年大蒜批发市场价格

数据来源：蒜通天下。

2. 新冠肺炎疫情对大蒜价格的影响。2020年新冠肺炎疫情期间，大蒜价格先快速下降后回弹并趋于稳定。新冠肺炎疫情初期，大蒜价格变动幅度不大，随着疫情进一步蔓延，各地"封城封路"措施，导致交通运输不便，大蒜批发价格大幅度下跌。之后有网络谣言"大蒜可以杀灭新型冠状病毒"导致部分网民抢购大蒜，大蒜价格上涨，随着网民回归理性，大蒜价格回落；5月后国内疫情得到初步控制，出口订单在短时间内迅速增加，大蒜价格开始缓慢回升。

二、大蒜产业发展存在的问题

（一）连作重茬、品种退化现象严重

连作障碍影响大蒜的生长发育，导致产量不稳，质量下降，严重的甚至导致大蒜

死苗，产量和质量风险不断加剧。市场上大蒜质量参差不齐，部分蒜农仍然沿用传统的大蒜种植技术和方法，造成了品种退化现象严重。缺乏优质大蒜品种，重茬病害严重，影响大蒜品质和产量。大量使用化肥和农药及塑料薄膜、造成土壤有机质大量流失，土壤板结、污染现象严重。

（二）精深加工产品少，加工技术有待提高

国际上大蒜深加工产品有 130 多种，我国只有 40 多种，加工以技术含量较低的初级加工产品为主，精深加工产品少，大蒜素和大蒜油的生产尚未形成规模。深加工能力不足已成为制约我国大蒜产业进一步发展的瓶颈。

（三）产业组织化程度低，品牌建设重视不够

组织化程度低、分散经营的大蒜中小企业面对产业市场化、国际化挑战，暴露出规模小、竞争无序、竞争力缺乏等突出问题，产业效益整体较低。品牌建设重视程度不够，大蒜品牌宣传内容过于单一、宣传技术和手段严重落后、宣传创新不足等因素导致品牌效应远未得到充分发挥。

（四）缺乏权威科学的产业信息服务平台

信息混乱和官方权威信息缺乏是大蒜种植面积盲目扩大和缩减的重要原因。由于产业信息不对称，部分大蒜贸易商利用信息优势进行运作，游资注入助推蒜价频繁大幅波动，影响产业平稳健康发展。

三、大蒜产业发展前景展望

（一）大蒜深加工能力将进一步增强

提高大蒜深加工水平是实现大蒜产业转型升级和提质增效的最有效手段。通过加大科技投入，向精深加工方向发展，改变我国大蒜产品出口结构，丰富出口产品类型，提高产品国际竞争力，提升产品附加值和产业效益。

（二）大蒜产业数字化、标准化体系将逐步建立

产业数字化、标准化体系的建立是大蒜产业发展到一定阶段的必然要求。标准化是产业高效、健康及可持续发展的保证，应从大蒜的种植、采收、加工、包装、贮藏及出口等各环节入手，建立和完善以品种质量标准、产地环境标准、农业投入品标准、生产技术标准和农产品质量标准等为主的一系列标准，产业的数字化、标准化建

设将进一步增强品牌建设。

（三）大蒜产业大数据精准服务体系将加快形成

随着我国产业数字化进程的不断推进，大蒜产业数据的不断积累以及数据挖掘分析能力的进一步增强，大蒜产业大数据精准服务能力将不断提升，大蒜产业大数据精准服务体系将加速形成。

报告撰写人：

柳平增　山东农业大学信息科学与工程学院　副院长、教授

张　艳　山东农业大学农业大数据研究中心、山东农业大学信息科学与工程学院
　　　　副教授

张　超　山东农业大学农业大数据研究中心、山东农业大学信息科学与工程学院
　　　　副主任、副教授

孟宪勇　山东农业大学农业大数据研究中心、山东农业大学信息科学与工程学院
　　　　副教授

刘　彭　山东农业大学农业大数据研究中心、山东农业大学信息科学与工程学院
　　　　讲师

喻　杰　山东农业大学农业大数据研究中心　讲师

我国百合市场与产业分析报告

百合具有适应性强、用途广泛、食用和药用价值高、经济效益显著等特点，是我国重要的特色农产品和经济作物，可以有效促进农民增收。中国是百合种质资源最丰富的国家，约占世界种数的一半，其中食用和药用百合生产规模和产量居全球首位，产品研发处于国际领先地位，但国产百合种用球茎市场占有率较低。

一、百合产业发展现状

百合作为我国特色农产品，在农业提质增效、农民增收等方面作用显著。我国现已形成集药食同源、赏食同源功能于一体的系列百合特色品种和产品。其中，食用药用百合种植达 30 余万亩以上且呈增加态势，观赏百合以西南和华中地区为主产区，种植面积达 18 万亩以上。我国花卉界有"南有云南，北有凌源"的说法。食用药用百合的消费主要以鲜百合和百合干为主，百合鲜切花是花卉市场颇受欢迎的高端产品，经济效益明显。市场上不同种类产品价格差异较大，食用药用百合价格主要取决于口感和营养价值，鲜切花价格主要取决于种球成本和代际关系。百合出口产品以观赏百合为主，种类相对单一，进口产品主要以百合种球为主，其中荷兰、智利、新西兰是主要进口来源国。

（一）生产

我国百合种植区域分布广泛，总体呈西部和南部多、东部和北部少的分布特点。全国食用和药用百合种植面积 30 余万亩以上，其中甘肃兰州、湖南龙山、湖南隆回、江西万载、江苏宜兴为主产地。从主产区生产规模看，种植面积呈增加态势。作为全国唯一食用甜百合，甘肃兰州百合种植面积约占 34％，是国家地理标志产品。湖南龙山是全国种植规模最大的卷丹百合产区，种植面积约占 27％，湖南隆回县龙牙百合种植面积约占 10％。山东省新泰市百合种植面积增速很快，已形成了从育种、规模种植、产品深加工、观光旅游的全产业链，百合产业种植面积约 1.2 万亩。食用百合的平均亩产在 1 000～1 700 千克，但由于持续种植，生产管理缺乏科学指导，出现土壤肥力下降、土壤板结，影响产量。

我国观赏百合产区集中在广东、浙江、云南昆明、辽宁凌源、江苏连云港、福建南平等，种植面积合计约 18 万亩。近两年受新冠肺炎疫情影响，百合种用球茎进口有所减少（2020 年比 2019 年进口额减少 2.5%），种植面积下降。

（二）消费

百合区域消费差异明显，鲜食百合消费受上市季节影响较大，观赏百合消费期相对集中。我国北方地区的百合消费主要以药材和保健品为主，兰州百合主要为地方标志性鲜食蔬菜。南方主要用于药材、保健品、蔬菜及佐料等，品种以卷丹百合、宜兴百合和龙牙百合为主。观赏百合消费受传统文化和节日影响，80% 集中在元旦至元宵节期间，消费期相对集中。

（三）加工流通

1. 食用、药用百合研发处于国际领先地位。我国食用、药用百合种植历史悠久，产品研发国际领先，我国产品销往国内各大城市并出口东南亚和欧美国家。近年来，食用百合需求爆炸式增长，仅国内食用药用年需求量就达 9.8 万吨，国外达 10 万吨。

2. 流通以批发市场销售和企业收购为主，互联网销售比重逐渐上升。百合流通主要从零散农户生产到批发市场和各级加工企业，再通过终端超市到达消费者。近几年，鲜食兰州百合形成了"线上＋线下"结合的销售模式，不仅建立了互联网电商平台和网络销售体系，还与正大优鲜、华润万家、沃尔玛等大型超市对接产地直供项目，仅广州、深圳两地兰州鲜食百合每天的销量就达 50 吨左右。随着百合保鲜技术、冷链物流及互联网的快速发展，百合的网络交易量呈上升趋势。

（四）进出口

1. 出口以观赏百合、百合鲜切花为主，进口以种用百合球茎为主。我国百合贸易主要以鲜切花和种用球茎为主（图 1 至图 3）。从图 1 可以看出，2020 年因我国新冠肺炎疫情得到有效控制，并没有影响鲜切花的出口供应，但 2021 年 1—10 月受全球疫情蔓延影响，鲜切花需求有所下降。

2. 观赏百合产品进出口地域集中。观赏百合主要销往缅甸、越南等东南亚国家及中国香港地区，出口额占百合出口总额的 90% 以上（图 4）。种用百合球茎长期依赖荷兰进口，进口量一直占进口总量的 80% 以上（图 5）。

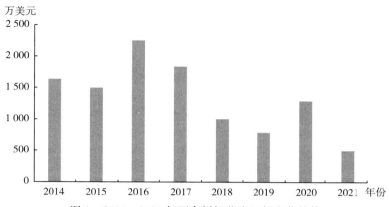

图 1　2014—2021 年百合鲜切花出口额变化趋势

数据来源：中国海关总署。

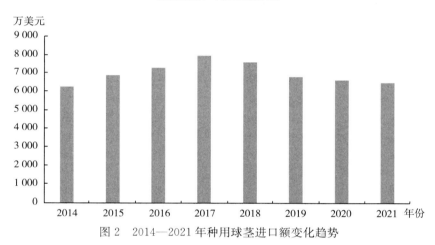

图 2　2014—2021 年种用球茎进口额变化趋势

数据来源：中国海关总署。

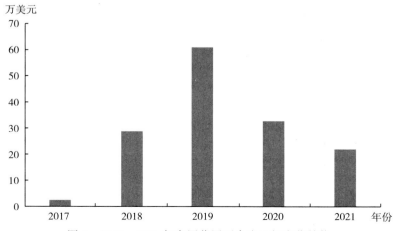

图 3　2017—2021 年食用药用百合出口额变化趋势

数据来源：中国海关总署。

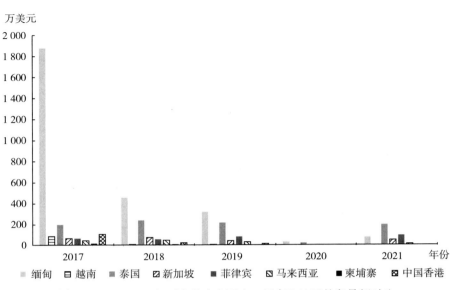

图4　2017—2021年百合花卉主要出口国家和地区的贸易额对比

数据来源：中国海关总署。

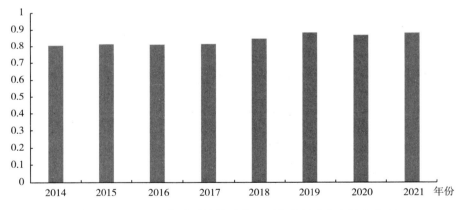

图5　2014—2021年我国从荷兰进口百合种用球茎市场占有率

数据来源：中国海关总署。

（五）市场价格

1. 鲜百合价格波动较大。根据上市季节和产品质量，鲜食百合价格在12～40元/千克，特级兰州百合价格每千克可达上百元。如湖北省鲜百合，在7月中旬上市价格最高，达40元/千克，到8月，主产区的百合大面积成熟，鲜百合大量上市，价格急剧下滑。

2. 药用百合价格大幅下降后趋于稳定。近几年药用百合种植规模和需求稳定，价格进入相对平稳期，但2020—2021年受新冠肺炎疫情的影响，价格又有所下降（图6）。

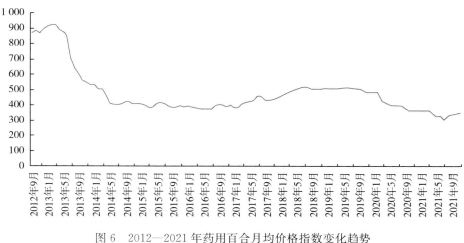

图 6　2012—2021 年药用百合月均价格指数变化趋势

数据来源：康美中药网。

3. 百合鲜切花价格季节性变化显著。百合鲜切花价格随季呈波动变化。从市场份额最高的云南昆明市场看，由于冬百合花的质量较好，加之受到元旦、春节和情人节等节日带动，冬季百合价格较高。随后夏秋季百合大量上市，价格连续 5 个月持续下跌，至 7 月达最低点（图 7）。

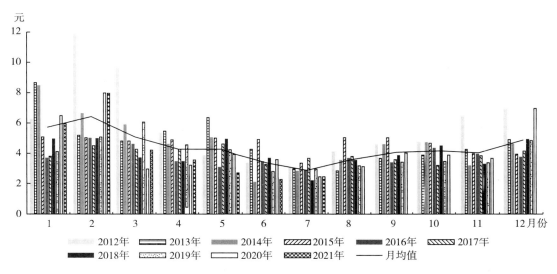

图 7　2012—2021 年昆明百合鲜切花市场月均价格变化趋势

数据来源：《中国花卉园艺》。

（六）成本收益

1. 生产成本。食用百合生产成本包括种球、肥料、农药、农机和人工成本等。

以兰州百合为例，经营成本中人工费用、种球成本最高，各占 40.6%，其余肥料、农机费用等不足 20%。观赏百合种球成本占到总成本的 70% 以上，严重制约了百合产业的发展。

2. 百合收益。百合效益远远高于普通农作物。以兰州百合为例，一般鲜百合亩均收益 1.2 万～2.5 万元，是普通蔬菜的 3～10 倍。如兰州百合的核心主产区七里河区，2020 年全区百合销售产值达 8.6 亿元，人均收益达 8 996 元，占全区农民人均纯收入的 41%。百合花是花卉市场的高端产品，收益远高于其他主流鲜切花，如 2021 年昆明产区鲜切花市场单枝百合价格是玫瑰价格的 2.7 倍，是康乃馨价格的 10 倍，百合鲜切花亩均收益 2 万～8 万元。

二、百合产业发展存在的问题

（一）百合产业存在的问题

1. 食用百合品种少，种性退化及病害严重。百合种用球茎主要由种植户自繁自育，长期无性繁殖，种球内感染和积累了大量烟草花叶病毒和无症病毒，种源严重退化，如兰州百合老产区的单产已下降近一半。

2. 连作障碍突出。由于百合主产区长期种植且生长周期长，难以开展轮作倒茬，连作障碍严重，导致部分产区退出百合生产。

3. 百合深加工落后，企业竞争力不强。百合加工企业一般规模较小，加工产品技术含量低，高精深层次产品相对较少，且缺乏必要的工艺和有效的质量标准，百合企业竞争力不强。

4. 观赏百合种球严重依赖进口，自主研发产品难以推广。以云南百合为例，95% 以上的百合种球依赖进口，花农利润降低。国产百合种球存在带毒率高、产量少、整体质量偏低等问题，市场认可度不高。

（二）百合产业面临的风险

1. 种植成本高，食用百合价格波动大。食用百合收益期较长，种植成本及技术要求相对较高。且食用百合随上市季节变化价格大幅度波动，给产业带来巨大风险。

2. 百合连作生产，产量和质量风险大。我国食用百合主产区相对集中，加之百合轮作最少要间隔 3 年且需 5 倍左右的土地资源储备，导致百合连作面积和连作时间日趋提高，百合产量和质量风险不断上升。

3. 进出口集中度高，存在贸易风险。我国百合花卉出口主要集中在东南亚国家和地区，对部分市场的依赖性导致潜在贸易风险大。同时，我国观赏百合种用球茎严重依赖进口，存在种用球茎断供风险，如 2020—2021 年的新冠肺炎疫情导致进口种球价格上涨，种球进口平均价格由 2019 年的 2.44 美元/千克上涨到 2021 年的 2.59 美元/千克，上涨 6.2%，进而影响国内百合鲜切花的价格。

三、百合产业发展前景展望

（一）综合优势显著，经济效益高

百合集食用、药用、保健、观赏、绿化等用途于一体，与其他粮食作物相比，经济收益较高。百合适应环境和抗灾能力比一般作物强，百合球茎精选后的剩余产品还可作深加工产品的原料，经济价值高。

（二）市场需求量逐年递增，发展潜力大

百合深加工产品市场广阔，需求量以每年 25% 的幅度递增。美国及北欧一些国家也开始从我国购进百合，具有较大的发展潜力。在医疗方面，已开发出 200 多种以百合为原料的中药，医药行业需求较大。

（三）百合产业增收效果明显

百合种植增收效果明显，与乡村旅游相结合，通过花海、美食等吸引游客休闲观光，能创造可观的经济收益。

四、政策措施建议

（一）建立优质种球繁育基地，选育种性优良的新品种

突破百合种球繁育的核心技术，掌握"原原种—原种—母球—商品球"的培育过程，为百合产业保驾护航。

（二）研究现代化种植模式，提升百合品质

依托温室和现代化栽培技术，形成从播种到育苗、栽培到采收、分级包装、贮藏保鲜到运输等各环节配套技术体系。

（三）构建百合产业大数据平台，提升智慧化水平

通过建立大数据平台，定期发布百合价格、市场供需和进出口贸易等产业信息，

打破产业信息不对称局面，促进百合产业健康、高效、可持续发展。

报告撰写人：

宋成宝　山东农业大学农业大数据研究中心、山东农业大学机械与电子工程学院
　　　　讲师

柳平增　山东农业大学农业大数据研究中心、山东农业大学信息科学与工程学院
　　　　主任、副院长、教授

张　超　山东农业大学农业大数据研究中心、山东农业大学信息科学与工程学院
　　　　副主任、副教授

张　艳　山东农业大学农业大数据研究中心、山东农业大学信息科学与工程学院
　　　　副教授

孟宪勇　山东农业大学农业大数据研究中心、山东农业大学信息科学与工程学院
　　　　副教授

刘　彭　山东农业大学农业大数据研究中心、山东农业大学信息科学与工程学院
　　　　讲师

喻　杰　山东农业大学农业大数据研究中心　讲师

第五篇

特色畜禽产品

我国荣昌猪市场与产业分析报告

荣昌猪是我国最主要的生猪地方品种之一，重庆荣昌区是全国最主要的荣昌猪产区，存栏量约占全国存栏量的 80%，受市场萎缩、猪价下跌以及非洲猪瘟等因素影响，荣昌猪尤其是能繁母猪存栏量明显下降。随着非洲猪瘟疫情防控形势的好转，2020 年荣昌猪产能开始逐步恢复，猪价进入上涨周期，养殖连续 2 年保持较好收益，尤其是规模养殖户，带动了荣昌母猪存栏的恢复。展望未来，猪肉消费结构优化和消费偏好的回归为"十四五"荣昌猪发展带来机遇，但全产业链发展仍处于起步阶段，肉制品品牌建设仍需加强，需要科学规划荣昌猪发展，推动产业可持续平稳发展。

一、荣昌猪产业发展现状

（一）生产

非洲猪瘟发生前，荣昌猪出栏呈快速下降趋势，2020 年开始恢复。2011 年荣昌猪（包括荣二元杂交猪）出栏 71.3 万头，2014 年出栏量增至 76.5 万头后开始呈现下降趋势，2019 年出栏 40.7 万头，较上年降低 33.8%。2020 年受产能恢复带动，生猪出栏量回升到 44.5 万头。1999 年母猪存栏为 25 万头，之后受瘦肉型猪市场挤压开始下降，2019 年末存栏量下降不足高峰期的 1/10，2020 年开始明显恢复，当年年底恢复到 2.5 万头，2021 年一季度末较上年底增长 12%。

（二）消费

荣昌猪主要以鲜食为主，加工消费比重较小，农村居民消费量高于城镇居民，2019 年和 2020 年猪肉消费连续两年下降。荣昌区猪肉消费总量从 2011 年 5.5 万吨降至 2020 年 3.4 万吨；2014—2019 年，人均消费量稳定在每年 27 千克左右，2020 年降至 23.9 千克，其中城镇居民从 2015 年的 27 千克降至 2018 年的 25.9 千克，2019 年和 2020 年分别降至 22.5 千克和 20.4 千克，农村居民从 2015 年的

26.9 千克增至 2018 年的 29.0 千克，2019 年和 2020 年受产量下降影响，分别降至 25.3 千克和 21.6 千克。

（三）加工流通

荣昌猪流通以仔猪外销、本地育肥和本地屠宰消费为主，加工消费处于起步阶段。外销仔猪约占 20%，80% 左右为当地消费，其中少部分用于加工乳猪、腊肉等肉制品，约占猪肉产量的 5%。重庆琪金食品集团公司是一家集荣昌生猪保种选育、养殖、研发、屠宰、销售、加工及深加工为一体的企业，目前是重庆市猪肉零售行业规模最大、实体店市场销量第一的生猪全产业链龙头企业。2020 年 5 月，农业农村部、财政部批准建设 50 个优势特色产业集群，荣昌猪产业集群入选。重庆市荣昌区作为荣昌猪产业集群核心，将重点推进保种育种、智能养殖、加工冷链物流、大数据信息化等方面的项目建设，将逐步形成荣昌猪存栏 110 万头、总产值超过 100 亿元的荣昌猪产业集群。

（四）市场价格

荣昌生猪和猪肉价格高于全国平均水平，2019 年以来持续上涨并创新高。据重庆荣昌区畜牧局统计，从年度价格来看，2011 年荣昌生猪和猪肉零售价格达到高点，分别为 16.18 元/千克和 28.00 元/千克，之后开始回落，2014 年跌至 12.24 元/千克和 23.05 元/千克，2016 年再次达到历史高位，分别为 18.29 元/千克和 29.28 元/千克，2018 年跌至 13.48 元/千克和 23.59 元/千克，2019 年开始连续两年明显上涨，2019 年均价分别为 21.67 元/千克和 32.25 元/千克，较上年分别上涨 60.8% 和 36.7%，2020 年创历史新高，分别为 36.02 元/千克和 51.88 元/千克，较上年分别上涨 66.2% 和 60.9%，2021 年 1—11 月均价分别为 21.41 元/千克和 32.63 元/千克，分别下跌 40.6% 和 37.1%。从不同月份来看，荣昌猪 2018 年 7 月跌至 10.2 元/千克，低于全国平均水平，到达低位时间滞后全国，8 月才开始回升，2019 年 8 月涨至上轮周期高点之上，2020 年 2 月涨至 39.83 元/千克的历史高位，之后总体呈现回落趋势，2021 年 5 月才跌至 20 元/千克以下。2021 年 10 月为 13.80 元/千克。猪肉价格呈现相同趋势，2020 年 2 月涨至 60.45 元/千克后开始回落，2021 年 10 月跌至 22.04 元/千克。

荣昌母猪产能下降和猪价上涨带动非洲猪瘟中后期仔猪价格持续上涨。2019 年 5—7 月，由于四川、重庆等西南地区发生非洲猪瘟疫情，荣昌仔猪价格大幅下跌，仅相当于三元仔猪价格的 50% 左右，2019 年三季度末受市场价格上涨影响逐渐恢复常态并持续上涨，尤其 2020 年，均价较上年上涨 207%，达到 90 元/千克高位，之后才开始逐渐回落，2021 年四季度回落至 20~25 元/千克。

（五）成本收益

2019 年和 2020 年连续两年保持盈利状态，散养户与规模户差异明显。2019 年下半年荣昌猪价格回升，养殖效益明显提升，每头盈利 787 元，较全国平均水平高 150 元/头左右，2020 年盈利达到 836 元/头以上，较全国平均水平低 400 元/头左右，主要是由于荣昌猪体重较轻，出栏活重低于全国平均水平，同时用工天数达到 174 天，较全国平均水平高 10 天。小规模户有一定的规模效应，单位生产成本低于全国平均水平，处于较好盈利水平。2019 年盈利水平明显增加，为 1 079 元/头，较全国平均水平高 300 元/头左右，2020 年达到 1 788 元/头，创历史最好水平，较全国平均水平高 280 元/头。小规模户与企业建立合作关系，饲养品种多为荣二元，通过形成品牌能够较普通三元杂交猪溢价 30%～40%，能够实现荣昌猪价值增值。

二、荣昌猪产业发展存在的问题

（一）主要问题

1. 非洲猪瘟发生后市场规模萎缩。 短期来说，为了获得经济效益，原先饲喂荣昌猪的农户和保种场减少荣昌猪数量而饲养外来品种，非洲猪瘟又加剧了荣昌母猪产能的下降。目前，荣昌猪主产区采用"三外"杂交的趋势明显增多，势必导致优良地方猪种数量的减少。虽然荣昌猪在一定程度上受到了当地政府的重视，但在意识和经费投入上还不足够保护荣昌猪这一地方品种，目前还没有形成成熟的荣昌猪长效可持续保护和开发利用机制。

2. 规模养殖比例低，未形成可持续发展的完整产业链。 重庆荣昌猪养殖规模化水平不高，2020 年，年出栏 500 头以上的规模化占比仅为 26.4%。荣昌猪散养的特征更明显，荣昌猪生产以农户散养为主，规模化养殖非常少，养殖规模小、散、乱，整个生猪产业链条不完整。荣昌猪全产业链发展也仅仅处于初级阶段，真正形成具有良好市场效应的猪肉品牌还需要继续探索。

3. 荣昌猪肉品牌化培育仍处于起步阶段。 散养的模式导致荣昌猪及猪勺产品并没有产生明显的品牌价值，荣昌猪和仔猪价格甚至低于三元商品猪，使农村散养模式受到挑战，而规模化养殖发展速度缓慢，影响了荣昌猪资源的有效开发和利用，与东北黑猪、壹号土猪等知名地方猪品牌相比，其市场占有率、品牌价值急需提升。

（二）风险分析

近年来，由于疫病防控风险增大、市场价格波动幅度加大、农村劳动力缺乏、养殖效益和养殖积极性降低等原因，荣昌猪产业的生产方式和产业组织模式受到严峻挑战。

1. 鲜肉销售和地域限制导致市场风险大。 荣昌猪养殖以生鲜肉销售为主，猪肉加工量不到猪肉产量的 5%，且主要以冷鲜肉初加工罐头、腌腊制品为主，没有猪肉精深加工的龙头企业，配套的高附加值的猪副产品开发滞后。同时，荣昌猪鲜猪肉以重庆本地消费为主，外销量很少。以荣昌母猪培育的荣二元、荣三元在其他地区市场推广有限，导致荣昌猪养殖抵御市场风险的能力较弱。

2. 规模化养殖难以实现。 荣昌猪生长周期长，生产特性决定了其以农户散养为主要形式，规模化养殖主要以荣二元和荣三元为主。近年来，由于劳动力机会成本大幅上涨，养殖纯种荣昌猪耗时长、收益低，难以提升养殖积极性。同时，散养模式又导致难以推广标准化生产技术，没有形成生态猪肉的商品生产机制，导致难以实现有效的溢价，进而导致其商品化率不高。

3. 可持续发展的产业链仍不完整。 荣昌猪养殖规模小、散、乱，整个生猪产业链条不完整。2014 年开始，重庆政府和企业均开始尝试发展荣昌猪全产业链，但目前还没有打造出具有全国知名度和市场认可度的猪肉品牌，产业链和供应链仍处于初级发展阶段。

三、荣昌猪产业发展前景展望

（一）消费回归为脂肪型荣昌猪肉带来广阔市场前景

"十三五"开始猪肉消费类型多元化，消费偏好由瘦肉型三元猪向脂肪型地方肉猪品种回归。荣昌猪属于脂肪型，饲养时间长，肌间脂肪和风味物质的含量高，猪肉口感好，肌内脂肪含量、肉色和大理石纹显著高于杜洛克猪。随着猪肉消费者由量向质转变和对生态健康、具有年味的猪肉的追求，一部分消费者开始转向脂肪型、特色地方猪肉，为具有较高知名度的荣昌猪肉带来市场机遇。

（二）荣昌猪肉制品加工提升空间巨大

通过荣昌猪肉深加工不但可以拓展产业链，还能够提升产业价值。通过尝试"品牌化"，以荣昌猪肉为原料的香熏腊肉、巴蜀香肠、酱肉等猪肉加工产品将不断开拓市场。未来，荣昌猪肉加工水平的提高和加工量的不断增加，将会有效带动荣昌猪肉价值增加。

（三）荣昌品牌猪肉产品市场认可度将逐步提升

荣昌猪是全国知名的地方猪品种，荣昌猪肉及产品走差异化、品牌化的道路，能够形成全国性的猪肉品牌，通过加强市场营销，更容易获得消费者的认可。通过培育生猪养殖、屠宰、加工及深加工、销售为一体的猪肉零售行业龙头企业，建立直营门店、商超及配送网点等营销网络，能够快速建立品牌知名度，有效提升市场认可度。

四、政策措施建议

（一）建立荣昌猪长期发展利用规划

地方生猪品种资源保护、创新和利用工作是一项长期性、公益性、战略性的系统工程，中央和地方有关部门要各负其责、密切配合，切实做好组织实施与协调工作。通过建立科学的荣昌猪保护与开发利用机制，以形成保种促开发、开发促保种的良性循环机制，建立产学研联合发展体制和机制，规范荣昌猪的保护和利用，提高其市场占有率。

（二）加快推动三产融合发展，带动深加工

引导支持养殖户和畜牧企业进行标准化、规模化、集约化建设，推行种养循环，建立完善的畜禽废弃物综合利用产业发展机制，实现畜牧业绿色可持续发展。支持大型加工企业转型升级，向畜产品附加值高的精深加工领域进军，推进畜牧产业融合发展。建立统一圈舍、统一粪便处理设施，统一饲养、受精、防疫等流程，对其进行有效保护。

（三）对品牌提升和推广给予支持

荣昌猪肉制品是全国首个同时获得绿色食品认证和国家地理标志证明商标的"双认证"产品，研发出荣昌猪系列猪肉产品销往全国大部分地区，市场反响良好。在全国宣传、推广以荣昌猪肉制品为主的优质农产品区域公用品牌，并在品牌打造上给予专项资金支持，进一步提升品牌影响力和附加值，针对生态荣昌猪的品牌内涵，形成区别于同一市场中其他生猪品牌的产品标识、品牌形象、品牌价值和品牌文化等。

报告撰写人：

朱增勇　中国农业科学院北京畜牧兽医研究所　研究员

我国牦牛市场与产业分析报告

青藏高原作为"世界屋脊""中华水塔"，其生态环境具有特殊重要地位。牦牛产业作为青藏高原地区的特色产业和支柱产业，对于藏区农牧民增产增收、乡村振兴及绿色发展具有重要意义。

一、牦牛产业发展现状

（一）生产

中国是牦牛主产国，牦牛存栏1 600多万头，占世界的90%以上。牦牛主要分布在青藏高原及周边地区，是高寒藏区的重要产业和特色产业。西藏自治区、青海藏区、四川藏区、甘肃藏区、云南藏区、新疆巴音郭楞蒙古自治州均有分布（图1）。

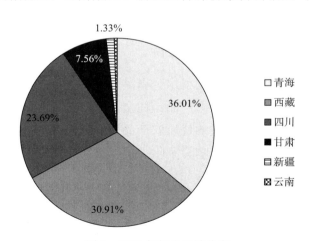

图1　2020年牦牛区域分布

2016年以来，全国牦牛存栏量总体呈上升趋势，从2016年的1 532万头逐步增加到2020年的1 689万头，年均增长2.0%；牦牛肉产量也由2016年的48万吨增加到2020年的57万吨，年均增长3.8%（表1）。牦牛出栏率也逐年上升，从2016年的 25.6％增长到 2020 年的 30.2％，全国牦牛商品率平均为 21.3％。全国牦牛年产奶量约为 90 万吨；平均每百头牦牛的毛及绒产量为 75 千克（图 2）。

表 1　2016—2020 年牦牛生产情况

生产情况	2016 年	2017 年	2018 年	2019 年	2020 年
存栏量（万头）	1 532	1 520	1 569	1 621	1 689
出栏量（万头）	402	373	443	455	510
产量（万吨）	48	49	53	54	57

数据来源：国家肉牛牦牛产业技术体系藏区综合试验站。

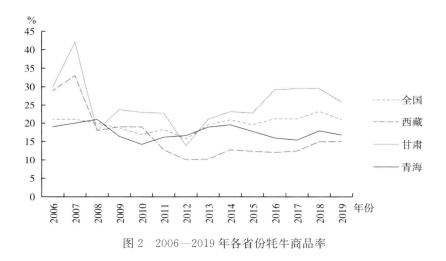

图 2　2006—2019 年各省份牦牛商品率

（二）消费

牦牛为农牧民提供肉、乳、毛绒等畜产品，是藏区牧民重要的生活及收入来源。"十三五"以来，牦牛肉、奶产品以满足藏区消费为主（占 80％以上），少量销往周边省份，牦牛肉干、奶粉等产品销往全国。牦牛屠宰季节较为集中，大部分冷鲜肉在 9—11 月销售，其余时间以冻肉销售为主（鲜肉消费和冻肉消费之比为 20∶80）。

（三）加工流通

目前牦牛产业发展还处在初级加工阶段，加工类型主要有生鲜牦牛肉、牦牛肉干、卤汁牦牛肉、手撕牦牛肉、牦牛肉酱等。牦牛肉产品精深加工数量不多，以西藏自治区为例，牦牛肉加工仍以四分体为主，精细化加工比例不足 5％。肉、奶产品的精深加工技术落后，肉、奶产业加工体系尚不健全。

（四）进出口

近年来，国内肉牛产品供不应求，进口量逐年攀升。目前牦牛产品（牦牛肉、奶、皮毛等）总体产量有限，主要满足藏区人民的日常生活需要，富余部分作为普通牛肉或肉牛制品销往国内其他地区，基本无进出口。

（五）市场价格

2016年以来，由于受藏区资源环境的约束以及限养禁养政策影响，加上市场对肉牛产品的旺盛需求，牦牛不论活体牦牛和牦牛肉，价格均呈上涨走势。特别是西藏自治区，深入青藏高原腹地，大部分地区海拔更高，牦牛生长期更长、运输成本更高，加上可替代产品较少，牦牛均价明显高于其他藏区（表2）。

表2　2015—2019年牦牛（活重）平均出售价格

单位：元/头

年份	全国	西藏	甘肃	青海
2015	3 633	10 467	3 266	3 897
2016	3 840	10 929	3 535	4 204
2017	3 730	10 576	3 175	4 461
2018	3 934	10 066	3 401	4 675
2019	4 546	10 066	3 875	5 433
平均	3 937	10 421	3 450	4 534

数据来源：布瑞克数据库。

表3　2016—2020年各省区牦牛肉价格

单位：元/千克

省区	2016年	2017年	2018年	2019年	2020年
青海	54	55	59	64	73
西藏	95	93	105	95	95
四川	52	55	56	65	75
甘肃	42	46	56	66	80
云南	58	58	76	76	78
平均	60	61	70	73	80

数据来源：根据藏区试验站调研数据整理所得。

2016年以来，牦牛肉价格总体稳步提升。牦牛肉在藏区属于基本生活物品，藏区总人口较少，对牦牛肉的总体需求量稳定。随着国内肉牛产品供不应求，牦牛肉也水涨船高，价格稳步攀升，2016—2020年，牦牛肉价格分别为60元/千克、61元/千克、

70 元/千克、73 元/千克和 80 元/千克。

（六）成本收益

2015 年以来，全国牦牛（活重）总成本呈波动上升态势。2015—2016 年，得益于现代牦牛生产技术和生产模式推广，牦牛生产期缩短、死亡率下降，总成本逐年下降；2017 年以来，伴随着国家环保政策力度加大，牧民逐渐变传统放牧模式为圈养模式，圈舍等物质成本和人工成本的上升推高了总成本（表 4、表 5）。

表 4　2015—2019 年牦牛（活重）平均总成本

单位：元/头

年份	全国	西藏	甘肃	青海
2015	2 973	6 262	2 377	3 384
2016	2 757	5 664	2 168	3 4C1
2017	2 968	6 084	2 310	3 8C3
2018	2 765	6 362	2 228	3 489
2019	2 998	6 362	2 322	3 877

数据来源：布瑞克数据库。

表 5　2015—2019 年牦牛平均净收益

单位：元/头

省区	2015 年	2016 年	2017 年	2018 年	2C19 年
青海	513	803	658	1 186	1 557
西藏	1 680	1 200	2 200	2 000	1 590
四川	1 500	1 500	1 500	1 500	2 500
甘肃	889	1 367	865	1 173	1 558
云南	2 800	2 800	2 800	4 000	4 000

数据来源：根据调研数据整理所得。

二、藏区牦牛特色产业发展情况

（一）西藏自治区创新模式

为破解牦牛产业化困局，并利用牦牛产业实现脱贫，自治区政府大力推广牦牛产业集中式发展，通过政府、龙头企业的共同牵头与推动，实施"金融＋龙头企业＋基地＋合作社＋贫困户＋科技"的模式，采取牦牛集中收购＋农户寄养试点为抓手，在那曲市嘉黎县、色尼区和拉萨市当雄县、日喀则亚东县等地，利用当地丰富的牦牛资源，为当地农牧增收致富提供了有力保障。如日喀则农投集团下的子公司——西藏帕里牦牛产业发展有限公司，通过创新推广"农投＋公司＋合作社＋基地＋牧户"经营新模式，由企业负责牦牛的养殖、选育、推广和牛肉冷鲜产品物流、销售等业务，农牧民通过牦牛作价入股、返聘务工、草场土地经营权流转等形式与公司建立紧密的利益联结，全镇 593 户牧民入股。依照《亚东县扶贫产业利益分配指导意见》《亚东县扶贫产业收益分配奖补机制》的规定，入股户原有的牦牛每头按 5 000 元标准作价入股西藏帕里牦牛发展有限公司，每头牦牛每年分红 650 元，并签订每亩 0.5 元的草场经营权流转协议（入股养殖户则向企业每头每年缴纳 10 千克酥油、20 串奶渣、2 袋牛粪）。2019 年 12 月，首批入股的群众共分红 521.3 万元；同时为 176 人提供就业岗位，兑现工资 594 万元；为建档立卡户设立了奖补岗位 651 个，引导群众依靠勤劳双手创造幸福生活。

新经营模式优势突出，集约化程度高、养殖规模大，工作效率高、劳动力投入小，抗风险能力强。而且，企业邀请自治区农牧科学院专家为牦牛饲草料配置、健康养殖、疫病防控等提供技术指导和技术培训，推广基础牛群良种选配、犊牛培育、疫病防控、冬季补饲等科学养殖方法，通过冬季保暖补饲、夏季散放的养殖模式，提高产犊率；通过分群饲养、分群放牧的养殖方法，逐渐推进养殖方式转型升级，提高牦牛的生产性能、缩短牦牛的养殖周期、提高牦牛的出栏率，牦牛产仔由 2 年 1 胎缩短为 3 年 2 胎，1 年 1 胎的比例达到 65％以上，在保障肉质的同时使选育牦牛后代产肉性能提高 8％，养殖周期从 8 年缩短至 4～6 年，出栏率提高 20％。

（二）四川藏区牦牛品种改良提升农牧民收益

四川省牦牛产业主要集中在阿坝藏族羌族自治州、甘孜藏族自治州的藏族聚居区，是当地农牧民收入的主要来源。近几年通过牦牛杂交改良、舍饲育肥等技术的推广，显著提升了农牧民的收益。牦牛杂交改良后代均价比牦牛提高 3 000 元以上。短期舍饲育肥，有效缩短了牦牛出栏周期，提高了牦牛出栏体重，每头增收在 1 000～1 500元。

（三）青海多举措推进畜牧业绿色发展

青海湟中区按照高标准规划、高起点建设、高水平打造的要求，坚持以"种养结合、草畜联动、大力发展生态畜牧业"的工作思路，合理布局，采取有效措施推进畜牧业可持续绿色发展。一是建立健全畜禽粪污无害化处理长效机制。全区建设生态牧场 6 个；畜禽规模养殖场（户）建立粪污处理台账，健全常态网格化排查机制，完善信息化平台建设，实行清单管理，已录入粪污处理直联直报系统的规模化养殖场 50家。二是配置完善粪污资源化利用设备。投资 290 万元项目专项资金，为 4 家畜禽养殖基地购置鸡粪发酵设备 3 台（套）、鸡粪加工设备 1 台（套）、清粪吸污车 1 辆，新建鸡粪堆积发酵场 1 200 米^2，粪污沉淀池 400 米^3，全区粪污处理设施装备配套率达 100％。三是形成有机肥加工一体化发展模式。积极响应政府倡导的化肥农药减量增效项目及绿色发展样板城市建设，在青海昊农生物科技有限公司改造完成可年产 5 万吨有机肥的生产线 1 条，实现水肥一体化利用、有机肥加工、发酵罐发酵等多形式集中处理粪污模式，为种植业生产提供无公害有机肥料，一定程度上改善了湟中区的种养殖生态环境，促进农业的可持续发展。

三、牦牛产业发展存在的问题和面临的风险

（一）主要问题

1. 良种体系不健全。 在育种方面，养殖场（户）不重视选种选配，对和公牛缺乏科学的选择和培育，在亲代群中随意留种现象比较普遍，牦牛近亲繁殖较为严重，造成品种退化，严重制约牦牛群体生产力水平的提高。在改良方面，由于受养殖环境、交通等条件的限制，牦牛品种改良仍停留在本交层面上，人工授精繁殖技术推广应用率极低。

2. 科学饲养水平低。 牦牛养殖多以传统方式为主，特别是养殖户饲养管理粗放，管理、繁育、疫病防控等综合配套技术缺乏，更缺乏标准化、规模化的生产实用技术。

3. 牦牛产品结构单一。 牦牛肉产品多以最初级的方式出售，80％以上的牦牛肉以生鲜肉的形式进入市场，牦牛奶、毛、皮等副产品没有得到充分的加工利用，并且牦牛产品主体仍处于简单分割阶段，高端牦牛肉产品的开发程度和产品附加值低。精深加工技术落后，产品开发程度低，资源优势、产品优势难以真正转变成经济优势。

4. 品牌培育滞后。 对牦牛肉的绿色生产方式和营养价值宣传力度不够，品牌培育滞后，没有很好地挖掘其生态和营养价值，牦牛肉在市场上与普通牛肉同等对待，与普通牛肉同价销售，尚未创造出与其相匹配的经济和社会效益。

5. 资金周转困难。 牦牛养殖是高投入、高产出行业，流动资金是其发展的重要支撑。牦牛平均育肥周期较长（最少 6 个月左右），饲料需求量大，规模化养殖场（户）普遍存在周转资金缺乏的问题。目前，大部分牦牛养殖（场）户启动资金投入在基础设施建设方面，购买牛只、饲料等的流动资金短缺，难以扩大再生产，严重制约产业的发展。

6. 粪污问题凸显。 受牦牛养殖经济效益的支配，虽然牦牛规模养殖场、贩运育肥户数量逐年增多，但大多数养殖场（户）缺乏必要的粪污无害化处理和资源化利用

设施设备，产生的粪污得不到及时有效处理，如何有效控制粪污问题已成为当前肉牛产业亟须解决的问题。

（二）风险分析

青藏高原是"世界屋脊""中华水塔"，其生态环境极其重要，也极为脆弱，为获取更多经济收入，牧民超载放牧现象时有发生。藏区牧民目前还主要以放养为主、围栏补饲为辅，牦牛养殖数量直接影响其经济收入。

牦牛是藏区的支柱性畜牧养殖产业，牦牛在高海拔地区生长适应能力较强，抗病性能优异。牦牛产业可持续发展面临的主要风险是草地资源承载能力弱，扩大规模造成生态破坏；传统养殖方式，存在肉产品质量安全隐患问题（放牧导致各种体内外寄生虫问题）。因此，需要加快转变肉牛生产方式，统筹牧区、农区、半农半牧区牦牛生产，挖掘区域不同养殖方式增产潜力。

四、政策措施建议

（一）强化良种繁育体系建设

继续加大力度实施畜牧业良种工程项目，不断提高牦牛个体生产性能，推进畜牧业增长方式和经营方式的变革，使养殖业尽快从追求数量转变为质量、效益和生态并重的方向，走高产、优质、高效、生态、安全的可持续发展道路，将天然无污染的牦牛资源真正变资源优势为经济效益，形成"牦牛经济"，为实现农业增效、农民增收做出新的贡献。大力推广牦牛杂交改良技术，推进牦牛本土化选育。结合畜牧良种补贴项目的实施，加大优质种公牛的引进推广力度，开展牦牛提纯复壮，全面提高良种覆盖率。深入推进畜禽遗传资源调查，加强牦牛遗传资源的保护与利用，为藏区牦牛产业可持续发展奠定良好的物质基础。

（二）加强牦牛标准化养殖基地和草料基地建设

一是加大半舍饲、舍饲牦牛标准化规模养殖场和生态养殖牧场建设力度，大力推广以"三增三适"（增温、增草、增料，适度规模、适度补饲、适时出栏）为核心的全新牦牛生产技术模式和农区"增草减料"牦牛养殖模式，不断扩大"牧繁农育"的牦牛养殖规模。二是完善农牧互补的养殖模式，加大饲草料基地及社会化服务体系建设力度，扶持和培育饲草生产加工园区建设，建立健全资源高效利用的饲草料生产体系。全面推进"粮改饲"工作，挖掘饲草料潜力，丰富优质饲草种类，调整种植结构，稳定饲草料种植面积。大力推广饲草青贮技术、禾豆混播技术，保障牦牛养殖饲草料供应，为生态畜牧业发展奠定基础。

（三）创新牦牛养殖模式

以科技创新为动力，充分利用国家肉牛牦牛产业技术体系的技术优势加强合作，进一步转变养殖观念，切实转变分散的传统放牧模式，采取夏季青草期放牧育肥、冬季枯草期舍内圈养的半舍饲养殖模式，以散养为主、保暖补饲为辅，采用营养配方，提高饲料利用效率，发挥牦牛集中育肥示范作用，同时加强疫病防控、抗灾饲草料储备，推进牦牛饲养制度转型升级和绿色健康养殖，切实提高经济效益，增加群众收入。

（四）抓好动物疫病防控

加强口蹄疫、牛结节性皮肤病等动物疫病防控和布鲁氏菌病等主要人畜共患病防控，严格落实免疫、监测净化、检疫监管等各项防控措施，完善牦牛调运监管措施，规范生产投入品使用，提升牦牛养殖场动物防疫条件，降低疫病传播风险，保障牦牛产业健康发展。

（五）促进粪污资源化利用

科学规划牦牛养殖结构和布局，大力发展绿色有机养殖，建设资源节约、环境友好的新型牦牛产业。加强牦牛养殖场废弃物资源化利用的技术指导，大力推广有机肥还田利用，加快推进畜禽粪污资源化利用整县推进项目，支持规模养殖场、种养专业合作社、有机肥加工企业升级改造，提升粪污处理利用及设施装备配套水平，提高粪污资源化利用率，减少环境污染。

（六）做大做强牦牛产业链

探索牦牛集约化生产模式，大力发展标准化规模化养殖，扩大养殖规模。采取订单牧业方式，扩大牦牛公司销售额。建立冷链运输物流中心，打通产品运输环节，保证产品质量。完善牦牛特色产品生产、加工、仓储、运输、销售产业链，做大做强做优牦牛特色产业，推进种养加标准化规范化建设，进一步扩大牦牛产业规模。以牛羊定点屠宰加工企业为基础，加大政策扶持力度，加强牦牛屠宰、肉品精深加工、牦牛肉食品加工、产品研发、牦牛肉贮藏设施建设，通过现代化的屠宰、肉品和副产品加工工艺，延长牦牛产业链条。

（七）加强产业品牌建设

强化牦牛基地的科技支撑和产品推介力度，坚持走生态、绿色、有机品牌路线，做好产品认证和市场营销，以市场为导向，把牦牛产品走向高端市场作为目标，以完善利益联结机制为核心，集中力量打造产业品牌。鼓励牦牛养殖、屠宰企业积极打造特色品牌，推进牦牛绿色食品、有机食品和地理标志认证及商标注册，全面提升牦牛知名度和牦牛产品认同度，提高牦牛产品市场竞争力和附加值，确保企业持续增效、农牧民持续增收。

附表 1　2016—2020 年牦牛产业全产业链基础数据

项目	2016 年	2017 年	2018 年	2019 年	2020 年
存栏量（万头）	1 532	1 520	1 569	1 621	1 689
出栏量（万头）	401	372	442	454	510
产量（万吨）	48	49	53	54	57
加工量	—	—	—	—	—
消费量	—	—	—	—	—
进口量	0	0	0	0	0
出口量	0	0	0	0	0
母牛价格（元/头）	5 675	6 050	6 450	6 125	7 100
成本（元/头）	5 441	5 519	5 864	6 408	7 250
收益（元/头）	1 485	1 755	1 991	2 150	1 802

数据来源：根据西藏及四省藏区统计数据计算所得（国家肉牛牦牛产业技术体系藏区综合试验站搜集）。

附表 2　2016—2020 年牦牛产业主产省区生产情况

主产省区		2016 年	2017 年	2018 年	2019 年	2020 年
青海	规模（万头）	488.4	480.98	506.57	510	608
	产量（万吨）	12.74	13.19	14.66	14.76	17
	产量占比（%）	26.63	26.67	27.54	27.38	29.59
西藏	规模（万头）	460	458	481.8	499	521.9
	产量（万吨）	19.55	19.04	19.33	19.61	22.76
	产量占比（%）	40.87	38.50	36.31	36.38	39.61
四川	规模（万头）	430	433	402	420	400
	产量（万吨）	10.8	10.91	12.6	12.67	10.15
	产量占比（%）	22.58	22.06	23.67	23.51	17.66
甘肃	规模（万头）	128.86	122.62	148.26	161.05	127.65
	产量（万吨）	4.06	5.55	5.71	5.88	6.57
	产量占比（%）	8.49	11.22	10.73	10.91	11.43
新疆	规模（万头）	16.57	17.13	22	22.4	22.5
	产量（万吨）	0.43	0.47	0.64	0.65	0.66
	产量占比（%）	0.90	0.95	1.20	1.21	1.15

（续）

主产省区		2016 年	2017 年	2018 年	2019 年	2020 年
云南	规模（万头）	7.95	8.15	8.3	8.6	8.5
	产量（万吨）	0.26	0.29	0.29	0.33	0.32
	产量占比（%）	0.54	0.59	0.54	0.61	0.56

报告撰写人：

张越杰	吉林农业大学、产业经济研究室	教授、博士生导师
王 芳	吉林农业大学	博士研究生
参木友	西藏自治区农牧科学院、拉萨综合试验站（牦牛）	研究员
赵索南	青海省海北藏族自治州畜牧兽医科学研究所、海北综合试验站（牦牛） 研究员
马进寿	青海省大通种牛场、大通综合试验站（牦牛）	研究员
乔元胜	青海省大通种牛场、大通综合试验站（牦牛）	研究员
罗晓林	四川省草原科学研究院、红原综合试验站（牦牛）	研究员
石红梅	甘肃省甘南藏族自治州畜牧科学研究所、甘南综合试验站（牦牛） 研究员
张继才	云南省草地动物科学研究院、昆明综合试验站	研究员

我国蜂蜜市场与产业分析报告

中国养蜂历史悠久，是世界上最早饲养蜜蜂的国家之一，同时，中国作为养蜂大国，在蜂群数量、蜂蜜产量、养蜂从业者、蜂蜜出口量等方面均居于世界前列。但整体而言，我国的养蜂产业发展仍不成熟，需要进一步延伸产业链条，完善利益联结机制，促进产业规模化和组织化经营，不断提升蜂蜜产品附加值。近几年，国家及各级地方政府重视蜂蜜产业发展，地方政府财政补贴蜂农，支持养蜂合作社的建立和发展，协调养蜂合作社与龙头企业对接。未来，需要政府、企业、社会、养蜂从业者多方共同努力，促进我国蜂蜜产业健康发展。

一、蜂蜜产业发展现状

（一）生产

1. 生产规模。 中国养蜂产业规模巨大，蜂群数量居于世界首位。21 世纪以来，中国蜂群数量逐年上升，近 20 年，中国蜂群数量从 2001 年的 759.8 万群增长至 2020 年的 937.8 万群，其中，2000—2008 年全国蜂房存量年增长比率较高，2009 年大幅下跌并在近 10 年中趋于稳定（图 1）。2020 年蜂群交易价格较往年有所下降，相比 2019 年下降 20%～30%。

2. 蜂蜜产量。 近 20 年来，中国蜂蜜产量总体呈上升趋势，2017—2019 年，全国蜂蜜产量有一定程度下滑，2020 年有所恢复（图 2）。

3. 蜂蜜生产区域布局。 中国养蜂行业布局整体而言相对集中，排名前 3 的省份产量之和占全国产量的 50% 左右，而排名前 10 的省份产量之和占全国产量的 75% 左右。其中，浙江省、河南省、四川省是中国蜂蜜的主产区；2017 年以前，浙江省、四川省蜂蜜产量呈增长趋势，2018—2020 年有所下降，总体趋势与全国蜂蜜总产量趋于一致；而近年来河南省蜂蜜产量总体呈下降趋势（表 1、图 3）。

4. 蜂蜜品种。 蜂蜜主要包括油菜蜜、洋槐蜜、枣花蜜、荆花蜜、椴树蜜、紫云英蜜、荔枝蜜、向日葵蜜等品种。各主要蜂蜜的产区分布、花期、单产如表 2 所示。

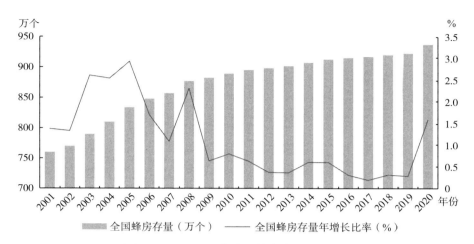

图1 2001—2020年全国蜂房存量变化情况

数据来源：联合国粮农组织。

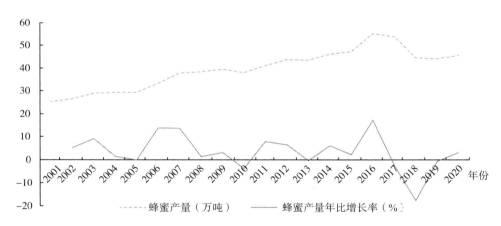

图2 2001—2020全国蜂蜜产量及增长率

数据来源：中国国家统计局。

表1 2016—2020年全国及蜂蜜产量排名前10省份的蜂蜜产量情况

省份	2016年		2017年		2018年		2019年		2020年	
	产量（万吨）	占比（%）	产量（万吨）	占比（%）	产量（万吨）	占比（%）	产量（万吨）	占比（%）	产量（万吨）	占比（%）
全国	55.5		54.3		44.7		44.4		45.8	
浙江	9.2	16.5	16.4	30.1	6.6	14.8	6.6	14.8	5.0	10.9
河南	8.8	15.8	7.2	13.2	6.1	13.7	6.1	13.8	6.9	15.1
四川	4.9	8.8	5.8	10.6	5.4	12.2	5.5	12.5	6.3	13.8
湖北	2.4	4.4	2.8	5.1	2.3	5.2	2.3	5.2	2.0	4.4

（续）

省份	2016 年		2017 年		2018 年		2019 年		2020 年	
	产量（万吨）	占比（%）	产量（万吨）	占比（%）	产量（万吨）	占比（%）	产量（万吨）	占比（%）	产量（万吨）	占比（%）
重庆	2.0	3.6	2.3	4.2	2.2	4.9	2.1	4.7	2.4	5.2
广东	2.2	3.9	2.3	4.2	2.4	5.4	2.6	5.8	2.6	5.7
黑龙江	2.1	3.7	1.9	3.5	1.9	4.2	1.7	3.8	1.3	2.8
安徽	1.7	3.1	1.8	3.3	2.1	4.7	1.8	4.0	1.7	3.7
广西	1.4	2.6	1.5	2.8	1.6	3.6	1.8	4.1	2.6	5.7
江西	1.6	2.8	1.5	2.7	1.8	4.1	2.0	4.5	2.3	5.0

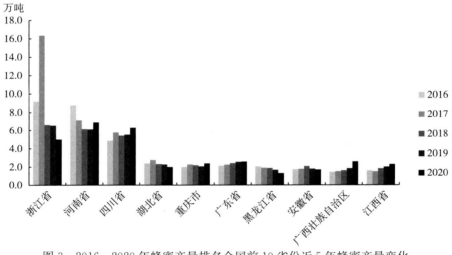

图 3　2016—2020 年蜂蜜产量排名全国前 10 省份近 5 年蜂蜜产量变化

数据来源：中国国家统计局。

表 2　主要蜂蜜品种基本情况

品种	单产蜜（千克/群）	花期	产区分布
油菜蜜	15～45	因品种、产地不同而不同	分布于四川、广东、广西、云南、贵州、湖南、湖北、江西、江苏、浙江、安徽、甘肃、宁夏、青海、新疆、内蒙古等 25 个省（自治区、直辖市）
洋槐蜜	10～25	始花期由南向北推迟，始花期在 3 月下旬至 5 月中旬	集中生长区为山东、河北、河南、陕西、辽宁、北京等 6 省（直辖市）；其次为江苏、安徽、甘肃、天津等省（直辖市）及湖北西北部
枣花蜜	15～30	主产区的枣树始花为 5 月下旬或 6 月上旬	枣花蜜源植物除东北和青藏高原之外，大部分省区均有栽培，以河南、河北、山西、山东等省最为集中

（续）

品种	单产蜜（千克/群）	花期	产区分布
荆花蜜	20～50	多数地区的荆条花期从 6 月上、中旬到 7 月中下旬	荆花蜜源植物在华北、东北南部、西南及长江以南各省均有分布，集中在河北、北京、山西、山东、河南及辽宁西部
椴树蜜	流蜜量较大，低山区有大小年现象	花期最早 6 月下旬，最晚 7 月上旬，花期一般在 20 天左右	椴树蜜源植物主要分布在东北地区的长白山区、小兴安岭和完达山区，是中国东北地区最具特色的蜂蜜品种
紫云英蜜	20～50	紫云英花期按照所属地点不同从 3 月上中旬到 5 月上旬	紫云英蜜源植物集中分布于长江中下游流域，江西、湖南、湖北、安徽、浙江、河南等省为最多
荔枝蜜	20～50	早熟品种的花期在 2 月上旬至 3 月中旬，中熟品种 3 月上旬至 4 月上旬，晚熟品种 3 月下旬至 4 月中旬	荔枝蜜源植物主要分布在广东、福建、广西、海南等省（自治区）
向日葵蜜	10～30	向日葵花期从 7 月下旬至 9 月上旬	向日葵蜜源植物主要分布在黑龙江、吉林、辽宁三省

数据来源：根据公开资料整理所得。

　　另外，南方地区的枇杷、龙眼、柑橘、野桂花，西北地区的枸杞、党参，新疆地区的葵花、棉花和内蒙古地区的荞麦、老瓜头等都是具有一定产量、富有特色的蜂蜜品种。

　　5. 中国蜂蜜产业在全球所处地位。从养殖规模看，2020 年，世界蜂房存量 9 400.0 万个，中国蜂房存量 937.8 万个，占全球蜂房存量 10.0%，仅次于印度，居世界第二（图 4）。

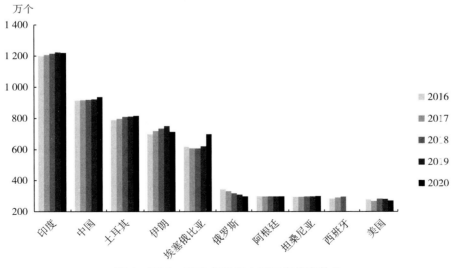

图 4　2016—2020 年世界主要国家蜂房数量

数据来源：联合国粮农组织。

从蜂蜜产量来看，2020年，全球天然蜂蜜产量177.0万吨，中国天然蜂蜜产量46.6万吨，占世界天然蜂蜜产量的26.3%，远超其他国家居于世界第一（图5）。

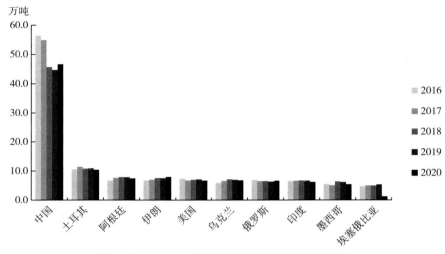

图5　2016—2020年世界主要国家天然蜂蜜产量

数据来源：联合国粮农组织。

（二）消费

中国是蜂蜜消费大国，随着人民生活水平的提高和保健意识的增强，天然蜂蜜的保健作用越来越被大众所熟知，越来越多的中国家庭养成了食用蜂蜜的习惯，天然蜂蜜及其衍生品的多种功效使得蜂蜜消费呈现多元化的特点。但尽管如此，中国人均蜂蜜消费仍处于较低水平，蜂蜜市场仍具有较大的发展空间。

（三）加工流通

市场上的蜂蜜质量从劣到优可以分为假蜜、水蜜、浓缩蜜、成熟蜜。假蜜是由玉米糖浆兑酱油或者色素制成的，但是由于成本略高，市场占有率并不大。水蜜是指养蜂人摇出来的蜂蜜。由于酿造时间非常短，因此蜂蜜的酶值较低，几乎没有任何营养价值。一般超市和正规厂家生产的蜜都是浓缩蜜，也叫"加工蜜"，这种蜜含水量高，糖分低，易发酵，保存期短，是市场上最常见的蜂蜜产品。成熟蜜的全称是"天然成熟封盖蜜"，"封盖蜜"不需要任何加工，波美度就可以达到国家标准，并且蜂蜜中各种矿物质、活性酶、氨基酸、维生素、抗氧化物质等营养物质也会达到最佳状态。天然成熟蜜是国际和国内通用的优质蜂蜜标准。

（四）进出口

中国是蜂蜜出口大国，蜂蜜产业进出口长期以来存在贸易顺差。2020年，受新冠肺炎疫情影响，国际保健食品需求激增，全球市场对蜂蜜、蜂王浆等产品的需求明显提升，中国、巴西等主产国的出口大幅增加，但国内此类产品收购价格依然低迷，蜂农没有获得出口增长带来的收益增长。

1. 中国天然蜂蜜进出口量。 从进出口量来看，中国蜂蜜出口量远远大于进口量，近 20 年，中国蜂蜜出口量整体呈先上升后下降的态势，进口量稳中有增。2020 年，中国蜂蜜进口量 1.1 万吨，出口量 13.4 万吨（图 6）。

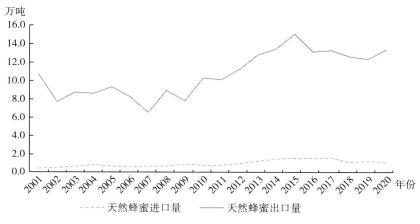

图 6　2001—2020 年中国天然蜂蜜进出口量

数据来源：联合国粮农组织。

2. 中国天然蜂蜜进出口额。 中国天然蜂蜜出口额走势与出口量相似，2001 年，中国天然蜂蜜出口额 1.0 亿美元，进口额 0.1 亿美元，贸易顺差 0.9 亿美元；到 2020 年，中国天然蜂蜜出口额增长到 2.5 亿美元，进口额增长到 1.2 亿美元，贸易顺差达到 1.3 亿美元（图 7）。

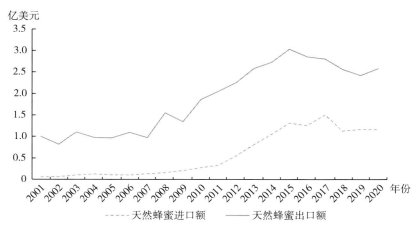

图 7　2001—2020 年中国天然蜂蜜进出口额

数据来源：联合国粮农组织。

3. 中国天然蜂蜜进出口价格。根据联合国粮农组织数据，近 20 年，中国天然蜂蜜的进口价格均高于出口价格且价差呈逐年扩大趋势（图 8）。2001 年，中国天然蜂蜜进口价格为 0.15 万美元/吨，出口价格为 0.09 万美元/吨，进口价格是出口价格的 1.7 倍。截至 2020 年，中国天然蜂蜜进口价格为 1.10 万美元/吨，出口价格为 0.19 万美元/吨，进口价格为出口价格的 5.8 倍。

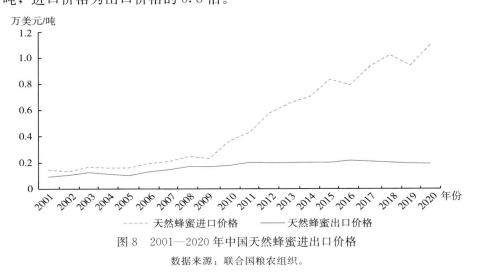

图 8　2001—2020 年中国天然蜂蜜进出口价格

数据来源：联合国粮农组织。

4. 中国天然蜂蜜进口来源国分布。2020 年，中国天然蜂蜜进口来源国主要是新西兰、澳大利亚和泰国，中国从这三个国家进口天然蜂蜜量占中国天然蜂蜜进口量的 67.3%，进口额占中国天然蜂蜜进口额的 89.7%（图 9、表 3）。

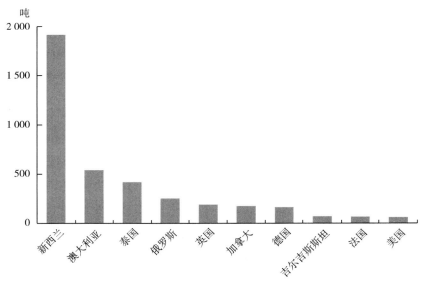

图 9　2020 年中国从前 10 位蜂蜜进口来源国进口的蜂蜜量

数据来源：联合国商品贸易统计数据库（UN Comtrade）。

表3　2020年中国从主要国家进口天然蜂蜜的情况

排序	国别	进口量（吨）	进口量占比（%）	进口额（万美元）	进口额占比（%）
1	新西兰	1 914.3	44.8	6 708.2	75.2
2	澳大利亚	540.8	12.7	1 118.6	12.5
3	泰国	418.5	9.8	177.3	2.0
4	俄罗斯	251.9	5.9	73.4	0.8
5	英国	187.7	4.4	112.5	1.3
6	加拿大	173.4	4.1	123.3	1.4
7	德国	162.7	3.8	125.8	1.4
8	吉尔吉斯斯坦	70.3	1.6	22.3	0.2
9	法国	65.5	1.5	107.0	1.2
10	美国	61.5	1.4	40.5	0.5

数据来源：UN Comtrade。

近5年，新西兰、澳大利亚和泰国始终是中国天然蜂蜜主要进口国，其中新西兰在进口量和进口额上都遥遥领先，中国从新西兰进口的天然蜂蜜量超过总量的30%，2020年甚至超过40%，进口额则超过总量的70%（表4）。

表4　2016—2020年中国从主要国家进口天然蜂蜜的情况

年份	项目	新西兰	澳大利亚	泰国
2016	进口量（吨）	1 696.0	621.4	586.9
	占比（%）	28.1	10.3	9.7
	进口额（万美元）	4 450.6	758.9	318.2
	占比（%）	61.2	10.4	4.4
2017	进口量（吨）	2 202.8	534.2	405.3
	占比（%）	38.8	9.4	7.1
	进口额（万美元）	6 691.2	743.1	179.1
	占比（%）	73.2	8.1	2.0
2018	进口量（吨）	1 428.1	438.1	405.3
	占比（%）	37.3	11.5	10.6
	进口额（万美元）	5 083.3	575.7	207.9
	占比（%）	72.5	8.2	3.0
2019	进口量（吨）	1 944.9	547.9	508.5
	占比（%）	39.2	11.0	10.2
	进口额（万美元）	6 064.1	900.1	250.2
	占比（%）	71.4	10.6	2.9

（续）

年份	项目	新西兰	澳大利亚	泰国
2020	进口量（吨）	1 914.3	540.8	418.5
	占比（%）	44.8	12.7	9.8
	进口额（万美元）	6 708.2	1 118.6	177.3
	占比（%）	75.2	12.5	2.0

数据来源：UN Comtrade。

5. 中国天然蜂蜜主要出口国分布。中国天然蜂蜜的主要出口国是英国、日本、比利时、波兰和西班牙。2020 年，中国对这 5 个国家的天然蜂蜜出口量占到出口总量的 72.8%，对这 5 个国家的天然蜂蜜出口额占到出口总额的 71.6%。其中，中国对英国和日本的天然蜂蜜出口量和出口额均远高于其他国家（表 5、表 6）。

表 5　2020 年中国向主要国家出口天然蜂蜜的情况

排序	国别	出口量（吨）	出口量占比（%）	出口额（万美元）	出口额占比（%）
1	英国	37 151.7	28.0	6 310.9	24.8
2	日本	33 551.2	25.3	7 360.9	29.0
3	比利时	10 927.0	8.2	1 936.6	7.6
4	波兰	9 319.8	7.0	1 688.5	6.6
5	西班牙	5 451.8	4.1	888.0	3.5
6	沙特阿拉伯	4 791.1	3.6	1 195.1	4.7
7	南非	4 162.7	3.1	708.3	2.8
8	澳大利亚	3 452.6	2.6	657.5	2.6
9	德国	3 090.7	2.3	573.5	2.3
10	荷兰	2 263.3	1.7	418.7	1.6

数据来源：UN Comtrade。

表 6　2016—2020 年中国向主要国家出口天然蜂蜜的情况

年份	项目	英国	日本	西班牙	比利时	波兰
2016	出口量（吨）	28 362.3	38 498.1	4 411.5	11 754.0	4 990.7
	占比（%）	22.1	30.0	3.4	9.2	3.9
	出口额（万美元）	5 240.6	9 388.2	889.9	2 753.3	930.4
	占比（%）	18.9	33.9	3.2	10.0	3.4
2017	出口量（吨）	29 664.8	30 109.1	8 897.2	11 389.8	9 087.2
	占比（%）	22.9	23.3	6.9	8.8	7.0
	出口额（万美元）	5 440.4	7 305.7	1 782.1	2 516.4	1 759.5
	占比（%）	20.1	27.0	6.6	9.3	6.5

（续）

年份	项目	英国	日本	西班牙	比利时	波兰
2018	出口量（吨）	36 284.5	29 980.7	8 478.8	7 345.1	6 959.0
	占比（%）	29.4	24.3	6.9	5.9	5.6
	出口额（万美元）	6 579.6	6 950.5	1 605.2	1 473.8	1 283.5
	占比（%）	26.4	27.9	6.4	5.9	5.1
2019	出口量（吨）	32 113.2	29 049.4	6 862.3	8 591.9	9 598.6
	占比（%）	26.6	24.0	5.7	7.1	7.9
	出口额（万美元）	5 674.2	6 401.6	1 235.4	1 651.5	1 707.9
	占比（%）	24.1	27.2	5.3	7.0	7.3
2020	出口量（吨）	37 151.7	33 551.2	5 451.8	10 927.0	9 319.8
	占比（%）	28.0	25.3	4.1	8.2	7.0
	出口额（万美元）	6 310.9	7 360.9	888.0	1 936.6	1 688.5
	占比（%）	24.8	29.0	3.5	7.6	6.6

数据来源：UN Comtrade。

（五）市场价格

蜂蜜产品的收购价差异较大，一般来说，天然成熟蜜的价格高于人工饲养的蜂蜜和"浓缩蜜"。以云南悦农农业开发有限公司的产品为例，蜂蜜产品收购价在120～200元/千克，蜂蜜产品零售价和批发价如表7所示。

表7 蜂蜜产品批发价和零售价

序号	产品名称	规格	单位	零售价	批发价（数量）
1	树洞野蜜	500克	盒	228元/盒	100～500盒：194元 500～2 000盒：183元 2 000盒以上：171元
2	悬崖野蜜	500克	盒	298/盒	100～500盒：254元 500～2 000盒：238元 2 000盒以上：224元
3	高山蜜语	240克	盒	68元/盒	100～500盒：58元 500～2 000盒：52元 2 000盒以上：50元
4	高山蜜语	720克	盒	168元/盒	100～500盒：143元 500～2 000盒：135元 2 000盒以上：126元

（续）

序号	产品名称	规格	单位	零售价	批发价（数量）
5	蜂巢蜜	300 克	盒	108 元/盒	100～500 盒：92 元 500～2 000 盒：87 元 2 000 盒以上：81 元

数据来源：云南悦农农业开发有限公司。

（六）成本收益

养蜂成本受很多因素的影响，如气候条件、地域差异、基础设施条件、技术条件等。新冠肺炎疫情对蜂蜜产品和生产资料集散提出了严峻挑战，尤其是对需要季节和蜜源流动的转地放蜂生产方式影响较大。据估算，2020 年我国蜂蜜产量下降 10％～15％，蜂王浆产量下降 10％～20％，对蜂农收入造成一定的影响。

二、蜂蜜产业发展存在的问题

（一）生产粗放，产业链条短

目前，中国大多数蜂场技术条件落后，生产规模小而分散，产品创新缺乏支持，市场推广依赖政府，处于粗放型发展阶段。养蜂产业未来发展需要龙头企业带领，为生产者提供统一的技术指导和生产管理，建设完整可靠的产业链条，打造知名品牌并扩大品牌影响力。

（二）生产技术水平低，养蜂产业后继无人

中国大部分蜂农文化素质不高，接受技术培训的水平也参差不齐，现有大多数蜂场生产条件落后，蜂群繁育、标准化饲养等技术问题亟待解决。"十三五"期间中国养蜂产业科技创新能力不断提高，但由于原始积累较少，面对产业一些重大需求的支撑力度还不够，且养蜂产业多集中于山区、农村，加之养蜂产业收益不确定性大，不利于吸引年轻人从事此行业。

（三）企业创新能力差，产品附加值低

长期以来，中国蜂蜜以低价为优势来扩展国内和国际市场，产品以未经加工的蜂蜜原浆为主，且由于蜂产品加工企业科技创新能力及意识较差，创新研发投入极少，蜂蜜产品同质化严重，导致中国蜂蜜产品的附加值处于较低水平，出口价格不占优势。假蜜和农药残留等问题也造成出口受阻，大宗蜂蜜产品价格下滑。

（四）污染途径较多，产品质量问题严峻

中国蜂蜜产业生产不够规范，污染途径较多，国内对养蜂产业用药控制不严格，质量安全问题突出，对产前、产中和产后各环节主要危害物的调控技术有待于提高。另外，全程质量控制技术较为薄弱，蜂产品质量标准化、检测技术及标准相对滞后。

（五）疫情影响蜂蜜生产和流通

新冠肺炎疫情仍在全球持续蔓延，农村社区普遍实行网格化管理，一些地区的物流和道路不定期受到管制影响，对蜂蜜产业造成了严峻的挑战，尤其是对转地放蜂生产方式影响较大，蜂群随时面临死亡等风险。

三、蜂蜜产业发展前景展望

（一）蜂蜜产业进一步规模化、组织化

目前，以家庭为单位的蜜蜂养殖模式小而分散，不利于产业规范化发展，产生的综合效益大大受限。未来，随着蜂蜜产业新型生产经营主体的兴起，我国养蜂业必将加速规模化、组织化发展进程，以"龙头企业＋合作社＋蜂农"、家庭农场等组织模式扩大养殖规模，逐步完善行业生产链条，促使行业健康、规范发展。

（二）消费市场扩大，消费水平进一步提高

近年来，随着人民生活水平的提高，越来越多消费者对营养和保健价值较高的蜂蜜产品加以青睐，中国蜂蜜市场具有巨大的发展潜力。未来，随着消费观念的进一步转变，蜂蜜市场有望进一步扩大，居民蜂蜜消费水平也会随之提高。受新冠肺炎疫情影响，蜂蜜、蜂王浆等产品因其保健功效，消费和出口订单将在一定时期内持续增长。

（三）提高蜂蜜产品附加值，占据世界市场优势地位

中国是蜂蜜出口大国，蜂蜜出口量常年居于世界首位，但由于中国蜂蜜产品质量参差不齐，附加值低，使得中国蜂蜜产品的出口价格远低于进口价格，利润空间十分狭小。未来，随着中国蜂蜜产业不断完善和成熟，中国蜂蜜出口附加值将有很大的提升空间。

（四）推进技术创新发展，提高蜂蜜产品质量

"十四五"期间，攻克蜂蜜生产过程中的技术难关、提升产品质量仍是蜂蜜产业

的重点。蜂蜜生产相关企业应当继续开展优质蜂蜜生产技术攻关，探索蜂蜜生产管理技术模式改革；同时加强对蜂农技术培训，努力实现蜂场智能化管理，实现全产业链机械化和智能化。

报告撰写人：

赵　霞　　中国农业大学经济管理学院、国家农业市场研究中心　　教授、副主任

韩一军　　中国农业大学经济管理学院、国家农业市场研究中心　　教授、主任

余其琪　　中国农业大学经济管理学院　　　　　　　　　　　　　研究生

韩文彤　　中国农业大学经济管理学院　　　　　　　　　　　　　研究生

第六篇

特色水产品

我国小龙虾市场与产业分析报告

近年来，我国小龙虾产业规模加速扩大，养殖面积和产量持续增长，消费量持续提升，消费市场多元化发展，加工业呈现出特色化稳步发展态势。未来，我国小龙虾产业发展亟待从规模化扩张向优质化养殖转变，从注重养殖向打造全产业链转变，从经验养殖向新技术、新模式研发转变，从散户、小户养殖向组织化、集中化、标准化养殖经营转变。

一、小龙虾产业发展现状

（一）生产

1. 养殖面积持续增长。 近年来，我国小龙虾养殖面积连续 5 年持续增长，特别是 2016 年以来增速明显，2020 年养殖面积突破 2 180 万亩，"十三五"期间年均增长率为 35.7%（图 1）。

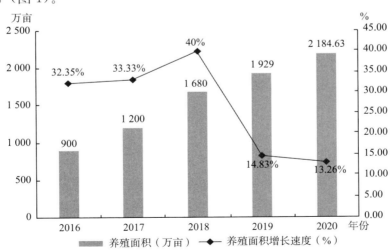

图 1　2016—2020 年全国小龙虾养殖面积变化情况

数据来源：根据历年农业农村部渔业渔政管理局等联合发布的《中国小龙虾产业发展报告》相关数据整理与测算。

2. 产量创历史新高。"十三五"期间，全国小龙虾产量增速明显。2020 年总产量为 239.37 万吨，较 2019 年增长 14.6%，产量创历史新高（图 2）。

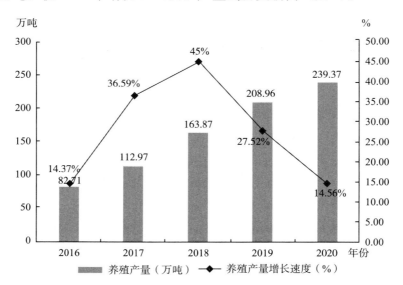

图 2　2016—2020 年全国小龙虾养殖产量变化情况

数据来源：根据历年《中国渔业统计年鉴》相关数据整理。

3. 主产区聚焦明显。近年来，湖北、湖南、安徽、江苏、江西养殖面积和产量稳居全国前 5 位，产量和面积合计均占全国 90% 以上（图 3、图 4），其中湖北占全国半壁江山。

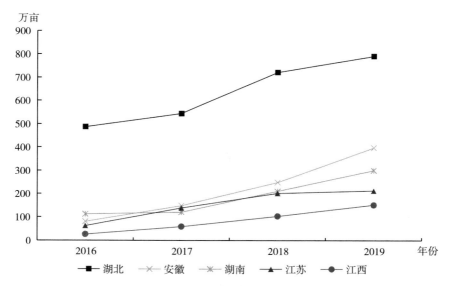

图 3　2016—2019 年全国五大主产省份小龙虾养殖面积变化情况

数据来源：历年农业农村部渔业渔政管理局等联合发布的《中国小龙虾产业发展报告》。

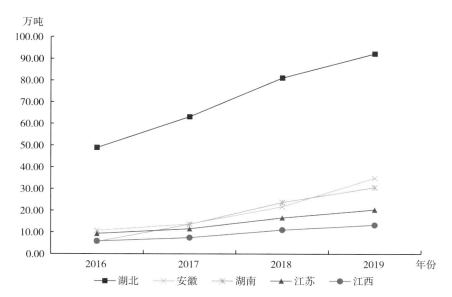

图 4　2016—2019 年全国五大主产省份小龙虾养殖产量变化情况

数据来源：历年农业农村部渔业渔政管理局等联合发布的《中国小龙虾产业发展报告》。

4. 稻田养殖模式为主，探索养殖模式创新发展。小龙虾养殖模式主要有稻田养殖、池塘精养、藕虾混养、虾蟹混养、大水面养殖等类型。据统计，2020 年全国小龙虾稻田养殖面积约为 1 892 万亩，产量约为 206 万吨，是小龙虾养殖的主要模式，养殖产量与经济效益大幅提升。

（二）消费

1. 消费量持续增长。"十三五"期间，小龙虾消费量总体呈持续增长态势。因新冠肺炎疫情及总体经济形势影响，2020 年小龙虾消费量增幅有所下降，较上年增长 14.9％（图 5）。

2. 消费渠道多样化。我国小龙虾消费渠道主要有餐饮和加工两大类，以餐饮为主。受新冠肺炎疫情影响，2020 年小龙虾市场流通受阻，线下消费疲软。与此同时，阿里、京东等线上电商平台，淘宝直播、快手、抖音等新媒体快速介入，进一步丰富了小龙虾销售渠道。

3. 品牌建设和节庆文化助推小龙虾消费。近年来，各地重视小龙虾区域公共品牌建设，如江苏"盱眙龙虾"、湖北"潜江龙虾"等。节庆活动是促消费的另一重要举措。新冠肺炎疫情发生以来，抗疫题材成为 2020 年小龙虾节庆活动的重要元素，如《扬子晚报》的"为爱打 call 吃援湖北"等，起到了拉动消费、整合产业、促进增收的重要作用。

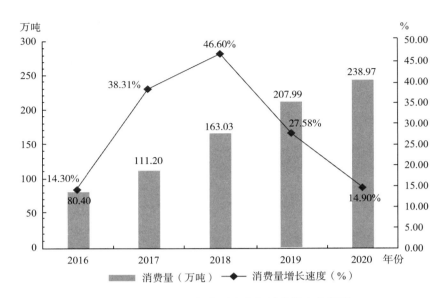

图 5　2016—2020 年全国小龙虾消费量变化情况

数据来源：历年农业农村部渔业渔政管理局等联合发布的《中国小龙虾产业发展报告》。按照"消费量＝产量＋进口量—出口量"测算。

（三）加工流通

1. 加工量持续增长，加工企业地域性明显。 全国小龙虾加工总量增长明显，2020年约为 56.6 万吨，比 2019 年增长 11.0%（图6）。全国小龙虾规模以上加工企业（年加工量 100 吨以上）共计 123 家，主要集中在湖北、安徽、湖南、江苏和江西 5 省份。

2. 加工方式多样，产品类型丰富。 小龙虾加工主要以初级加工为主，产品主要为虾尾、虾仁和整只虾三大类。在各大餐饮连锁酒店，虾仁的用途得到一定程度的应用与拓展。同时，小龙虾调味品得以快速发展，2020 年全国小龙虾调味品规模以上生产企业有近 100 家。

3. 流通体系日趋完善。 各主产省份建立大型小龙虾交易市场，引领小龙虾交易流通主体从批发市场向大型专业市场转型。冷链配送与物流体系建设快速发展，物流线路日趋完善，运输效率日益提升。

（四）进出口

1. 出口量和出口额双降。 2020 年，受全球新冠肺炎疫情和国际贸易形势、国内原料市场变化等因素影响，我国小龙虾出口量和出口额均大幅下滑，其中，出口量降至 7 741 吨，出口额降至 7 562.3 万美元，较 2019 年分别下降了约 48% 和 55%。2020 年小龙虾出口平均单价 9.77 美元/千克（图7）。

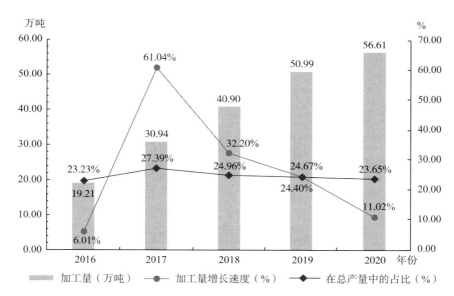

图 6　2016—2020 年全国小龙虾加工量变化情况

数据来源：根据历年《中国渔业统计年鉴》相关数据整理。

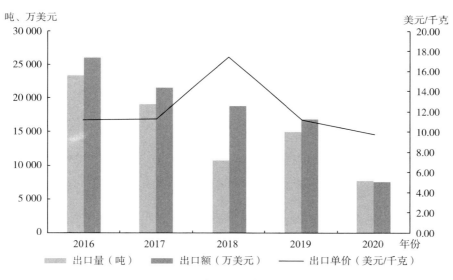

图 7　2016—2020 年全国小龙虾出口变化情况

数据来源：中国海关总署。

2. 进口量先增后降，进口价格稳定回升。2019 年以前，小龙虾进口量持续大幅增长，80% 来自埃及。2020 年小龙虾进口量为 3 761.97 吨、进口额为 5 910.35 万美元，较 2019 年分别下降了 27.5%、25.7%。近两年小龙虾进口单价大幅上涨，且保持在 15 美元/千克以上（图 8）。

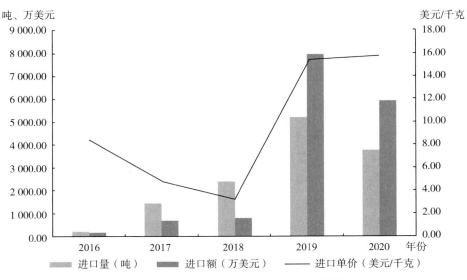

图 8   2016—2020 年全国小龙虾进口变化情况

数据来源：中国海关总署。

（五）市场价格

小龙虾市场价格季节性波动大，呈"V"字形走势。同一时段，小龙虾规格越大，价格越高（图 9）。

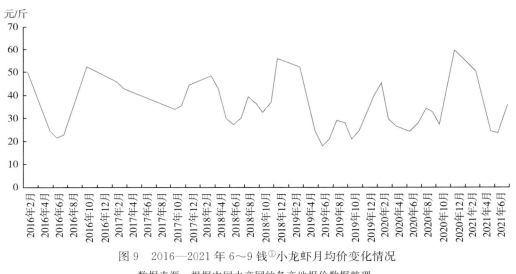

图 9   2016—2021 年 6～9 钱①小龙虾月均价变化情况

数据来源：根据中国水产网的各产地报价数据整理。

---

① 钱为非法定计量单位，1 钱＝5 克。——编者注

（六）成本收益

近年来，小龙虾养殖利润空间逐年收缩，主要是养殖成本增长、市场价格下跌所致。2020 年，因新冠肺炎疫情影响，市场交易流通不足，产销对接不畅，多地出现小龙虾压塘滞销现象。少部分规模化、有经验的养殖户通过养殖大规格虾及提前错峰上市等方式获得一定利润。

二、小龙虾产业发展存在的问题和面临的风险

（一）主要问题

1. 养殖技术标准缺乏，机械化程度不高。我国小龙虾生产主要为资源依赖型生产模式，对土地、人工等生产性要素要求较高，单一的养殖技术标准不能满足产业高效发展需求，各产区容易出现不平衡性和不稳定性现象。目前，各地小龙虾养殖业中使用的机械化设备较少，自动化、智能化程度不高，养殖设备和关键技术均有待提升。

2. 精深加工发展相对滞后，加工技术和工艺有待提高。小龙虾初级加工业得到了快速发展，但小龙虾精深加工的发展未能与之匹配，尤其是虾壳、虾头等副产品的精深加工与利用方面亟待提升。以小龙虾初级加工副产品为原料进行甲壳素、壳聚糖、虾青素等产品开发的加工工艺、技术模式等还有待进一步探索。

3. 知名品牌不多，品牌建设合力少。目前，国内知名品牌小龙虾主要来自主产区地理标志品牌，如盱眙龙虾、潜江龙虾等，以及企业自主品牌，如"於氏·虾神龙虾""楚江红"等。但也有地区小众品牌各自为政，知名度低，未能从地方走向全国。

4. 市场交易平台建设不完善，亟须健全监管体系与机制。小龙虾养殖规模扩大的同时，市场交易平台建设不完善弊端突显，小散户养殖的小龙虾或无处交易或小商贩压价，利润遭到大幅挤压。虽湖北、安徽等省份已着力建设区域性大型交易市场，但交易、流通等环节仍是全产业链中的薄弱之处，且市场监管体系、质量标准、行业规范等仍不健全，对产业发展具有一定阻碍。

（二）风险分析

1. 不可控因素较多。春季持续低温、高温阴雨等异常天气以及水质管理经验不足等均会影响小龙虾的养殖与上市。每年梅雨季节小龙虾容易暴发病害。此外，大规模疫情、病毒流行对小龙虾养殖、销售、流通与消费等方面的影响亦不容忽视。

2. 市场行情难以把握。部分养殖户销售渠道和信息来源闭塞，难以准确预测市

场价格行情，随着近年来小龙虾新增养殖面积扩大，价格出现明显波动。

3. 配套服务市场较为混乱。与小龙虾产业配套的工程建设、物资虾苗供应、饲料生产销售、水质调节药品等层出不穷。物资、产品鱼龙混杂，市场缺乏统一监管约束，养殖户无法准确判断配套服务市场情况。

4. 养殖户思想观念较为滞后。养殖户大多专业能力有限，对新鲜事物接受力较弱。部分养殖户因合作种养、统一销售的经营模式需承担一定成本与风险而坚持散户经营，缺少组织化和系统化指导与操作，风险规避能力较弱。

三、小龙虾产业发展前景展望

（一）养殖面积增速放缓，产量持续增长

2019年小龙虾价格下跌打击了养殖户积极性，2020年受新冠肺炎疫情影响，小龙虾养殖业又遭受重创。预计未来小龙虾养殖面积增速放缓，产量将有所增长。

（二）消费需求和消费能力将持续增长

近年来，小龙虾面积与产量双双齐增，从线下消费到网络销售，从在店消费到外卖派送，消费渠道和形式的创新推动了市场消费，预计小龙虾消费量将持续增长，市场供需达到一个新平衡。

（三）产业加工规模将持续扩大

小龙虾初级加工产业规模不断扩大，产品种类日趋多样化，规模化加工企业数量持续增加。随着小龙虾甲壳素、壳聚糖等高附加值系列产品的开发，精深加工产业将迅速发展，成为新的经济增长点。

（四）价格将稳中有涨

季节和规格是影响小龙虾价格的两个重要因素。未来小龙虾价格仍会随季节变化呈现"V"字形波动，但随着育苗和养殖技术的提高，预计未来小龙虾价格将稳中有涨。

四、政策措施建议

（一）积极开展小龙虾种苗繁育技术体系建设与种养模式优化研究

在小龙虾生产优势地区进行虾苗种繁育试验研究，培育出肉率高、抗病力强、生

长速度快的优良品系。探索建设小龙虾产业发展联盟，建立涵盖种质、苗种、养殖、加工的标准化支撑体系。积极推广稻虾种养模式，早投苗，早上市。建设小龙虾种苗繁育基地，探索繁养分离养殖模式。

（二）大力扶持小龙虾规模化加工企业的建设与精深加工产业的发展

支持小龙虾加工企业做大做强，打造一批规模化加工领军企业。对小龙虾成品、半成品升级，以满足市场不同消费群体的个性化需求。开发以小龙虾为原料的甲壳素及其衍生品，推动小龙虾副产物的综合利用和精深加工。将产业链继续向工业、农业、医药、化妆品、环境保护、水处理等领域拓展，提取壳聚糖、几丁聚糖、甲壳低聚糖等产品。

（三）强化品牌建设，延伸产业链条

加强策划宣传，拓宽营销渠道，结合小龙虾产业与品牌优势，挖掘小龙虾餐饮文化内涵，量身定制特色节庆活动，通过多种媒体途径大力宣传，提升品牌效应。政府部门应积极开展招商引资，鼓励大虾养殖、娱乐养殖、高品质出口、供销一条龙和食品深加工等全产业链的延伸发展。

（四）建立完善的小龙虾产品质量安全溯源体系

充分利用农业物联网、大数据、人工智能、区块链等智慧农业技术，依托信息化平台，建立完善的小龙虾产品质量追溯体系，对产销各环节进行把控。制定行业相关规章制度与规范，养殖过程中严禁使用违规违禁投入品，严格执行水质调控措施，做好苗种产地检验检疫，确保品质与品控，实现产业长足发展。

报告撰写人：

陆学文　江苏省农业科学院基建处　　处长、正高级会计师

任　妮　江苏省农业科学院信息中心　主任、副研究员

戴红君　江苏省农业科学院信息中心　图书馆馆长、副研究员

我国大闸蟹市场与产业分析报告

近几年，中国大闸蟹产业增速放缓，逐渐趋于稳定；市场消费能力与养殖产量同步发展，消费区域遍布全国，消费渠道线上线下协同联动，精深加工业发展空间较大；出口量远大于进口量；价格季节性波动明显。未来大闸蟹养殖规模将渐趋稳定，养殖模式向规模化池塘生态精细养殖转变，养殖标准与体系日趋完善，市场竞争以品质保障提优为主导。

一、大闸蟹产业发展现状

（一）生产

1. 养殖规模趋于稳定。大闸蟹养殖在我国发展历史悠久，是我国渔业经济支柱产业之一。近年来，随着退养还湖政策推行，逐渐趋于稳定。

2. 养殖产量略有波动。全国大闸蟹养殖产量年际略有波动。2016 年大闸蟹养殖产量为 81.21 万吨，2017 年有所下降，2018 年后稳中有升，2020 年略有下降（图 1）。

图 1　2016—2020 年全国大闸蟹养殖产量变化情况

数据来源：《中国渔业统计年鉴》。

3. 养殖主产区较为集中。 近 5 年，江苏、湖北、安徽、辽宁、江西和山东的养殖面积和产量均占据前 6 位，6 省总产量占全国 93% 左右，其中，江苏占据全国半壁江山（图 2、图 3）。

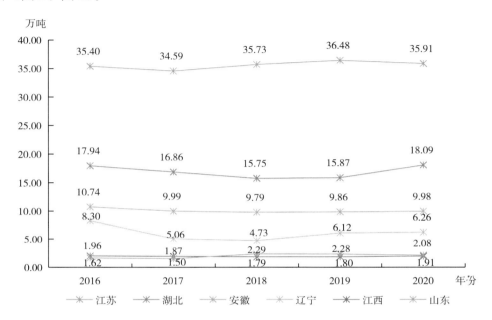

图 2　2016—2020 年全国六大主产省份大闸蟹养殖产量变化情况

数据来源：《中国渔业统计年鉴》。

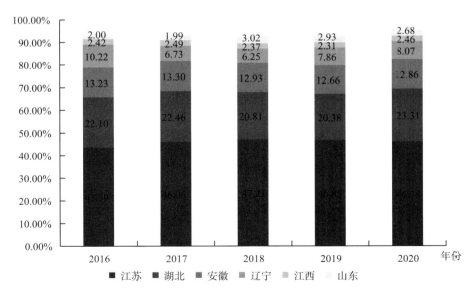

图 3　2016—2020 年全国六大主产省份大闸蟹养殖产量占比情况

数据来源：根据《中国渔业统计年鉴》数据整理。

4. 养殖模式多样。大闸蟹养殖模式有池塘生态精养、湖泊围网养殖、虾蟹混养、鱼蟹混养、鱼虾蟹综合混养、稻蟹共作等类型。近年来，养殖模式从大面积粗养向池塘生态精养、从高密度小规格向低密度大规格转变，稻蟹共生养殖模式迎来发展契机。

（二）消费

1. 消费区域遍布全国。随着大闸蟹产量与市场消费能力的同步提升，消费区域逐渐从主产区向全国扩散。根据微信、饿了么等网络平台公布的国庆长假消费数据，长三角沪苏杭消费最旺，其次是北京、福州、沈阳和西宁等。

2. 消费渠道多元化。大闸蟹消费方式主要有购买生鲜蟹自行加工和购买加工好的蟹产品直接食用两大类。消费渠道主要有：通过商超、批发市场、实体专卖店等渠道采购生鲜大闸蟹，在大排档、饭店、酒店等餐饮实体店直接食用，通过电商平台网购鲜活或熟制成品大闸蟹，通过网络平台提前预售品牌大闸蟹礼券等。

3. 品牌蟹深受欢迎。各主产区、湖区大闸蟹品牌百花齐放，品牌化趋势显著。阳澄湖大闸蟹文化节、洪泽湖网络大闸蟹节等节庆活动的举办与蟹文化推广，增强了各大品牌知名度和市场竞争力，推动了大闸蟹消费热度和力度。

（三）加工流通

1. 加工产品类型丰富，精深加工业发展空间大。目前，市场上产品主要有醉蟹、香辣蟹等即食食品及蟹黄酱、蟹黄粉等风味佐料，蟹黄羹、蟹黄包等结合性衍生产品。大闸蟹蟹腿等边角料营养价值丰富，精深加工业仍有很大发展空间。

2. 网络电商平台销售逐渐占据主导，冷链物流运输体系日趋完善。京东、天猫等电商平台将产地与平台捆绑，开展大闸蟹市场争夺战。微商、抖音、淘宝直播等网络平台也跻身大闸蟹销售市场，塘口直播、明星带货等深受喜欢。大闸蟹物流运输体系日趋完善，顺丰速运、京东快递提供的次日达服务等大大降低了大闸蟹在配送中的损耗。

（四）进出口

1. 出口量远高于进口量，出口价格有所下降。我国是大闸蟹消费大国，也是出口大国。2017 年我国大闸蟹出口量 4 376 吨，价格为 66 元/千克，2020 年出口量大幅增长，约为 5 868 吨，但价格明显下降，约为 48.6 元/千克。2020 年我国大闸蟹进口量仅为 0.04 吨，远低于出口量。

2. 出口国家以东亚、东南亚为主。我国大闸蟹主要出口至东亚、东南亚国家。2020 年，出口韩国最多，出口量为 5 126.08 吨，约占总出口量 87%，其次为马来西亚和日本。大闸蟹内销转出口，解决了产量过剩滞销的问题，还带动了产业经济外贸产能转换，扩大了我国大闸蟹优质品牌国际知名度和影响力。

（五）市场价格

每年 9 月大闸蟹新鲜上市，供不应求，价格较高。10 月集中上市阶段，价格有所下降，11 月、12 月大闸蟹上市接近尾声，价格略有上扬，随后趋于稳定。除季节性因素外，大闸蟹规格及公母是影响其价格的另两个重要因素。总的来看，规格越大价格越高，同期价格波动越明显；同期同规格母蟹价格远高于公蟹；从价格波动趋势来看，大闸蟹规格越大同期价格波动越明显，小规格大闸蟹相对来说波动幅度较为平缓（图 4、图 5）。2020 年大闸蟹同样受季节性影响显著。从不同规格大闸蟹价格变

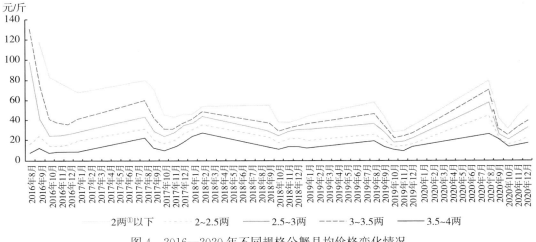

图 4　2016—2020 年不同规格公蟹月均价格变化情况

数据来源：根据中国水产网的各产地报价数据整理。

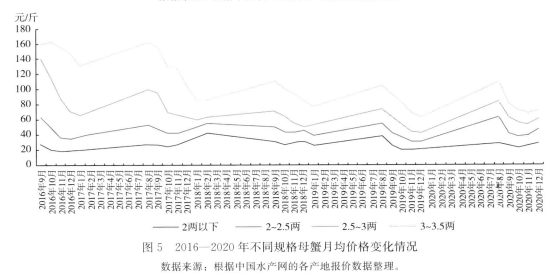

图 5　2016—2020 年不同规格母蟹月均价格变化情况

数据来源：根据中国水产网的各产地报价数据整理。

---

①　两为非法定计量单位，1 两＝50 克。——编者注

化趋势来看，3两（150克）以上的母蟹和3.5两（175克）以上的公蟹价格波动均较其他规格更为明显（图6、图7）。

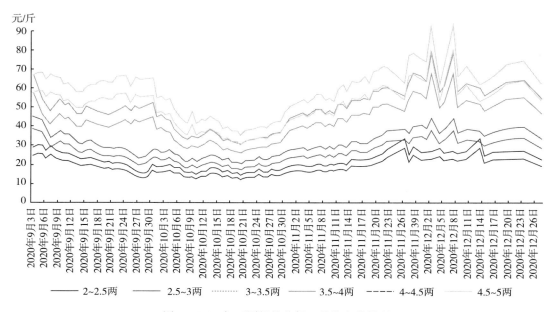

图 6　2020 年不同规格公蟹日价格变化情况

数据来源：根据中国水产网的各产地报价数据整理。

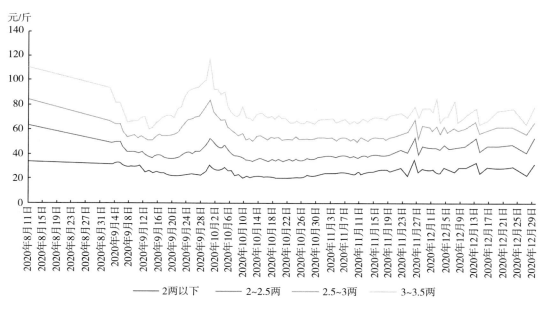

图 7　2020 年不同规格母蟹日价格变化情况

数据来源：根据中国水产网的各产地报价数据整理。

（六）成本收益

养殖技术和气候是影响大闸蟹养殖收益的重要因素。养殖户间养殖经验差异较大，养殖技术熟练，水草种植适宜，饲料投喂适量，水质环境控制好，则养出的大闸蟹规格大、品质好，利润更高。大闸蟹养殖易受极端自然灾害与水质疾病等影响，产量与品质不稳定，养殖收益差距较大。

二、大闸蟹产业发展存在的问题和面临的风险

（一）主要问题

1. 养殖技术力量薄弱。大闸蟹养殖户总体上年龄偏大，人员流动性较大，以小规模分散养殖为主，规模化、组织化程度低，信息滞后，产业化带动力不足。水产养殖技术推广部门技术人员严重匮乏，服务力量薄弱，难以支撑养殖需求。

2. 产品质量难以保障。市场上大闸蟹品牌多又杂，以次充好、缺斤少两等现象层出不穷、屡禁不止，不仅损坏了大闸蟹品牌形象，更是给产业发展带来一定的风险与变数。醉蟹、香辣蟹等初级加工产品大多以家庭化、作坊式简单制作为主，加工技术与产品质量无人监管，产品良莠不齐。

3. 品牌合力效果不强。全国各大湖区都已有地理性标志品牌，如知名品牌阳澄湖、固城湖等，品牌效应显著。但各大品牌下的子品牌，如同属于阳澄湖大闸蟹子品牌的"苏阳""沙家浜"等，消费者往往闻所未闻，缺乏一定的知名度与竞争力，品牌合力效果不强。

4. 产业链发展不平衡。大闸蟹产业链已从单一的养殖业发展为"产、运、销"融合提升，但消费主要集中在餐饮业，观光休闲旅游、文化产品开发以及餐饮配套服务等十分薄弱。大闸蟹加工业落后，以初加工为主，且产品同质化严重，甲壳素等精深加工产业刚刚起步，高附加值的产品有待进一步挖掘和开发。

（二）风险分析

1. 市场价格难以预测。大闸蟹具有明显的季节性消费特征，每年波动规律较明显。但近年因大闸蟹养殖规模扩增趋势显著、气候环境以及疫情等突发因素，市场价格难以预测，"丰产不丰收"现象频出。

2. 养殖利润空间有限。市场对"精品蟹""大规格蟹"需求高，而养殖大规格蟹需要充足的优质蛋白饲料，占总成本的 40% 以上，成本投入较高，加之电商平台的纷纷加入进行利润收割，养殖户的利润空间越来越小。

3. 养殖管理不可控因素较多。 夏季连续阴雨天气，池塘光照不足，导致大闸蟹长期食量偏低、抵抗力明显下降；高温、闷热、烈日天气频发，易导致水质恶化、病害高发，养殖户难以及时应对以天气为主的不可控因素。

4. 环境保护不容忽视。 为响应国家退养还湖号召，池塘养殖将会成为大闸蟹养殖主流模式，但该模式对养殖水质环境及水资源的利用与生态处理等提出更高要求，未经有效处理、达不到无害标准的养殖水对外排放将会对生态环境造成严重影响。

三、大闸蟹产业发展前景展望

2020年突发的新冠肺炎疫情对我国大闸蟹产业发展产生了一定的冲击，未来大闸蟹产业挑战与机遇并存。

（一）养殖面积趋于稳定，产量稳中有升

大闸蟹养殖以池塘生态养殖为主流，养殖面积会逐渐趋于稳定。但随着养殖技术日趋成熟，产量仍将保持稳中有升。

（二）消费需求持续增长，消费范围逐渐扩大

随着大闸蟹产量的提升，部分产地的大闸蟹价格更为平民化，为不同收入层次的消费者提供了更多的选择，消费能力持续增长，消费范围将进一步扩大。

（三）市场价格周期性波动，总体趋于平稳

未来几年，大闸蟹市场价格依然呈周期性波动，整体略有回升，波动性上扬后逐渐趋于平稳。

（四）电商平台网络销售渠道拓展，成为主流销售模式

电商平台、网络直播等销售渠道更加多样化，直接将产地端与消费端相连，填补了消费者对优质品牌与便捷消费的追求，同时扩大了销售市场，提高了盈利空间。

四、政策措施建议

（一）提升苗种质量，引进优质品种

蟹苗品种与品质直接关系到养殖的成败。各水产技术推广部门应积极组织养殖户及相关技术人员学习大闸蟹苗种繁育技术及质量管理办法。地方政府应加大资金投

入，积极扶持大闸蟹苗种生产示范场，鼓励养殖户与苗种繁育企业加强与科研院所的合作，繁育优质蟹苗，引进优质品种。

（二）提高养殖技术，降本提质增效

研究构建大闸蟹全产业链大数据，形成大闸蟹标准化养殖新模式；积极推广宣传大闸蟹科学养殖技术，联合各科研院所探索饲料投入管理技术；提高渔业机械化水平，降本提效；积极推进池塘生态化改造和尾水治理，普及推广减量用药、规范用药技术。

（三）培植龙头企业，集中组织管理

鼓励和培植优势龙头企业，支持成立专业合作社等组织经营主体，建立健全运行机制。充分发挥龙头企业在大闸蟹产业发展中的示范引领作用，以龙头企业带动专业合作社建设，优化组织管理机制，打造规模效应好、抵御风险能力强的产业化体系。

（四）加强品质监管，降低安全风险

建立大闸蟹产品质量监管溯源系统，对生产过程、投入品使用以及产品流向进行追溯信息化管理，为消费者提供实时、可靠的产品质量安全信息可追溯服务。完善大闸蟹行业产品质量与安全的监管、监控体系与平台建设，降低食品安全风险。

（五）丰富产业链，创新深加工形式

在传统大闸蟹深加工技术基础上，积极研究开发多种大闸蟹产品，进行产品品类创新，优化深加工工艺。满足不同消费人群需求的同时，提高小规格低档蟹的加工比重，丰富大闸蟹相关产业链，获得更大的经济效益。

报告撰写人：

任　妮　江苏省农业科学院信息中心　主任、副研究员
戴红君　江苏省农业科学院信息中心　图书馆馆长、副研究员
陆学文　江苏省农业科学院基建处　　处长、正高级会计师

第七篇

特色饮品

我国葡萄酒市场与产业分析报告[①]

葡萄因酿酒而成为世界经济价值和社会价值最高的果树。近 10 年来，全球葡萄酒总消费量基本平稳，国内葡萄酒市场呈现持续增长态势并不断发展壮大，目前，中国是世界第二大葡萄种植国、第十大葡萄酒生产国、第五大葡萄酒消费国，葡萄与葡萄酒产业已成为乡村振兴的重要产业。

一、国内外葡萄酒产业整体情况

（一）国际葡萄酒产业发展态势稳定

据国际葡萄和葡萄酒组织（OIV）相关数据，2020 年全球葡萄园面积约 740 万公顷，包括用于生产葡萄酒、鲜食葡萄和葡萄干的葡萄园以及定植尚未挂果的葡萄园（表 1）。北半球葡萄种植面积整体稳定，欧盟葡萄园连续 5 年稳定在 320 万公顷。其中，2020 年，法国（79.4 万公顷）、意大利（70.8 万公顷）、葡萄牙（19.5 万公顷）、保加利亚（6.7 万公顷）葡萄园面积均较 2019 年出现增长，而西班牙（96.6 万公顷）、匈牙利（6.9 万公顷）、奥地利（4.8 万公顷）较 2019 年略有下降。经过 10 年的努力，东亚地区葡萄种植面积显著扩张，中国葡萄种植面积位居世界第二（85.5 万公顷），紧随西班牙之后。美国葡萄种植面积自 2014 年一直在减少，2020 年面积为 40 万公顷。南美洲连续 4 年出现下降，但秘鲁葡萄种植面积较 2019 年增长了 17%，达到了 4.8 万公顷。南非葡萄种植面积稳定在 12.8 万公顷。2020 年，澳大利亚葡萄种植面积稳定在 14.6 万公顷，新西兰葡萄种植面积增长了 1.6%，达到 3.9 万公顷，创历史新高。

截至 2020 年年底，全球葡萄酒年产量 258 亿升，年消费量 234 亿升，人均消费量 3.2 升（图 1）。综合考虑近年来全球经济深度调整和新兴经济体国家消费增长等

---

① 此报告参考文献及数据来源：主要来自国家统计局数据中心、中国海关总署、国际葡萄与葡萄酒组织（OIV）年度报告，部分表述参照中国酒业协会葡萄酒分会理事会历年相关工作报告及各产区葡萄酒行业主管部门（协会）所提供相关材料。

因素相互作用，预测未来 5 年，世界葡萄酒将呈产量基本稳定、消费量略有增长的态势。预计到 2025 年，全球葡萄酒年生产量将稳定在 260 亿升，年消费量将达到 250 亿升左右。

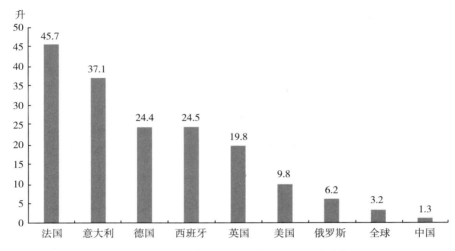

图 1　世界主要葡萄酒消费国家和地区人均消费量

（二）我国葡萄酒产业面临深度调整

1. 产区分布广泛。 我国葡萄酒生产涉及全国 26 个省（自治区、直辖市），主要产区分布在山东、河北、宁夏、新疆和甘肃等省份（图 2）。2021 年，全国酿酒葡萄栽培面积在 170 万亩左右，获得生产许可证的企业 1 005 家，规模以上企业 116 家，年生产葡萄酒 42 吨，带动约 140 万人就业。酿酒葡萄产业在区域协调发展和城乡统筹发展中发挥着重要作用，"十三五"时期，我国葡萄酒品质大幅提升。各产区围绕

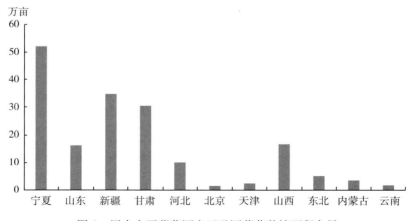

图 2　国内主要葡萄酒产区酿酒葡萄种植面积布局

葡萄酒产业的旅游业发展初具规模，在葡萄酒文化建设和当地风土资源的挖掘方面都取得了长足进步。

2. 葡萄酒产业仍处于深度调整期。 目前，我国是世界第十大酿酒葡萄生产国，也是世界葡萄酒第 5 大消费国，年消费葡萄酒超 24 亿瓶，但人均消费量仅 1.45 升左右（不足 2 瓶），离世界平均葡萄酒的消费量还有很大差距。受进口葡萄酒冲击，近年来我国葡萄酒产业发展遭遇较大挑战，国产葡萄酒的产量、销售额和利润等主要指标均呈持续下跌趋势，产业发展面临深度调整。

3. 葡萄酒行业仍然充满不确定性。 据中国国家统计局数据，截至 2021 年 11 月，全国规模以上葡萄酒生产企业 130 家，酿酒总产量 41.33 万千升，较上年下降 6.0%；完成销售收入 100.21 亿元，较上年下降 29.8%；实现利润总额 2.59 亿元，较上年下降 74.5%。规模以上企业中亏损企业 40 家，企业亏损面 30.8%；亏损企业累计亏损额 4.43 亿元，较上年增长 176.6%。2020 年，我国葡萄酒进口量 43.02 万千升，比上年下降 29.8%；进口额 18.27 亿美元，比上年下降 24.9%。其中，瓶装酒进口量 32.56 万千升，比上年下降 31.4%；瓶装酒进口额为 17.36 亿美元，比上年下降 24.2%。

4. 葡萄品种繁多，尚未形成优势特色。 目前，我国葡萄酒产区主栽的红葡萄品种有：赤霞珠、蛇龙珠、美乐、品丽珠、黑比诺、西拉、马尔贝克、马瑟兰、佳美、小味儿多等，占酿酒葡萄总量的 90% 以上，其中，赤霞珠占 65%、美乐占 15%，蛇龙珠和马瑟兰等占 10%；白葡萄品种有：霞多丽、贵人香、雷司令、长相思、威代尔等，约占 10%。世界著名葡萄酒国家和部分产区都有其代表性经典酿酒品种，法国代表葡萄品种赤霞珠、美国代表葡萄品种增芳德、澳大利亚代表葡萄品种西拉、新西兰代表葡萄品种长相思、阿根廷代表葡萄品种马尔贝克等。目前，国产葡萄酒产业尚未形成在国内外被广泛认可的代表性葡萄品种。

二、葡萄酒销售情况

（一）国产葡萄酒市场稳中有变

自 2015 年开始，我国国产葡萄酒产量、销售额和利润均呈下跌态势，2019 年跌幅收窄，但 2020 年新冠肺炎疫情的发生导致社会整体经济下行，给国产葡萄酒复苏带来了极大的挑战（表 1）。按照葡萄酒行业的发展规律，随着国家和地方政府对葡萄酒产业的愈加重视、领军企业的战略调整、中小酒庄的逐步成熟和国货风潮的流行，国产葡萄酒产业势必迎来复苏。

表1　2015—2020年国产葡萄酒经济数据

年份	产量（万千升）	销售额（亿元）	利润（亿元）
2015	116.11	466.05	52.14
2016	105.66	463.02	47.80
2017	67.91	318.83	33.83
2018	50.67	175.89	12.71
2019	45.15	145.09	10.58
2020	41.33	100.21	7.58

数据来源：中国国家统计局。

（二）进出口贸易稳步增加

1. 葡萄酒进口量持续增加。我国葡萄酒进口量从2015年的55.5万千升增长到2019年的61.2万千升，年均增长2.6%；虽然2018年和2019年进口量有所回落，但从5年的发展趋势来看仍然处于增长态势（表2）。

表2　2015—2020年我国葡萄酒进口量统计

单位：千升

年份	葡萄汽酒	瓶装酒	散装酒	总计
2015	12 952.8	396 277.9	146 032.8	555 263.53
2016	12 532.5	481 744.5	143 827	638 103.98
2017	13 105.1	552 097	180 573.3	749 370.01
2018	12 586.8	508 718.6	160 642	687 059.98
2019	13 653.4	455 982.9	138 073.4	612 458.8
2020	9 854.8	312 250.3	108 116.2	430 221.4

数据来源：中国海关总署。

2. 葡萄酒进口额变化趋势。我国葡萄酒进口额从2015年的20.39亿美元增长到2019年的24.33亿美元，年均增长4.8%；虽然2019年出现下降，但从整个趋势来看处于增长态势（表3）。

表3　2015—2020年我国葡萄酒进口额

单位：亿美元

年份	葡萄汽酒	瓶装酒	散装酒	总计
2015	0.61	18.79	0.99	20.39
2016	0.57	21.95	1.13	23.64
2017	0.75	25.54	1.59	27.97

（续）

年份	葡萄汽酒	瓶装酒	散装酒	总计
2018	0.82	25.73	1.87	28.55
2019	0.84	21.92	1.44	24.33
2020	0.72	16.64	1.00	18.27

数据来源：中国海关总署。

3. 瓶装葡萄酒主要来源国进口量变化趋势。我国瓶装葡萄酒进口量从 2015 年的 40.92 万千升增长到 2019 年的 47.44 万千升，年均增长 4.0%；其中，法国一直是我国瓶装葡萄酒最主要的进口来源国，从 2017 年开始，我国自法国的进口量呈下降趋势；自澳大利亚进口的瓶装葡萄酒增速最快，从 2015 年的 5.7 万千升增长到 2019 年的 12.2 万千升，年均增长 28.5%；智利的增幅也较快，从 2015 年的 4.9 万千升增长到 2019 年的 7.2 万千升，年均增长 11.7%，进口葡萄酒在我国市场的前景依然明朗（表 4）。

表 4　近年主要葡萄酒瓶装酒进口来源国数量

单位：千升

年份	法国	澳大利亚	智利	西班牙	意大利	美国
2016	191 008.6	79 382.8	60 143.2	72 070.4	25 737.9	9 737.1
2017	217 884.5	105 766.8	74 360.6	67 918.8	29 453.1	9 633.7
2018	171 027.1	117 843.6	74 493.0	58 882.6	29 524.9	9 787.4
2019	137 348.3	122 213.8	71 689.2	53 888.8	36 585.3	8 983
2020	100 478.1	104 166.1	87 482.1	40 726.3	25 643.2	5 427.1
2021 年 1—10 月	97 135.5	8 742.8	107 352.9	51 368.1	27 454.8	6 026.8

数据来源：中国海关总署。

三、葡萄酒产业发展前景展望

（一）消费市场潜力空间巨大

目前，中国葡萄酒的平均消费水平和国际差距明显。我国葡萄酒产业仍处在培育期，中国城镇葡萄酒人均消费量与世界平均水平差距很大。从国内饮料酒消费结构看，葡萄酒仅占酒类年消费总量的 3%，中国葡萄酒市场具有巨大潜力。未来，随着我国经济不断增长和居民收入持续提高，预计葡萄酒行业将长期景气。

（二）行业深度调整基本探底

从经济数据和市场层面来看，葡萄酒行业已逐步进入上升通道。据中国国家统计局数据，2021年1—6月，全国规模以上葡萄酒生产企业116家，完成酿酒总产量13.57万千升，同比增长1.2%，累计完成销售收入43.95亿元，同比增长5.5%；累计实现利润总额1.43亿元，同比增长43.3%。从代表性公司的数据来看，上半年利润增长势头良好。2021年上半年，烟台张裕葡萄酿酒股份有限公司实现营业收入18.74亿元，同比增长32.1%；实现归属于母公司股东的净利润3.71亿元，同比增长16.7%。威龙葡萄酒股份有限公司实现营业收入2.43亿元，同比增长44.4%；实现归属于上市公司股东的净利润121.25万元，同比增长99.1%。中信国安葡萄酒业股份有限公司实现营业收入1.17亿元，同比增长177.1%，实现归属于上市公司股东的净利润1124.45万元，上年同期为−3250.39万元，同比扭亏为盈。说明葡萄酒行业已逐步进入上升通道，但恢复到历史最高点，还需要全行业的共同努力。

（三）各产区密集出台产业支持政策

2021年5月，农业农村部、工业和信息化部、宁夏回族自治区人民政府共同印发了《宁夏国家葡萄及葡萄酒产业开放发展综合试验区建设总体方案》。同年7月，宁夏国家葡萄及葡萄酒产业开放发展综合试验区正式在宁夏闽宁镇挂牌，这是全国首个特色产业开放发展综合试验区，也是唯一一个国家级葡萄及葡萄酒产业园区。宁夏回族自治区把葡萄酒产业作为扶持发展9个重点产业之一，系统谋划、科学布局，推动葡萄酒和文化旅游全产业链融合发展，并提出打造"葡萄酒之都"的千亿级宏伟目标，以引领中国葡萄酒高质量发展。

各葡萄酒产区密集出台产业扶持政策，对产业高质量发展具有重大推动作用。2021年7月，新疆维吾尔自治区人民政府出台《关于加快推进葡萄酒产业发展的指导意见》，为新疆葡萄酒产业的发展提振了信心（新疆将葡萄酒产业作为自治区十大重点产业之一）。2019年，河北省人民政府出台了做强做优葡萄酒产业的实施意见，根据实施意见，河北省将构筑"2511"产业格局，即打造两大优质产区，培育5家龙头企业、10个优质酒庄、10个知名品牌。2020年，烟台市委、市政府发布《关于促进烟台葡萄酒产业高质量发展的实施意见》，并发布葡萄酒产业链发展规划和政策，为烟台产区的高质量发展增添助力。2020年，吉林省委、省政府制定颁布了《吉林省鸭绿江河谷带葡萄酒产业发展规划》，将通化葡萄酒产业纳入省级特色产业统筹协调发展，配套制定了《关于加快推进通化葡萄酒产业发展的实施意见》，通化葡萄酒产业迎来了黄金发展时期。

四、葡萄酒产业发展存在的问题

（一）产区品牌和产品品牌不响

一是缺乏龙头品牌引领。在国内外市场上，产区没有能真正叫得响的代表品牌，消费者面对众多的葡萄酒品牌，不知道选择哪一款葡萄酒品牌合适。二是政府与企业的职责不够清晰。政府应该主要在讲好产区葡萄酒文化、厘清产区风土特色上下功夫，酒庄（企业）应该主要在打造产品品牌、讲好酒庄故事、推出特色产品、创建企业文化上下功夫。三是葡萄酒行业整体凝聚力弱。目前国内的领军企业没有很好地发挥行业引领作用，各产区、各企业间还没有形成良好的竞合关系。

（二）葡萄园生产效益不高

酿酒葡萄基地建设历史欠账多，高质量发展任重道远。主要表现在：一是缺乏优质种苗。目前，除了宁夏产区大规模引种国外优新品种外，全国其他酿酒葡萄的优良品种选育工作投入明显不足。另外，由于国外种苗引进手续烦琐、要求较高，单个企业根本无法承担。二是葡萄种植环节机械化程度低。剪枝、采收、植保等工作均以手工操作为主，不仅成本高，而且面临用工时间集中、劳动力短缺的困境。三是种植积极性不高。由于葡萄生长周期较长，10 年左右才进入壮年期，挂果时间可持续 50 年左右，远超目前 30 年的土地承包和流转上限，导致葡萄酒企业土地流转积极性不高，难以形成集中连片种植，葡萄原料来源分散、到处收购农户葡萄，品质得不到保障。四是种植理念有偏差。部分产区受"低产就会高质"观念影响，酿酒葡萄亩产控制在 300 千克以内，过度追求限产提质，限制了产区葡萄园效益的正常发挥。五是农业保险缺位。各大产区基本每年都会发生因台风、霜冻、洪水、干旱、冰雹等各类气象和地质灾害造成的葡萄减产，现有的保险额度低，保险时间不合理，赔付速度慢。

（三）行业综合税负过重

葡萄酒在我国作为工业品管理，按 13％征收增值税，另外，还有 10％的消费税。据调查，企业综合税负一般为 25％～30％，而国外葡萄酒普遍按农产品征税，综合税负一般低于 10％，澳大利亚、欧盟等国家和地区还在葡萄种植、葡萄酒生产、海外推广等多个环节进行补贴。澳大利亚、智利等国大量低价葡萄酒进入我国市场，挤占了国内中低端产品的市场份额。国内大量酒庄、企业不再自己种植葡萄，而是直接采购进口便宜原酒后，在国内进行装瓶销售，导致我国酿酒葡萄种植面积连年萎缩。

（四）酒庄企业融资困难

酒庄属于新产业、新业态、新模式的"三新"经济体，普遍缺乏土地、厂房、设备等高价值抵押物，很难从银行获得融资。由于贷款基准利率上浮标准和贴现利率浮动标准都由各家银行自行制定，中小酒庄普遍取得银行贷款的利率偏高。民间融资虽然获取难度降低，但是融资成本更高，风险很大，中小酒庄融资负担整体较重。

（五）产业管理机制不够顺畅

一是行业缺少综合协调机构。目前国产葡萄酒的协调机构主要是中国酒业协会葡萄酒分会。葡萄酒分会主要承担组织协调、招商引资、技术培训、职业竞赛等社会性职能，缺乏有效的行政管理职能和政策支撑。二是数据统计口径不一。目前国内至少有4种统计来源，包括国际葡萄与葡萄酒组织年份报告、中国国家统计局、中国海关总署及产区官方数据，不同的统计口径数值相差较大，给行业管理和企业决策带来偏差。

五、政策措施建议

（一）坚持开放发展，提升国际化水平，构建葡萄酒产业体系

一是进一步加强与国际葡萄与葡萄酒组织的交流与联系，立足中国葡萄酒产业实际，广泛开展与世界不同产区，特别是"一带一路"国家的交流与合作。二是加快建立以葡萄品种、栽培酿造、葡萄酒品质、品牌、原产地名称保护、质量分级为主的葡萄及葡萄酒产业体系。三是加快建立品种苗木来源、生产全过程投入品等追溯及检验检疫体系，为生产高品质葡萄酒提供安全保障。

（二）坚持机制创设，强化顶层设计，构建葡萄酒发展智力支撑体系

一是成立国家葡萄酒专家委员会，定期会商研判产业需求，加强顶层设计，推动中国葡萄酒产业体系高质量健康发展。二是成立中国葡萄酒指数研究院，为消费者选购葡萄酒提供可视化的参考标准，为中国葡萄酒市场建立专业化与普惠化兼具的全新葡萄酒行业标准。

（三）坚持绿色发展，促进文旅高质量融合，构建葡萄酒文化体系

一是大力发展以葡萄种植为核心的绿色、低碳、循环产业，科学评估葡萄园碳汇价值，为推动"碳中和"发挥作用。二是建设绿色有机标准化葡萄园，健全绿色有机

葡萄园评选机制，开展绿色有机认证，引导产业向高端、绿色、有机发展。三是挖掘、弘扬中国葡萄酒、贺兰山东麓葡萄酒文化，让中国葡萄酒具有中国特色、中国风味、中国品质，推动文旅产业与葡萄酒产业高质量融合发展。

（四）坚持特色发展，促进品质品牌深度融合，构建葡萄酒话语体系

一是加快品质体系建设，推动品质品牌融合发展，搭建统一的中国葡萄酒产业大数据中心和中国葡萄酒国际交易平台，为营销决策提供依据。二是大力宣传和培育国内产区、产品的知名度、美誉度、影响力、持久力，提升话语权，优化国产葡萄酒市场定价机制。三是开展葡萄酒质量认证，率先建立适应国内消费者的品质评价体系，提升国产葡萄酒品牌吸引力和公信力。

（五）坚持技术创新，加快成果转化，提升葡萄酒产业智能化水平

一是引进和创新标准化栽培、智能酿造、生态循环、智慧监管等关键技术，提升葡萄园与酿造车间自动、精准、高效管理水平，建设数字葡萄种植基地和智慧酿造车间。二是提高葡萄机械适用性和装备自主化水平，推进机械装备精细化、智能化，建立省工、高效、高质生产装备示范区。

报告撰写人：

李文超　宁夏贺兰山东麓葡萄酒产业园区管委会　工程师

我国红茶市场与产业分析报告

茶饮是当今世界三大饮料之一，在世界贸易中占有重要地位。我国是红茶茶种的发源地，也是世界几大主产区之一。2014—2018 年，红茶产量逐年增加，但产能趋于饱和；消费以内销为主，内销量逐年增加；加工方式向标准化集中加工转变，流通方式以批发零售为主；进口市场稳定性强，出口市场可替代性增强；国内市场价格稳中有涨，成品茶价格有所回落。由于红茶销售受生产季节影响较大，2020 年春季受新冠肺炎疫情防控措施影响，采摘工人短缺，销售受阻，线上消费市场成为开发重点；红茶进出口总体稳定，继续保持结构优化的趋势。预计未来我国红茶产区标准化、集约化水平将进一步提高，交易模式更加多元，品牌效应逐步显现，将以文化与科技为支撑，推进三产融合发展，以进一步提高出口竞争力。

一、红茶产业发展现状

（一）生产

1. 产量逐年增加，产能存在突破趋势。2013—2019 年，我国实有茶园面积增加了 25.8%（表 1、图 1），我国红茶产量从 15.9 万吨增长至 25.8 万吨，其中，2013—2016 年增速较快，年均增幅达 11.0%，2016—2018 年降至 3.4%，2018—2019 年又提高至 10.7%，表明我国红茶产业在经历了快速恢复期后，产能逐渐饱和，但近年又有突破趋势（图 2）。

表 1　2013—2019 年我国茶叶生产规模

年份	实有茶园面积（千公顷）	采摘面积（千公顷）	采摘面积占比（%）
2013	2 468.8	1 775.8	71.9
2014	2 649.8	1 895.4	71.5
2015	2 791.4	2 007.9	71.9
2016	2 902.1	2 071.4	71.4

（续）

年份	实有茶园面积（千公顷）	采摘面积（千公顷）	采摘面积占比（%）
2017	2 848.7	2 191.1	76.9
2018	2 985.8	2 310.8	77.4
2019	3 104.8	2 469.8	79.5

数据来源：中国国家统计局数据中心。

图 1　2013—2019 年我国茶叶生产规模变动趋势

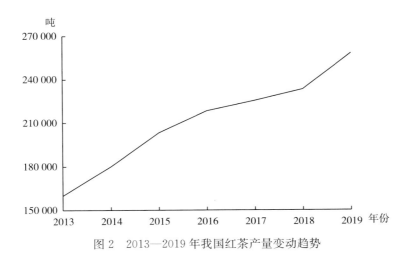

图 2　2013—2019 年我国红茶产量变动趋势

2. 产地分布较广，新兴产区规模迅速扩大。目前，我国红茶主产省基本位于南方地区，主要以闽、滇、鄂、湘四省为主，同时，近年来，随着政策扶持以及国内红茶市场热度的增加，新兴产区加速发展，如陕西、河南、重庆等地通过自主开发产制技术或引进成熟生产工艺，逐渐成为有竞争力的新兴产区（表2）。

表 2　我国红茶生产区域分布

省份	2014 年 产量（吨）	占比（%）	2015 年 产量（吨）	占比（%）	2016 年 产量（吨）	占比（%）	2017 年 产量（吨）	占比（%）	2018 年 产量（吨）	占比（%）	2019 年 产量（吨）	占比（%）
福建	43 359	24.1	47 419	23.3	49 947	22.9	47 398	21	49 000	21	52 500	20.3
安徽	5 660	3.1	6 406	3.2	5 986	2.7	5 772	2.6	6 400	2.7	6 900	2.7
云南	41 441	23	52 084	25.6	54 284	24.9	51 212	22.7	53 300	22.9	56 600	21.9
贵州	4 863	2.7	4 965	2.4	7 146	3.3	12 634	5.6	13 400	5.8	16 700	6.5
广东	3 410	1.9	4 738	2.3	5 707	2.6	6 396	2.8	6 800	2.9	9 700	3.8
广西	12 122	6.7	13 780	6.8	16 470	7.6	16 021	7.1	14 400	6.2	18 700	7.2
江西	5 723	3.2	5 497	2.7	5 837	2.7	7 162	3.2	8 100	3.5	8 500	3.3
江苏	2 250	1.3	2 426	1.2	2 500	1.2	3 011	1.3	3 300	1.4	3 600	1.4
浙江	1 296	0.7	1 352	0.7	1 349	0.6	1 400	0.6	1 400	0.6	1 400	0.5
湖南	17 342	9.6	19 668	9.7	21 348	9.8	21 198	9.4	22 800	9.8	23 500	9.1
湖北	27 467	15.2	30 863	15.2	31 177	14.3	34 243	15.2	33 400	14.3	37 000	14.3
四川	3 788	2.1	4 159	2.1	4 419	2	5 352	2.4	7 100	3.0	10 400	4.0
重庆	3 679	2	3 676	1.8	3 719	1.7	3 687	1.6	3 900	1.7	3 900	1.5
河南	7 209	4	5 828	2.9	5 004	2.3	5 637	2.5	5 400	2.3	4 100	1.6
海南	572	0.3	358	0.2	388	0.2	319	0.1	400	0.2	400	0.2
陕西	0	0	0	0	3 000	1.4	4 100	1.8	4 100	1.8	4 500	1.7

数据来源：中国国家统计局数据中心。

（二）消费

1. 以内销为主，北方市场开发程度较低。2013—2019 年，我国红茶内销量及其占总产量的比例呈持续增长趋势，2019 年内销占比高达 88%。据中国红茶联盟分析，目前红茶消费的重要区域为华中、华东、华南、西南 4 个南方大区，而华北、东北、西北 3 个北方大区的销量排名靠后，表明在饮食习惯以及生产区域分布的影响下，红茶的北方市场仍有较大的发展空间（表 3）。

表 3　近年来我国内销红茶数量变动情况

年份	红茶内销量（吨）	占比（%）	增长率（%）
2013	127 090	79.4	—
2014	152 427	84.6	19.9
2015	175 105	86.2	14.9
2016	185 220	84.8	5.8

（续）

年份	红茶内销量（吨）	占比（％）	增长率（％）
2017	189 937	84.2	2.6
2018	200 300	85.9	5.5
2019	227 368	88.0	13.5

2. 消费季节性明显。 红茶销售小高峰一般出现在春季，同时北方地区气温低，出现小高峰的时间更早。由于2020年春季新冠肺炎疫情防控措施影响，红茶采摘工人短缺，春茶弃采现象较多，影响了红茶生产和消费。

3. 线上消费市场不断完善。 2020年，受新冠肺炎疫情影响，红茶消费场景由线下转移到线上，各大茶商、茶企意识到开发线上市场的重要性，纷纷利用电商直播、微信社群、网络开茶节等开展线上交易。

（三）加工流通

加工产业机械化、标准化、组织化程度提高，新兴流通模式开始涌现。随着红茶产品市场化的深入，生产组织化水平逐渐提高，"企业＋农户"的生产模式较为普遍。同时，为顺应大众消费需求并解决劳动力成本问题，红茶加工的机械化率与标准化水平逐渐提高，精简化的现代茶叶精制拼配技术以及国外引进的红碎茶生产线被广泛应用推广。目前，我国红茶产品流通仍以"茶农—茶企—批发商—零售商"的传统模式为主。随着线上消费市场的完善和市场信息化程度的加深，各类新兴流通模式开始涌现，如电商销售、区域授权专卖等。

（四）进出口

1. 进口结构得到优化。 近年来，我国红茶进口量总体呈上升趋势，2020年受新冠肺炎疫情影响出现较大幅度下降（表4、图3）。进口额逐年增长，进口单价总体呈下降趋势，仅在2020年有所上升。我国红茶主要进口国：斯里兰卡、印度、印度尼西亚、肯尼亚，出口至斯里兰卡和印度占比50％以上（表5）。总体而言，我国红茶进口来源稳定，但缺乏替代性，对个别国家的依赖性过强。

表4　2014—2020年我国红茶进口情况统计

年份	进口量（吨）	进口额（万美元）	平均进口单价（美元/千克）
2014	17 125.8	6 900.4	4.0
2015	18 823.7	7 705.9	4.1
2016	19 295.8	8 176.4	4.2
2017	25 461.3	10 664.1	4.2

（续）

年份	进口量（吨）	进口额（万美元）	平均进口单价（美元/千克）
2018	28 317.9	10 898.3	3.9
2019	36 413.6	12 606.5	3.5
2020	32 104.5	12 907.1	4.0

数据来源：中国海关总署。

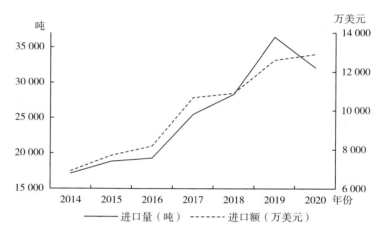

图 3　2014—2020 年我国红茶进口情况变动趋势

表 5　2014—2020 年我国红茶主要进口来源国、进口量与进口额统计

年份	主要来源国	进口量（吨）	进口额（万美元）	进口量比重（%）
2014	斯里兰卡	6 060.2	3 119.9	33.9
	印度	4 392.1	1 792.8	24.6
	印度尼西亚	3 747.9	713.1	20.9
	肯尼亚	823.9	190.5	4.6
	阿根廷	467.4	53.9	2.6
2015	斯里兰卡	7 745.9	3 806.3	38.3
	印度	4 728.6	1 780.3	23.4
	印度尼西亚	2 367.6	448.8	11.7
	肯尼亚	847.6	234.7	4.2
	马拉维	589.5	100.6	2.9
2016	斯里兰卡	8 465.2	4 134.9	40.6
	印度	5 116.5	1 849.2	24.5
	印度尼西亚	1 167.2	246.1	5.6
	肯尼亚	761.6	201.3	3.7
	阿根廷	552.0	55.7	2.7

（续）

年份	主要来源国	进口量（吨）	进口额（万美元）	进口量比重（%）
	斯里兰卡	10 054.2	5 406.3	36.7
	印度	8 364.5	2 404.8	30.5
2017	肯尼亚	1 299.1	335.2	4.7
	印度尼西亚	1 292.8	294.1	4.7
	马拉维	765.0	156.4	2.8
	印度	10 062.9	2 562.6	31.4
	斯里兰卡	10 970.9	5 915.1	34.3
2018	肯尼亚	1 756.6	469.8	5.5
	印度尼西亚	1 630.8	327.5	5.1
	莫桑比克	859.3	164.3	2.7
	印度	12 924.5	3 071.1	33.1
	斯里兰卡	12 780.4	6 234.3	32.7
2019	印度尼西亚	2 362.5	421.7	7.5
	肯尼亚	1 799.4	429.3	6.0
	马拉维	1 340.9	173.9	4.6
	斯里兰卡	13 846.4	6 687.3	36.0
	印度	9 672.7	2 789.0	25.2
2020	印度尼西亚	2 791.1	391.8	7.3
	肯尼亚	2 284.6	448.4	5.9
	马拉维	1 383.8	152.8	3.6

数据来源：中国海关总署。

2. 出口额持续增长。近年来，我国红茶出口量波动上升，出口额保持稳步增长，出口单价持续增加，优质高档产品出口占比提升，红茶出口结构得到优化（表6、图4）。特别是2020年新冠肺炎疫情期间，我国红茶出口量大幅下降，但平均出口单价上涨至13.1美元/千克，说明我国红茶产品在国际市场有稳定出口渠道，竞争力较强（表7）。

表6 2014—2020年我国红茶出口情况统计

年份	出口量（吨）	出口额（万美元）	平均出口单价（美元/千克）
2014	27 752.9	14 480.6	5.2
2015	28 115.5	20 634.2	7.3
2016	33 141.1	25 625.6	7.7
2017	35 563.9	27 769.1	7.8
2018	32 999.1	28 054.3	8.5

（续）

年份	出口量（吨）	出口额（万美元）	平均出口单价（美元/千克）
2019	35 194.7	34 925.0	9.9
2020	26 320.7	34 434.8	13.1

数据来源：中国海关总署。

图 4　2014—2020 年我国红茶出口情况变动趋势

　　除日本、美国和中国香港以外，由于距离优势，我国红茶产品在其他亚洲市场也具有较大竞争力。随着东盟十国以及"一带一路"沿线国家市场的逐步开发，有效拉动了红茶贸易发展，红茶产品出口市场逐渐扩大。

表 7　2014—2020 年我国红茶主要出口国家和地区、出口量与出口额统计

年份	主要目的地国家和地区	出口量（吨）	出口额（万美元）	出口量占比（%）
2014	日本	11 259.0	4 614.2	24.2
	美国	8 485.5	4 354.2	18.2
	中国香港	6 575.3	6 144.8	14.1
2015	日本	10 289.8	4 326.4	22.0
	美国	8 865.2	4 462.7	18.9
	中国香港	6 679.7	7 886.6	14.3
2016	日本	8 953.7	3 604.0	17.2
	美国	9 476.3	4 384.9	18.2
	中国香港	6 929.9	9 514.1	13.3
2017	日本	9 446.1	3 882.7	17.2
	美国	8 659.2	4 183.6	15.7
	中国香港	8 477.0	16 429.9	15.4

（续）

年份	主要目的地国家和地区	出口量（吨）	出口额（万美元）	出口量占比（%）
2018	日本	9 446.1	3 882.7	17.2
	美国	8 659.2	4 183.6	15.7
	中国香港	8 477.0	16 429.9	15.4
2019	中国香港	9 584.1	26 587.7	17.1
	日本	8 516.4	3 364.3	15.2
	美国	7 954.9	2 616.3	14.2
2020	中国香港	8 695.7	29 147.4	17.6
	日本	8 139.9	3 297.4	16.5
	俄罗斯	4 281.9	1 132.0	8.7

数据来源：中国海关总署。

（五）市场价格

国内价格持续上涨，疫情期间有所回落。近年来，由于红茶成本上涨、消费群体扩大与消费需求增加，国内红茶价格持续上涨。疫情期间，由于干毛茶等线下门店关闭，原料市场交易冷清，各大产区的鲜叶及成品茶价格均有不同幅度的回落。

（六）成本收益

人工成本占比较高。红茶产品成本构成复杂，可根据种植、加工和流通三个生产环节进行分类，如种植环节有人工采摘成本、土地成本、肥料成本等，加工环节有鲜茶收购成本、工人成本等，流通环节则包括运输成本、销售费用等。2007年，我国红茶种植环节成本统计中，人工成本占总成本的71.2%，主要是由于我国茶园多分布于地域地形复杂的丘陵山区，机械化难度大，综合机械化水平低。

二、红茶产业发展存在的问题

（一）产业组织化、机械化、标准化程度不高

近年来，虽然我国红茶生产的组织化程度有所提高，但仍以小农户分散经营为主。同时，我国地形复杂，机械化水平难以在短期提升，雇工费用不断提高，加之尚未建立统一的质量标准和溯源体系，先进技术难以推广，红茶出口易受到质量贸易壁垒，国际竞争力难以进一步提升。

（二）线上市场缺乏完善流通体系的支持

受新冠肺炎疫情影响，2020年春茶销售场景从线下转移到线上，线上消费市场成为各大茶商茶企开拓市场的主战地。但目前红茶产业的流通体系尚不完善，生产分散性和消费全国性的矛盾以及茶业部门交叉管理、地区标准不统一、市场信息不对称等问题加剧了红茶产品流通的难度，不利于红茶线上交易市场建设。

（三）疫情增加产品积压风险

由于茶饮消费多元化的冲击以及品牌效应的缺乏，我国红茶市场开拓难度较大。同时，新冠肺炎疫情下，短期内线下需求下滑，产品价格回落，且大部分茶叶出口渠道处于停滞状态，对红茶销售影响较大。因此，在产能稳步扩张的情况下，红茶出现库存积压风险。

（四）品牌效应不足，制约国际竞争力

目前，我国红茶在国际市场缺乏定价优势，品牌成为提高国际竞争力的关键。虽然近年来红茶品牌建设力度日益加大，但重生产、轻营销，且营销推广方式单一的特点导致我国红茶产业"有类无品"，品牌效应不足的现象依旧严重，制约了国际竞争力的发展和产业链的延伸。

三、红茶产业发展前景展望

（一）加快集约化、标准化建设

随着科技水平提高，我国红茶生产区域分布更加广泛，产能将进一步突破。预计未来红茶产量增速将进一步减缓，标准化、集约化水平将进一步提高。

（二）交易模式更加多元

目前，我国红茶产业仍以小农户分散生产经营为主，随着各类交易模式逐渐推广，越来越多的茶企重视线上线下销售结合，借助电商渠道扩展产销市场，企业采用区域营销模式，自建品牌终端店减少交易成本。

（三）以文化与科技为支撑，推进一二三产业融合发展

红茶加工技术不断进步，科技对产业发展的强化支撑作用越来越明显。多地区坚持茶文化与当地生态、旅游等资源相结合，搭建茶文化宣传交流平台，构建集种养、

生产、加工、销售、文化、旅游等环节为一体的全产业链，大力推进一二三产业融合发展，产业价值链条不断延长。

报告撰写人：

赵　霞	中国农业大学经济管理学院、国家农业市场研究中心	教授、副主任
韩一军	中国农业大学经济管理学院、国家农业市场研究中心	教授、三任
余其琪	中国农业大学经济管理学院	研究生
韩文彤	中国农业大学经济管理学院	研究生

我国安吉白茶市场与产业分析报告

安吉白茶产于浙江省安吉县溪龙乡，20 世纪 70 年代，技术人员在安吉县天荒坪一带的深山密林间发现了一株树龄逾百年的再生型古白叶茶树。经过 40 年的发展，安吉白茶从一株千年"白茶祖"发展成为茶园规模超 17 万亩、年产量 1 890 吨、产值 25.31 亿元的茶产业，产业链从业人员 20 余万人，全县人均增收 7 000 多元。安吉白茶成为安吉县的重要名片，也成为带动百姓增收的金叶子。

一、安吉白茶的特点

安吉白茶，是一种由白化变异茶树制成的烘青茶，是全国优质名茶。"白叶 1 号"是安吉白茶的茶树品种之一，属温度敏感型白化类茶树，具有"白化返绿"的特性。安吉白茶具有白、活、香、鲜、清等特色，其鲜叶、干茶均叶白脉绿，颜色鲜活，茶叶汤色清澈、透亮，鲜味足，香气高而持久。经测定，安吉白茶的氨基酸含量高达 10.6%，为普通绿茶的 2 倍以上，而茶多酚含量仅为普通绿茶的一半，"高氨基酸、低茶多酚"使安吉白茶具有淡雅、清爽、鲜香的独特口感。

二、安吉白茶产业发展历程及现状

（一）产业发展历程

在安吉白茶产业发展的 40 年里，实现了从无到有、从小到大、由弱到强的跨越式发展。

1. 发现培育阶段（1980—1996 年）。1980 年，安吉县茶叶工作者在天荒坪镇大溪村发现了第一株野生白茶，并于 1982 年进行首次短穗扦插育苗，经过两代无性系幼苗移栽，证实其形状与母树一致，适合大面积推广。1987—1996 年，安吉白茶种植面积由 1.39 亩扩大到 385 亩，安吉白茶产业初具雏形。

2. 规模种植阶段（1997—2002 年）。1997 年起，安吉县相继制定出台各类扶持政策，加速推进茶园规模化种植。全县安吉白茶的种植面积、产量和产值分别由1997 年的 589 亩、300 千克和 60 万元，增长到 2002 年的 22 000 亩、13 500 千克和1 890万元，分别增长了 36.3 倍、44 倍、30.5 倍，实现了规模化种植。

3. 品牌塑造阶段（2003—2009 年）。2003—2009 年，安吉白茶先后获得国家地理标志产品保护、中国名牌农产品、中国驰名商标、"中茶杯"名优茶特等奖、中国最具影响力的地理标志品牌、浙江省十大名茶、浙江省区域名牌、浙江省著名商标、中国农产品区域公用品牌百强等荣誉称号，安吉白茶的品牌知名度和美誉度大幅提升。

4. 转型提升阶段（2010—2019 年）。自 2010 年起，安吉县在做强安吉白茶产业的同时，相继推进安吉白茶系列的产品开发、白茶文化的挖掘以及主题旅游等活动。安吉先后获得"全国十大魅力茶乡""茶乡旅游精品线路深度合作地区"称号，2019年，围绕安吉白茶产业的总值达到 48 亿元。

（二）产业发展现状

1. 种植面积基本稳定，大规模扩种可能性较低。近年来，安吉白茶在前期几次扩种后，从 2014 年起安吉白茶种植面积基本稳定在 17 万亩左右。由于前期扩种导致的水土流失较为严重，出于对生态保护和产品品质的要求，安吉白茶大规模扩种可能性较低。

2. 产量稳中略涨，产值小幅增长。随着种植面积的稳定，安吉白茶产量呈现稳中略涨的趋势，2020 年安吉白茶产量 1 950 吨，产值 27 亿元（图 1），分别比上年增长 3.2％和 6.7％，茶产业综合产值达 48 亿元。

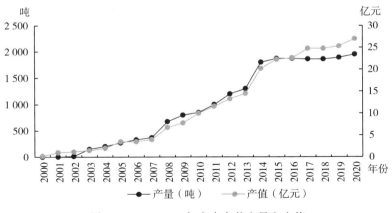

图 1　2000—2020 年安吉白茶产量和产值

3. 加工工艺简单，逐渐由机器炒制代替。安吉白茶采用传统绿茶加工工艺炒制，其过程包括鲜叶摊放—杀青—理条—初烘—摊凉—复烘—收灰干燥。工艺较为简单，但手工炒制技艺较难掌握，加工批量小，速度慢，逐渐由机器炒制代替。

4. 价格较高，国内消费为主。 安吉白茶采摘期由气温决定，一年采一次，仅 20 余天，亩产约 10 千克。由于采摘时间短、产量低，因此安吉白茶价位较高，属于高档消费品。根据茶叶等级不同，安吉白茶价格在每千克 400 元到几千元不等。安吉白茶消费市场主要在国内，基本没有出口。

三、安吉白茶产业发展经验及存在的问题

（一）产业发展经验

1. 绿色发展。 安吉县生态环境优美宜居，植被覆盖率达 75%，是国家首个生态县，联合国人居奖唯一获得县。安吉县依托良好的生态资源禀赋，进行生态化种植，逐渐成为生态富民的绿色黄金产业。

2. 培育龙头企业。 全县已有安吉白茶省级农业龙头企业 2 家，市级农业龙头企业 4 家，年销售额 1 000 万元以上的企业 11 家，500 万元以上的企业 34 家，茶叶专业合作社 45 家。安吉白茶协会的会员单位已有 390 家，基本形成了"公司＋基地＋农户"的销售生产模式。

3. 推进标准生产。 以国家级标准化示范园区建设为核心，实施茶园身份证管理、金溯卡溯源、会员协作自律、统一包装监管，构建从茶园到茶杯的全程质量追溯体系，强化各类投入品的源头管理。严格执行《安吉白茶》国家标准，进行"三品"认证，确保产品质量，提升产品品质。

4. 创造品牌价值。 按照"母商标树品牌、子商标强溯源"的思路，创新打造安吉白茶"母子"商标品牌，以子商标带动母商标，共同宣传安吉白茶。截至 2019 年，安吉白茶品牌价值超过 40 亿元，连续 10 年跻身全国茶叶类区域公用品牌前 10 强。

（二）产业发展存在的问题

1. 假货次品屡禁不止。 全国多地种植白茶，而且很多地方的白茶冒充安吉白茶流入市场，以假乱真、以次充好的情况屡禁不止，安吉白茶面临"劣币驱逐良币"的危机。

2. 市场竞争趋于激烈。 全国区域名优茶众多，安吉白茶产业较为分散，缺少龙头企业带动示范效应，特别是产销渠道没有打通，存储与运输条件苛刻等诸多环节限制了其产业发展。

3. 效益增长空间有限。 茶农缺乏有效组织，分散经营，生产方式"小、散、乱、弱"，内部竞争造成成本"内耗性"增加，缺少市场定价主动权，加之销售渠道不畅，导致"效益天花板"等问题突出。

四、政策措施建议

（一）实施数字化管理，加强安吉白茶原产地保护水平

利用地理信息、大数据、区块链等数字信息技术，建设智慧茶园，开展茶园数字地籍调查测绘和全程追溯体系的数字化管控，实现茶园数字化信息管理。加强知识产权保护，强化安吉白茶商标管理，完善质量体系建设，做到技术规范、管理完备、质量合格、授权标识相统一。

（二）强化市场培育，提升安吉白茶发展环境

立足本地，建设辐射全国的一流白茶市场，完善市场准入机制，规范外地茶进入安吉市场的交易行为。加强国内市场开发，引导茶叶企业参与市场开发，深耕区域市场。深化电子商务平台，创新基地直销、集团定制的销售新模式。加强营销策划，打造"安吉白茶"高端品牌，提升"安吉白茶"品牌溢价。

（三）创新传统外贸，开拓安吉白茶国际市场

入选"中欧地理标志协定保护名录"为提升安吉白茶品牌影响力提供了新契机。加大国外市场开拓力度，创造外贸新渠道，改进走出去方式，聚焦"一带一路"，开拓国外市场，推动安吉白茶走出国门，提高安吉白茶产业外向度。

（四）挖掘文化内涵，推进安吉白茶文化建设

深度挖掘安吉白茶文化内涵，打造茶文化旅游产品和服务产品。丰富县城节点和县域节点的茶特色，把茶元素打造成为县域特色节点的重要元素。推广安吉白茶基础知识和科学饮茶知识，加快推进安吉本土茶文化的普及，弘扬茶文化，发展茶经济。

（五）做强综合茶产业，实现三产融合发展

立足茶叶，做强综合茶产业，努力打造茶产业、茶经济、茶文化协调发展的现代产业体系，让茶产业链从喝茶向饮（料）茶、吃茶、用茶、玩茶、事茶延伸，充分发挥茶资源的综合作用，实现六茶共舞、三产交融、跨界拓展、全价利用。

报告撰写人：

赵龙华　中国农业科学院农业信息研究所农业监测预警研究中心　助理研究员

我国普洱茶市场与产业分析报告

普洱茶是中国名茶，具有悠久的历史和深厚的文化底蕴。作为云南省特有的茶叶品种，近年来，普洱产业发展态势优良，产量逐年增加，消费市场也逐渐扩大。但由于产品种类繁杂，产品质量参差不齐，普洱茶产业发展仍受到限制。2020年以来，随着新冠肺炎疫情暴发，普洱茶消费端受到了较为严重的影响，预计未来普洱茶产业发展将趋于平稳，在国家政策支持下更上一个台阶。

一、普洱茶产业发展现状

（一）生产

普洱茶得名于云南普洱府，主要原料是云南大叶种晒青毛茶，其口味独特、养生功能丰富、收藏价值高，是当前炙手可热的茶品之一，普洱茶产业也因此成为云南省极具竞争力的优势产业之一。普洱茶主要产区均分布在云南省，是云南特有的茶叶品种之一，也是云南省茶产业的重要支柱。

1. 生产规模及产量。2015—2020年，普洱茶产量呈现持续增长趋势，从12.89万吨增长到16.20万吨。同时，普洱茶产量在云南省茶叶总产量占比始终居于高位并有逐年增加的趋势，占比从2015年的35.8%提高到36.9%，但2020年有所下滑（图1），其原因可能是云南其他茶叶产量在政策扶持下有了较大幅度的提升。

2. 产值。2015—2020年普洱茶产值逐年增加，从140.00亿元增长到223.60亿元。近年来，普洱茶产值占云南省茶叶综合产值百分比稳定在22%左右（图2）。2019和2020年占比有所上升，但产量占比有所下降，说明在此期间普洱茶的价格相对提高。

3. 生产区域布局。普洱茶的四大产区分别是普洱茶区、西双版纳茶区、临沧茶区、保山茶区。生产普洱茶的行政区划包括云南省西双版纳州、临沧市、普洱市、昆明市、德宏州、大理州、保山市、红河州、楚雄州、玉溪市、文山州等11个市（州）。这些产区围绕澜沧江及北回归线展开，遍及云南省11个市（州）、75个县、639个乡镇。

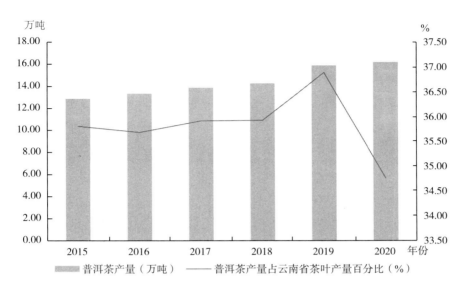

图 1 2015—2020 年普洱茶产量及普洱茶产量在云南省茶叶产量的占比情况

数据来源：云南省农业科学院。

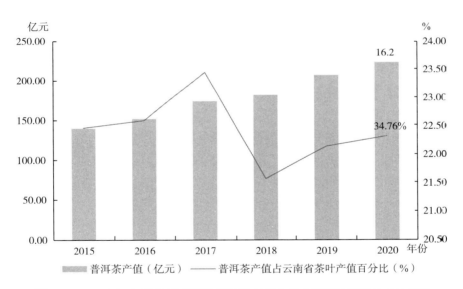

图 2 2015—2020 年普洱茶产值及普洱茶产值在云南省茶叶产值的占比情况

数据来源：云南省农业科学院。

4. 产品种类。普洱茶在制作上，分为普洱散茶和普洱紧茶两大类。普洱散茶，传统品类为毛尖、粗叶，今已发展为普洱绿茶、普洱青茶、普洱红茶、普洱黑茶、普洱黄茶、普洱白茶 6 个品类；普洱紧茶传统品类为芽茶、女儿茶制成的团茶、饼茶、茶砖，今发展为由 6 类散茶制成的普洱沱茶（含大、小沱茶）、普洱饼茶（含青饼、熟饼、方饼、圆饼、异型饼）、普洱茶砖 3 个品类。近年来，为适应普洱茶市场的不同消费需求，普洱茶产品由传统向多元化转变，推出了诸多便携形式的茶包、袋泡茶、速溶茶等新产品。

（二）消费

据中国茶叶流通协会数据统计，2019年，云南普洱茶的国内销量约为10.55万吨，同上年相比增加1.02万吨，内销额约为115.3亿元，普洱茶在全茶类内销总量中的占比为11.2%。普洱茶口味独特、具有较高的营养价值和收藏价值，随着人民生活水平的提高、养生保健意识的增强，消费者对普洱茶的需求逐年提高。过去普洱茶消费市场除云南外，集中在台湾、香港、广州东南沿海地区，消费者年龄集中在30～50岁；近年来，普洱茶消费市场由华南、西南逐步扩展到华北、西北、东北等地区，且普洱茶消费群体呈现低龄化趋势。

（三）加工流通

1. 普洱茶加工。普洱茶加工流程烦琐，茶农在采摘鲜叶后需要将鲜叶交由工厂代工，并直接将茶叶销售给加工企业，这也导致茶农无法获得加工和销售环节的利润，茶农收入较低。普洱茶龙头企业在提升普洱茶加工水平上进行了探索，生产环境、卫生条件、机械化水平得到一定的提升，包括普洱茶切割、卸茶、揉捻、干燥、发酵、压饼、贮藏、筛选、消毒等装置被研发，为普洱茶生产的提质增效、安全性提供有效的工艺指导。但普洱茶初制加工仍较分散，加工方式落后，与目前的食品安全要求还有一定的距离。

2. 普洱茶流通。普洱茶流通渠道呈现多样化的特征，主要包括前店后园、茶庄、茶叶连锁店、茶馆、超市茶叶专柜、批发市场交易兼零售、集团购买、网上商城等，其中，淘宝数据显示，近年来，普洱茶搜索指数有较大幅度的提升，电商已成为普洱茶重要的流通渠道之一。

（四）进出口

1. 普洱茶进口。据中国海关总署数据，2015—2018年，中国普洱茶进口量和进口额均呈现上升趋势，2019年进口量大幅下跌，跌至45.10吨，但进口额依然增长，为123.70万美元（图3）。

2. 普洱茶出口。我国普洱茶的出口地区主要集中在中国港澳台地区、东南亚国家，少部分出口到欧洲、北美洲和大洋洲。亚洲市场是最大的普洱茶出口市场，主要集中在中国香港、中国澳门、中国台湾、日本、韩国、马来西亚及新加坡这几个地区和国家。据中国海关总署数据，2015—2019年，中国普洱茶出口量整体呈下降趋势，从3 284.40万吨下降至2 800.20万吨，出口额在2016—2018年经历低谷期后，2019

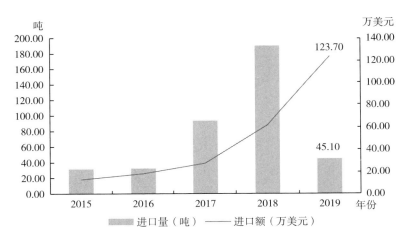

图 3　2015—2019 年中国普洱茶进口量和进口额

数据来源：中国海关总署。

年恢复上升，在出口量比 2015 年低的情况下，出口额仍保持较高水平，为 5 223.20 万美元（图 4）。近年来，国际茶叶市场呈现波动状态，传导影响我国茶产品出口，但我国普洱茶出口价格在 2019 年大幅上涨，迅速提高了普洱茶出口额。

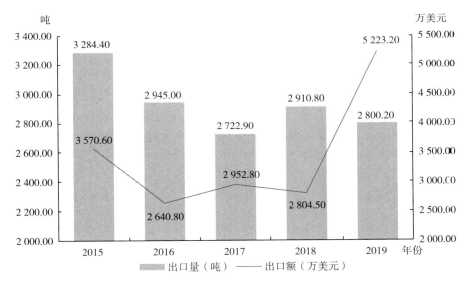

图 4　2015—2019 年中国普洱茶出口量和出口额

数据来源：中国海关总署。

3. 普洱茶进出口均价。2015—2018 年，中国普洱茶进出口均价均处于波动状态，但整体出口均价高于进口均价。2019 年，中国普洱茶进出口均价较 2018 年都有较大幅上涨，且出口均价在增幅和价格方面均超过进口均价，进口均价升至 2.74 万美元/吨，出口均价升至 1.87 万美元/吨（图 5）。

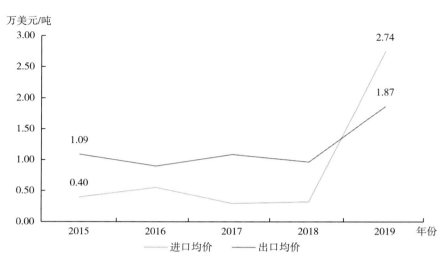

图 5　2015—2019 年中国普洱茶进口均价和出口均价

数据来源：中国海关总署。

（五）市场价格

市场需求增加、产品原料成本提高导致价格上涨。随着普洱茶热度的逐渐上升，云南茶产业结构发生了很大的变化，优质优价的产品被挖掘并受到市场追捧，它们也成为普洱茶产业的风向标，促进了普洱茶原料价格的上涨。

资本炒作抬高普洱茶价格。普洱茶本身具有投资价值，广受投资者关注，存在市场炒作行为。适当炒作能够适度活跃普洱茶市场，有利于普洱茶产业发展，但过度炒作则会影响市场平衡，带来负面影响。在投机和投资因素并存的情况下，普洱茶价格波动较大。

（六）成本收益

普洱茶以市场自然分类，分为古树茶、野放茶和台地茶，根据种类不同，普洱茶的成本和收益差别很大。台地茶和野放茶的成本较低，每千克成本在十几元到几十元的水平不等，古树茶是稀缺资源，在各种普洱茶中成本处于最高水平，也是目前市场上炒作最热的茶叶，成本基本在百元以上。例如，在采摘环节，古树茶只能通过人工采摘，平均一个熟练采茶工一天可以采摘 10 千克鲜叶，工资为 100 元一天，采摘环节的每千克古树茶有 30～50 元的人工成本；在炒茶环节，每年到了春茶节，茶树集体发芽的时候，都要雇年轻力壮的炒茶工人，该工种有体力和技术的要求，月工资基本在 4 000～6 000 元，按照一个人一天 100 千克鲜叶，也就是 25 千克干茶，这个环节每千克古树茶增加 10 元人工成本；在匀堆、挑拣黄叶、装箱搬运、工厂压饼环节，茶叶会有 3％～5％ 的损耗，按照一斤（500 克）干茶 500 元，损耗成本大概在 15～20 元。最后总体估算下来每千克古树茶的最低成本大概在 100 元。

二、普洱茶产业发展存在的问题

（一）传统生产方式有待改进

茶叶种植在我国延续已久，是典型的传统产业，但随着现代产业的发展，传统产业的生产方式在保持原有优势的同时，也必须与时俱进以适应时代发展。目前，仍有许多茶叶种植区位于山区，茶叶产量过于依赖自然条件，基础设施建设不健全、茶园管理机械化程度低、产业劳动力不足等问题较为突出。

（二）产业链短，市场竞争力弱

从茶树上采摘鲜叶到摊晾到杀青、揉捻、日晒的干燥过程被称为初制加二，加工场所被称为初制所。当前，我国普洱茶生产规模小而分散，初制多为家庭自主经营，厂房和机械设备陈旧，部分初制所卫生条件不高。究其原因，一方面初制加工的准入门槛低、无序竞争特点突出，另一方面标准化的茶叶初制所较少，初制所建设用地指标短缺，缺乏用地保障。而在深加工方面，大部分地区仍没有精深加工企业，产业链短，茶叶内含物提取、功能性开发、多向化利用等方面还处于空白，产业链短，产业综合效益低。龙头企业发展受资金短缺问题的制约，难以进一步推进基地认证，产业带动力不强。

（三）营销不力，品牌效应有待提高

现在市场上大多数茶叶产品仍是自产自销、自主经营的营销模式，缺乏集中的茶叶批发市场和完整的茶叶市场流通体系。茶叶销售商缺乏品牌意识，企业自有品牌多而杂乱，知名品牌九牛一毛，加上缺乏完整的营销体系，宣传方式和力度不得当，导致茶叶在市场上竞争力不足，所占市场份额被大大挤压。

（四）疫情影响茶产品消费，产销差距进一步扩大

新冠肺炎疫情的暴发对消费端影响较大，加之全球经济持续低迷，全球茶叶贸易增长缓慢，茶叶销量一直低于产量。2019 年，中国茶叶国内销售量达 202.6 万吨，内销售总额为 2 739.50 亿元，在疫情后的消费大环境下，以内销为主，中国茶叶消费增长始终低于产量增长，年产销差已超过 40 万吨，茶叶库存不断增加。

三、普洱茶产业发展前景展望

（一）产业将向适度规模化、技术先进化转变

茶叶种植区多位于山区、丘陵地带，存在生产分散、基础设施不足、生产技术欠缺等问题。现在，大多数茶叶产地都已形成了一定规模的优势产区，应继续优化产业布局、适度扩张，促进茶产业规模化健康发展。同时，应加大科学技术的投入，提升茶叶品质和产量、调整产业结构，促进产品多元化。

（二）市场将继续扩大，流通渠道更加多样

随着普洱茶市场的持续升温，消费区域在空间和年龄跨度上将继续扩大。目前，普洱茶流通渠道主要包括前店后园、茶庄、茶叶连锁店、茶馆、超市茶叶专柜、批发市场交易兼零售、集团购买、网上商城等。近年来电子商务迅猛发展，普洱茶流通渠道更加多样化。

报告撰写人：

赵　霞	中国农业大学经济管理学院、国家农业市场研究中心	教授、副主任
韩一军	中国农业大学经济管理学院、国家农业市场研究中心	教授、主任
余其琪	中国农业大学经济管理学院	研究生
韩文彤	中国农业大学经济管理学院	研究生

我国苦荞市场与产业分析报告

我国是唯一大面积种植苦荞的国家，栽培历史悠久、资源丰富。近年来，我国苦荞产量呈现增长趋势，四川、山西、云南产量稳步增长，但苦荞产品的知名度和加工程度仍有很大的提升空间；荞麦出口竞争优势缩小，但出口结构逐渐优化，贸易顺差局面短期内不会改变。苦荞产业存在种植规模化程度不高，产品质量良莠不齐，产销对接困难，品牌效应不足等问题。

一、苦荞产业发展现状

（一）生产

1. 产量呈增长趋势。荞麦可根据生物学特征分为苦荞与普通荞（即甜荞），其中苦荞性喜阴湿冷凉，多种植于海拔 1 200～3 500 米的高原，由于生长地区自然气候恶劣，灾害频繁，种植技术粗放，产量不稳定。鉴于当前尚无各荞麦种类单独的种植生产数据，本文以荞麦数据为例进行分析。据统计，2014—2019 年，我国荞麦种植面积稳步增长，产量呈现逐渐增长趋势，其中，2014 年全国产量为 30 万吨，2019 年增至 54.3 万吨，年均增幅达 15.1%（图 1、图 2）。

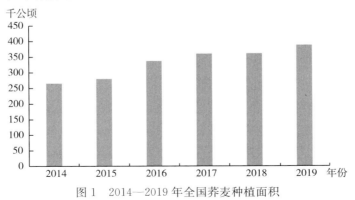

图 1　2014—2019 年全国荞麦种植面积

数据来源：《中国农村统计年鉴》。

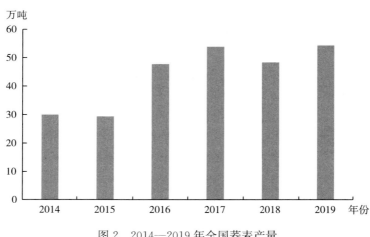

图2 2014—2019年全国荞麦产量

数据来源：《中国农村统计年鉴》。

2. 生产区域布局较为集中。2019年，内蒙古、陕西、四川、甘肃4省区荞麦产量之和占全国产量的58.6%，其中内蒙古、陕西、甘肃3省区以甜荞生产为主，苦荞生产则主要集中在云南、四川、山西、贵州等地的高寒地区。从各地区产量变化看，四川、云南两省的自然条件适宜荞麦生长，每公顷产量达到2吨以上，山西的单产也在逐步提升（表1、图3）。

表1 2014—2019年全国及产量排名前10省份的荞麦产量情况

地区	2014年		2015年		2016年		2017年		2018年		2019年	
	产量（万吨）	占比（%）	产量（万吨）	占比（%）	产量（万吨）	占比（%）	产量（万吨）	占比（%）	产量（万吨）	占比（%）	产量（万吨）	占比（%）
全国	30.0		29.4		47.8		53.9		48.4		54.3	
内蒙古	5.6	18.7	6.4	21.8	14.2	29.7	17.1	31.7	11.2	23.1	11.2	20.6
陕西	7.8	26.0	5.5	18.7	8.8	18.4	8.7	16.1	8.6	17.8	8.7	16.0
四川					6.4	13.4	6.5	12.1	6.0	12.4	6.1	11.2
甘肃	6.9	23.0	6.1	20.8	4.5	9.4	4.8	8.9	5.6	11.6	5.8	10.7
云南	1.6	5.3	1.7	5.8	1.4	2.9	1.4	2.6	1.4	2.9	5.4	9.9
山西	1.2	4.0	1.7	5.8	1.9	4.0	2.0	3.7	3.1	6.4	3.4	6.3
广西			1.5	5.1	2.5	5.2	2.9	5.4	2.9	6.0	2.7	5.0
贵州	1.3	4.3	1.4	4.8	0.7	1.5	1.7	3.2	2.0	4.1	2.2	4.1
重庆	1.1	3.7	1.3	4.4	0.8	1.7	0.8	1.5	0.8	1.7	0.8	1.5
湖南	0.7	2.3	0.7	2.4	0.6	1.3	0.6	1.1	0.6	1.2	0.8	1.5

数据来源：《中国农村统计年鉴》。

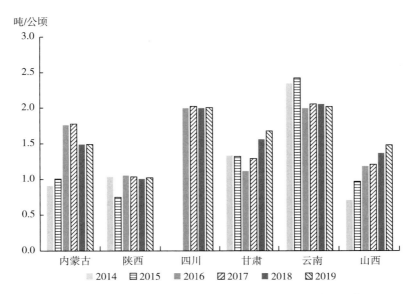

图3 2014—2019年产量排名前6省份的荞麦平均产量变化

数据来源：《中国农村统计年鉴》。

3. 以分散式经营为主。荞麦生产主体以农户个人及家庭为主，种植规模小。苦荞主要生长在高寒地区，受自然和市场影响均较大，生产较为分散，这种制度影响了苦荞种植的规模化、标准化、专业化。

（二）消费

目前，我国消费者对于荞麦产品的需求量较低，2018年，我国荞麦产量占全球总产量的39.1%，人均年消费量仅为0.80千克，且荞麦加工产品的原料大部分为甜荞。经调查，多数人对苦荞的食用方式是制作苦荞麦面或苦荞麦饭，少数制作苦荞茶或酿酒，苦荞茶等加工品生产规模小，品牌知名度较低，经济效益不高。

（三）加工流通

随着消费者健康意识逐渐增强，苦荞产品独特的营养价值被人们熟知，国内外苦荞加工产品种类越来越丰富，从简单的苦荞米、面粉到糕点、苦荞茶、苦荞酒等，再到药品、化妆品，产品附加值逐渐提升。但由于我国苦荞产地偏远且生产分散，大部分种植农户不了解苦荞产品的食疗价值。目前我国苦荞原料深加工程度仍较低，产品流通较为不便，多为线下个体销售，电商交易模式也由于地理位置的不便难以成熟发展，农户、企业、市场等关键环节基本没有形成完善的产业链条。

（四）进出口

1. 出口量呈下降趋势，但出口结构优化。中国荞麦产量全球第一，出口量也一直稳居全球前列，近年来呈现下降态势，由 2014 年的 4.10 万吨下降至 2020 年的 1.32 万吨。俄罗斯的荞麦出口量迅速提升，近几年的出口总量甚至超过其余四大出口国出口量之和（图 4）。在出口平均单价方面，我国出口的荞麦产品一直保持着较高的价位，且近年来呈现上涨态势，说明中高档产品的出口占比有所提升，荞麦出口结构有所优化（图 5）。

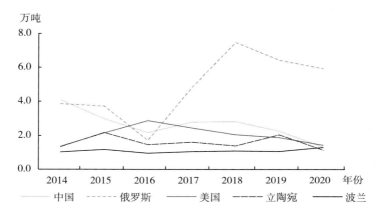

图 4　2014—2020 年全球荞麦出口量前 5 国家出口量变化情况

数据来源：UN Comtrade。

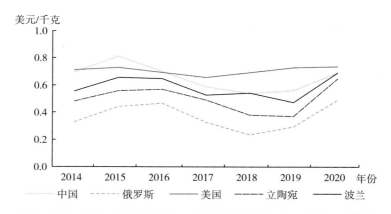

图 5　2014—2020 年全球荞麦出口量前五国家平均出口单价变化情况

数据来源：UN Comtrade。

由表 2 可知，日本、法国、美国、朝鲜及其他亚洲国家或地区是我国荞麦的主要出口地。由于相近的饮食习惯与文化，我国荞麦对日本、韩国等东亚国家的出口量一直保持着较为稳定的水平。

表 2　2014—2020 年我国荞麦主要出口国及其出口情况

年份	国家	重量（千克）	价值（美元）	出口量占比（％）
2014	日本	32 557 170	22 515 144	79.50
	法国	3 072 745	1 914 886	7.50
	韩国	2 113 000	1 235 900	5.16
2015	日本	24 910 130	19 463 356	83.51
	美国	1 405 409	1 467 441	4.71
	法国	1 472 750	1 092 454	4.94
2016	日本	18 585 802	12 637 995	85.28
	韩国	1 087 520	804 210	4.99
	法国	726 910	485 247	3.34
2017	日本	24 305 200	13 806 289	87.01
	韩国	1 472 120	874 638	5.27
	法国	1 319 540	732 047	4.72
2018	日本	24 743 550	12 950 023	87.51
	韩国	1 366 520	762 392	4.83
	法国	851 000	448 546	3.01
2019	日本	19 260 392	10 601 179	85.13
	韩国	1 368 000	851 184	6.05
	法国	963 000	498 500	4.26
2020	日本	10 348 900	6 820 390	78.58
	韩国	1 421 000	1 194 742	10.79
	法国	851 000	570 500	5.46

数据来源：UN Comtrade。

2. 进口量波动变化，贸易顺差明显。2018—2019 年，我国荞麦进口量迅速上升，可能由于当时荞麦枕市场的兴起，消费者对荞麦产品需求量增大，2020 年进口量又回落至常年水平。我国荞麦产品的出口贸易额始终高于进口贸易额，存在明显的贸易顺差现象，且价差呈现增长趋势（图 6）。2014 年，我国荞麦出口均价大约为进口的 1.5 倍，近年来扩大至 2 倍左右（图 7）。

我国荞麦最大进口国为俄罗斯，占总进口量的 85％ 以上，特别是 2015—2019年，该占比接近 100％（表 3）。

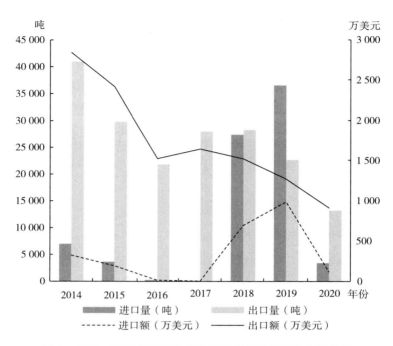

图 6　2014—2020 年我国荞麦进出口量与进出口额变化情况

数据来源：UN Comtrade。

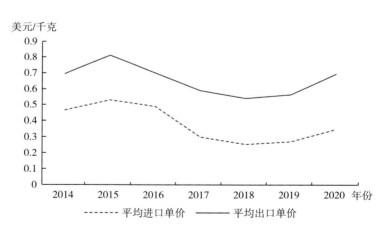

图 7　2014—2020 年我国荞麦进出口平均价格变化情况

数据来源：UN Comtrade。

表 3　2014—2020 年我国荞麦主要进口国及其进口情况

年份	国家	进口量（千克）	进口额（美元）	进口量占比（%）
2014	俄罗斯	5 948 400	2 778 217	85.326 1
	乌克兰	383 360	193 943	5.499 1

（续）

年份	国家	进口量（千克）	进口额（美元）	进口量占比（%）
2014	蒙古国	263 960	93 659	3.786 3
	印度	171 300	85 650	2.457 2
	美国	36 014	13 185	0.516 6
2015	俄罗斯	3 633 940	1 920 851	99.999 9
	日本	5	41	0.000 0
2016	俄罗斯	283 850	136 657	99.807 3
	约旦	540	1719	0.189 9
	澳大利亚	8	31	0.002 8
2017	俄罗斯	112 400	33 573	100
2018	俄罗斯	27 365 694	6 941 590	100
2019	俄罗斯	36 505 805	9 856 277	99.999 6
	意大利	139	165	0.000 4
2020	俄罗斯	3 189 310	1 044 693	94.125 8
	日本	199 040	128 751	5.874 2

数据来源：UN Comtrade。

（五）市场价格

当前荞麦产业的市场需求较为稳定，价格行情良好，但由于苦荞市场开发程度不高，产品价格较为稳定。苦荞初级加工产品与深加工产品的市场价格差距较大，在较高的品质、精致的包装、烦琐的工艺或品牌效应的影响下，深加工产品定价可达上千元，如山西省朔州市右玉县生产的荞麦产品中，苦荞麦面粉价格每斤约3元，而苦荞保健茶的价格则在每斤100元左右；四川凉山州生产的普通苦荞每斤价格仅为十几元，普通苦荞茶每斤价格在百元以内，而特级全胚型苦荞茶价格每斤可高达400元，还存在供不应求的情况。同时，苦荞产品的定价还与产地海拔有关，低海拔地区的苦荞茶价格每斤为30～50元，中高海拔地区价格每斤为50～60元，而以苦荞为特色产业的地区生产的优质苦荞茶价格甚至更高。

（六）成本收益

苦荞的成本收益根据其加工程度、品质以及不同的种植地区有所不同，如四川凉山州在政府支持政策下打造品牌，生产出的优质黑苦荞深加工产品具有非常可观的经济效益，而未经加工的普通苦荞产品，收购价较低。

二、苦荞产业发展存在的问题

（一）种植规模化程度不高，产品质量良莠不齐

当前，有较多地区以苦荞作为特色产业大力发展，但生产方式仍以小农户分散经营为主，生产粗放，组织化程度不高，没有形成现代化、科技化和专业化的产业规模，限制了苦荞种植新技术、新品种的推广及质量监督体系的构建，也导致当前市场上各类产品质量良莠不齐。随着"三高"问题以及心血管疾病发生率越来越高，国内外消费者对苦荞产品的食疗效果认知越来越清晰，需求越来越迫切，鱼龙混杂的产品不利于苦荞市场的拓展开发。

（二）深加工缺乏高端技术支持，产品经济与营养价值难以实现

目前，我国苦荞产品主要以初级加工为主，精深加工程度低，且加工技术及加工设备较为落后，导致产品附加价值低，苦荞产品经济效益难以得到最大化的实现。同时，生产加工的标准化、组织化程度低，且不合理的加工方式容易导致苦荞中丰富的功能性成分流失，如蒸煮加工处理会导致超过8％的总酚含量下降，高压处理则会显著降低其总黄酮含量。当前很多企业缺少高端技术支持，或单纯为减少产品成本，不讲实际品质，造成苦荞产品营养价值的浪费。

（三）苦荞流通体系不完善，产销市场对接困难

在地区特色农产品发展等政策支持下，目前，多地区以苦荞作为当地特色农业之一，大多进行线下销售，如建立店铺门店直接销售，在各大商场、超市建立专柜或批发给个体户，在当地销售效果显著。由于主产地大多位于高寒地区，经济落后，宣传力度小，对外交流不足，相应的流通体系以及线上销售体系不完善，生产分散性和消费全国性的矛盾加剧，产销市场对接困难。

（四）品牌打造与宣传力度不足，产业利益联结机制不完整

当前人们的养生意识越来越强，这是苦荞产业发展的重要上升期，为有效提高苦荞产品作为保健品的市场占有率，争取更多消费群体，应加大产品宣传力度，打造知名品牌。但目前我国苦荞产品的市场认知度不高，品牌建设力度仍太小。同时，苦荞产业中龙头企业、农户、社会化服务组织、科研单位等主体之间的利益联结机制不完整，利益共享、风险共担、稳定可靠的产业化经营模式推广力度不够，这也进一步阻碍了知名品牌的打造。

三、苦荞产业发展前景展望

（一）借助媒体营销力量，进一步提高苦荞市场认知度与需求

目前，苦荞在大众眼中依旧是一种比较小众的保健产品，针对其全面丰富的营养成分、药用性以及绿色有机等特点的宣传并不到位，市场认知度有很大的提升空间。在新媒体时代，个性化、有针对性的营销方式对于提高产品知名度、刺激消费者需求具有重要的作用。苦荞产品将借助媒体营销的力量，利用大数据技术进行个性化营销，将产品推荐给真正有需要的群体，同时结合各产地当地特色，利用社交软件平台的产品推广和直播带货等环节，在降低传统宣传成本的同时进一步打造有特色的苦荞品牌，提高苦荞知名度。

（二）产品形式更加多样，苦荞资源利用率将有效提高

当前苦荞资源的开发工艺相对较少，在食品研发方面也主要集中在常规食品，同时还存在不合理加工导致苦荞营养成分流失的情况，苦荞资源利用率相对较低。随着先进加工技术的采用以及对苦荞理化性质的深入研究，更多科研成果将转化到工业化生产中，苦荞产品的形式将更加多元，资源利用率将有效提高，预计苦荞产业的经济效益将有所提升。

（三）苦荞产业组织化、标准化程度将不断提高

随着消费者需求的增加以及政府政策的支持，苦荞产业将进一步升级，行业主体之间的联结机制更加完善，公司＋农户、公司＋基地＋种植大户、公司＋协会＋基地＋合作社等产业化发展方式将更加普及，与农业科研单位、高等院校以及技术推广部门的合作将更加紧密；同时标准化生产基地建设加快，苦荞生产、加工、贮藏、运输的行业标准、规范逐步建立，质量检测体系也在建立健全。

报告撰写人：

赵　霞　中国农业大学经济管理学院、国家农业市场研究中心　教授、副主任
韩一军　中国农业大学经济管理学院、国家农业市场研究中心　教授、主任
余其琪　中国农业大学经济管理学院　研究生
韩文彤　中国农业大学经济管理学院　研究生

我国咖啡市场与产业分析报告

咖啡是云南热区重要的经济作物，云南咖啡占全国咖啡生产面积的 98%，我国咖啡年产量约为 15 万吨。近年来，我国咖啡市场增长迅速，但云南咖啡多以咖啡生豆形式销售，价格低廉，每年大幅增长的咖啡市场需求没有给云南咖啡产业带来额外的利润共享。2020 年国际咖啡豆价格小幅上涨，国内咖啡价格也随之上涨。预计后期我国咖啡生产将保持稳定，咖啡消费市场规模将持续增长。

一、咖啡产业发展现状

（一）生产

1. 咖啡面积保持稳定，主要分布在云南省。2013 年之前，中国咖啡种植面积扩张速度很快，2014 年之后，新增面积逐年减少，种植面积基本稳定在 180 万亩。2019 年由于咖啡价格持续低迷，云南咖啡出现砍树现象，导致种植面积下滑 24%。2020 年全国咖啡面积恢复至 150 万亩，居世界第 31 位，其中，云南全省的咖啡种植面积占全国总面积的 98%。普洱市是云南省最大的咖啡种植地，其种植面积在 2019 年达到了 68.61 万亩，占比 49.43%；其次是临沧市，种植面积达到了 38.14 万亩，占比 27.48%；第三是保山市，种植面积达到了 13.19 万亩，占比 9.5%。

2. 咖啡生豆产量维持在 15 万吨左右。产量方面，2020 年全国生咖啡豆总产量 15 万吨左右，居世界产量第 13 位。其中，云南 14.85 万吨左右，占全国总产量的 99%。普洱市是云南省最大的主产区，产量为 7.57 万吨，占比 51.0%；其次是保山市，产量为 2.17 万吨，占比 14.6%；第三是西双版纳州，产量为 1.87 万吨，占比 12.6%。

3. 咖啡产值波动较大。从产值上看，近年来，咖啡产值呈下滑态势，主要是因为国际咖啡市场供过于求，国际交易价格大幅下跌，受此影响国内成交价也大幅下滑，造成产值下降。2020 年咖啡国际价格略有上涨，产值有所回升，达到 24.16 亿元（图 1）。

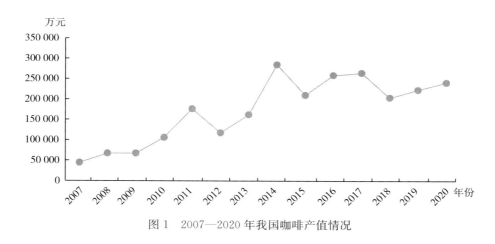

图1 2007—2020年我国咖啡产值情况

（二）消费

1. 速溶咖啡销售发展平稳。 2020年12月底，淘宝/天猫共有900个速溶咖啡品牌，3 057家在售店铺，经营24 463件单品。整年共销售出472.10万件速溶咖啡产品，销售总额达到31 547.30万元，平均单品销售额为66.82元。2020年，淘宝/天猫商城咖啡豆销售数量和销售额呈平稳发展趋势。除11月因双十一活动促销外，其他月份销量和销售额较为平均。月平均销售数量为472万件左右，销售额为2.9亿元左右。此外可以看到，2月由于新年春节和疫情暴发初期隔离限制等政策，网购和快递受到较大影响，销售数量和销售额表现为全年最低值（图2）。

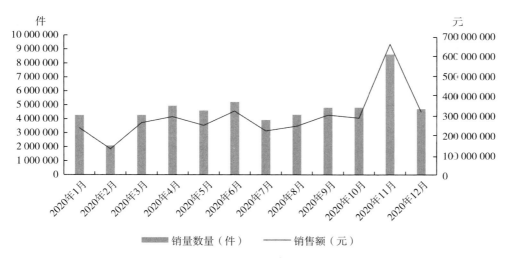

图2 2020年1—12月淘宝/天猫速溶咖啡销售数量和销售额

数据来源：淘数据。

2. 咖啡豆消费快速增长。 2020年12月底，淘宝/天猫商城共有363个咖啡豆品牌，790 家在售店铺，经营 8 084 件单品。全年共销售 843 279 件咖啡豆产品，销售总额达到 7 155.78 万元，较上年增长超过 20%，平均单品销售额为 84.86 元。2020年，淘宝/天猫商城咖啡豆销售量和销售额呈平稳发展趋势。除 2020 年 11 月因双十一活动促销外，其他月份销量和销售金额也较为平均。月平均销售数量为 71 万件左右，销售金额为 5 700 万元左右（图 3）。

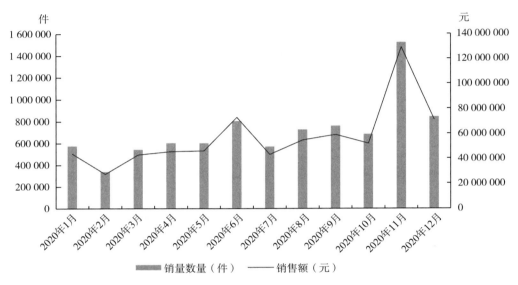

图 3　2020 年 1—12 月淘宝/天猫咖啡豆销售数量和销售额

数据来源：淘数据。

3. 即饮咖啡消费大幅上升。2020 年 12 月底，淘宝/天猫共有 102 个即饮咖啡品牌，562 家在售店铺，经营 1 906 件单品。全年共销售 33 万件胶囊咖啡产品，销售总额达到 1 806.28 万元，平均单品销售额为 54.39 元。相比 2020 年 1 月，即饮咖啡也表现出了惊人涨幅，销售额增长 245.2%，销售数量增长 303.7%，平均销售量为 34万件左右，销售额为 1 800 万元左右（图 4）。

（三）加工流通

咖啡鲜果初加工是形成商品豆的重要环节，初加工又分干法加工和湿法加工两种，干法加工操作简单，是传统、便宜的咖啡豆加工方法，而较高质量的咖啡豆则用湿法加工。咖啡的深加工包括炒磨咖啡加工、速溶咖啡加工和调味咖啡加工。

1. 咖啡加工企业多集中在云南。我国速溶咖啡的加工起步晚，20 世纪 80 年代初才形成规模化生产，产量也不大，随着目前咖啡饮料消费的迅猛增长，目前，全国已有不少厂商积极致力于咖啡加工业。精品咖啡比重约为 3%，精深加工产品比重为18%。省级以上龙头企业 10 户。

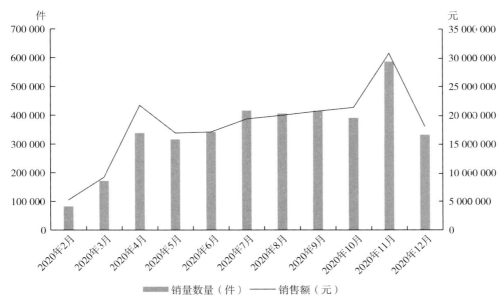

图 4　2020 年 2—12 月淘宝/天猫即饮咖啡销售数量和销售额

数据来源：淘数据。

2. 我国咖啡加工以原料咖啡为主。我国咖啡初加工企业数量较多，但生产规模、质量、技术较为落后，加工的咖啡豆质量不一。深加工企业数量少、生产规模小，加工能力与国外大型公司相比也有一定的差距。

3. 国内生产的咖啡量只占总消费量的 10%。我国咖啡精深加工以跨国企业为主，其中以国际咖啡巨头雀巢、麦斯威尔实力较强。本土精深加工企业合计生产能力仅 3 万吨左右。相对于以咖啡种植和初加工生产为主的云南，海南省的咖啡产业发展以咖啡深加工及咖啡生态观光为重点。

（四）进出口

1. 2020 年咖啡进口量额增加。据中国海关总署数据，2020 年中国共进口咖啡生豆 5.699 万吨，较上年增长 8.6%。进口额 10.89 亿元，较上年增长 14.1%。从单价看，2020 年进口咖啡生豆平均价格为 19.11 元/千克，较上年上涨 6.4%。

2. 咖啡生豆进口主要来自越南、巴西、危地马拉。从进口来源国看，2020 年，从越南、巴西、危地马拉分别进口 2.28 万吨、0.909 万吨、0.594 万吨。从哥伦比亚和埃塞俄比亚分别进口 0.575 万吨和 0.468 万吨（表 1）。

3. 2020 年咖啡出口量与出口金额下降。2020 年中国共出口咖啡生豆 4.9 万吨，出口总额 8.67 亿元，平均价格 17.64 元/千克。出口量与出口额分别较上年下降 26.56% 与 3.64%（表 2）。

表 1　2020 年中国咖啡生豆进口数据

国家	进口数量（千克）	进口金额（元）	进口单价（元/千克）
越南	22 759 915	240 402 301	10.56
巴西	9 093 369	167 146 663	18.38
危地马拉	5 940 105	156 059 235	26.27
哥伦比亚	5 745 624	157 441 583	27.40
埃塞俄比亚	4 679 497	148 537 291	31.74
印度尼西亚	3 305 041	76 537 841	23.16
洪都拉斯	196 818	5 385 140	27.36
秘鲁	141 385	4 492 568	31.78
乌干达	2 607 059	32 858 670	12.60
总量	56 995 974	1 089 014 630	19.11

数据来源：中国海关总署。

表 2　2017—2020 年中国咖啡生豆出口数量、金额及单价

年份	出口总量（千克）	出口金额（元）	单价（元/千克）
2017	60 553 713	1 168 710 621	19.30
2018	90 070 084	1 245 894 179	13.83
2019	66 942 947	900 192 442	13.45
2020	49 164 013	867 464 755	17.64

数据来源：中国海关总署。

（五）市场价格

1. 2014 年起国际咖啡豆价格逐年下跌，2020 年小幅回升。 据国际咖啡组织统计，2012 年国际咖啡综合价格 3.45 美元/千克，2013 年下跌 23.77％至 2.63 美元/千克，2014 年回升 30％至 3.42 美元/千克，2015 年之后价格一路下跌，到 2019 年国际咖啡综合价格已经跌至 2.22 美元/千克，2020 年国际咖啡综合价格小幅回升至 2.4 美元/千克（图 5）。

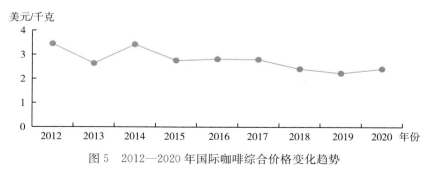

图 5　2012—2020 年国际咖啡综合价格变化趋势

数据来源：国际咖啡组织。

2. 国内咖啡豆价格波动中上涨。2020年1月国内咖啡交易平均价格16.49元/千克；受春节及新冠肺炎疫情的影响，2月均价15.79元/千克，环比跌4.3%；3月价格环比上涨8.5%，达到17.13元/千克；4月平均价格上涨至17.54元/千克；5月、6月重庆咖啡交易中心咖啡豆价格一路下跌，6月跌至全年最低价15.57元/千克；7月中下旬受国际咖啡市场价格上升影响，国内咖啡价格开始上涨；8月、9月国内咖啡市场价格维持上涨趋势，达到全年最高价18.23元/千克；10月受国际咖啡市场价格下跌影响，国内咖啡价格开始下滑，降至16.09元/千克；11月、12月咖啡价格逐步回升（图6）。

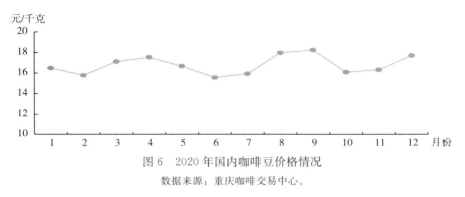

图6　2020年国内咖啡豆价格情况

数据来源：重庆咖啡交易中心。

二、咖啡产业发展前景展望

（一）面积将保持稳定，价格保持上涨趋势

短期内，我国咖啡面积将保持在150万亩左右，产量约保持在15万吨水平。品种将进一步优化，卡蒂姆品种面积将减少，铁皮卡面积将增加。2021年，受主产国巴西咖啡减产影响，全球需求量超过供应量，预计咖啡豆价格将继续保持上涨趋势。

（二）中国咖啡市场规模将持续增长

据统计，2013—2019年我国人均咖啡消费量逐年上升，2019年人均咖啡消费量为7.2杯，中国咖啡消费量年均增速达15%，远高于世界2%的增速。根据前瞻产业研究院发布的《2020—2025年中国咖啡行业市场需求与投资规划分析报告》，预计到2025年我国咖啡市场规模将达到2 171亿元。

报告撰写人：

侯媛媛　中国热带农业科学院科技信息研究所　副研究员